So hat mich dieses Buch angesprochen ...

Ich las dieses Buch zunächst wegen seines Autors, meines lieben Freundes und Kollegen, der möglicherweise der fähigste Lehrer des Wortes ist, den ich je gehört habe, und zweitens wegen seines Titels, *Gottgegebene Leidenschaft.*

Als ich las und innehielt, um über Bobs weise Worte, tiefgründige Gedanken und ehrliche Wiedergabe seiner eigenen Fehler in seiner Ehe mit Loretta nachzudenken, sagte ich mir, "Dieses Buch ist für mich und Evelyn!", obwohl wir schon seit 54 frohen Jahren eine fast vollkommene Ehe führen.

Dann begann ich zu wünschen, ich hätte einige von Bobs Offenbarungen aus dem Wort über das Zusammenleben von Mann und Frau als ein Fleisch schon früher gekannt, denn ich sah, um wieviel besser Evelyns und meine Ehe hätte sein können, um wieviel besser unser Vorbild für unsere Kinder und um wieviel größer das geistliche Erbe hätte sein können, das wir weitergeben.

Dies ist absolut das beste Buch, das ich je über Liebe, sinnliche Romantik, Freude und Kompatibilität in der Ehe gelesen habe. Ich bete, daß tausende und abertausende von Ledigen, Verheirateten, Geschiedenen oder Wiederverheirateten sich dieses Buch zulegen. Ich gedenke, es wenigstens einmal im Jahr durchzulesen. Ich habe noch so viel zu lernen!

Herr, ich danke Dir für Bob und Loretta Yandian und für dieses unverfrorene, offene und theologisch einwandfreie Buch *Gottgegebene Leidenschaft.*

Oral Roberts

Oral Roberts University
Tulsa, Oklahoma

Bringt einen garantiert zum Nachdenken!

Hier haben wir ein Buch über die ewig populären Themen Liebe und Ehe, das dem christlichen Leser ein paar Atemstockungen verursachen könnte.

Bob Yandian verläßt seine biblische Basis nie, während er einige der intimsten Probleme des Partnerverhältnisses untersucht. Der ein oder andere mag jedoch nicht vorbereitet sein auf die kühne Deutlichkeit seiner Interpretation von bestimmten Schriftstellen, die sich auf Sex und die Ehe beziehen. Dieses Buch bringt einen garantiert zum Nachdenken.

D. James Kennedy, Ph.D.

Coral Ridge Presbyterian Church
Fort Lauderdale, Florida

Dieses Buch muß man gelesen haben!

Für mich als Schriftsteller ist dies das Buch, von dem ich wünsche, ich hätte es geschrieben! Bob Yandian präsentiert hier eine Abhandlung über das Eheverhältnis, wie nur er es kann. Er präsentiert biblische Wahrheit in praktischer Anwendbarkeit und stellt die Ehe als jenen wunderbaren Bund dar, den Gott ursprünglich im Sinn hatte.

Gottgegebene Leidenschaft sollte zum Handbuch jedes verheirateten Christen werden, doch ob Sie nun ledig oder verheiratet sind, dieses Buch muß gelesen werden!

Dr. Edwin Louis Cole

Mens Christian Network
Dallas, Texas

Die Lehre in diesem Buch hat meine Ehe gerettet!

Es gibt viele Bücher über die Ehe, die von vielen verschiedenen Standpunkten aus geschrieben wurden, doch mir fällt keines ein, das solch drastische Auswirkungen auf mich gehabt hätte. Was sie in den folgenden Kapiteln lesen werden, ist Einsicht von Gottes Standpunkt aus. Dieses Buch hat ohne Frage meine Ehe gerettet.

Meine Frau Lynne und ich dienten dem Herrn so gut wir konnten, wir hatten jedoch zahlreiche Probleme, die mit unserer Vergangenheit zusammenhingen. Unsere Ehe war ein Desaster und wir standen kurz vor der Scheidung. Zögerlich kamen wir zu Pastor Bob um seine Hilfe in Anspruch zu nehmen. Wir waren beide verletzt und empfanden, daß es keine Hoffnung gab, wir wollten nur dem Schmerz ein Ende setzen. Er beriet uns und händigte uns seine Kassettenserie mit dem Titel "One Flesh" aus. Die Fülle des Wortes Gottes in dieser Lehre hat uns freigemacht. Gott hat unsere Ehe wieder hergestellt und heute sind wir stärker denn je.

Ich muß Dir sagen, Bob, daß ich das Manuskript zu Deinem wundervollen Buch während unseres Urlaubs kürzlich erhalten habe. Als ich zu lesen begann, konnte ich die Tränen nicht zurückhalten, als ich mich erinnerte, wie Gott Dich und diese mächtige Lehre in unserem Leben benutzt hat. Ich bin so froh, daß Du dieses Buch geschrieben hast! Es gibt soviele, die es lesen müssen. Ich kann mir nicht vorstellen, daß es eine Ehe gibt, die keinen Nutzen aus der hier präsentierten Weisheit Gottes ziehen könnte.

Schnallen Sie Sich an, während Sie dieses Buch lesen! Es ist sehr direkt, von Gott inspiriert und spannend. Es untersucht die gewaltigste Beziehung zwischen Mann und Frau - wie Gott sie geplant hat ... voll *gottgegebener Leidenschaft*.

Phil Driscoll

Mighty Horn Ministries
Nashville, Tennessee

Eines der besten Bücher über die Ehe!

Bob Yandians *Gottgegebene Leidenschaft* ist eines der besten Bücher über die Ehe, die ich je gelesen habe.

Ob sie nun ledig oder verheiratet sind - ihr Leben wird wesentlich glücklicher verlaufen, wenn sie Bobs Anleitung in diesem Buch folgen.

Ray Mossholder

Marriage Plus Ministries
Chatsworth, California

Die Bibel lehrt, daß Sex von bleibendem Wert ist!

Die Bibel lehrt, daß Sex von *bleibendem* Wert ist. Die heutige Kultur lehrt, daß Sex von *unterhaltendem* Wert sei, während bestimmte Personen darauf bestehen, daß Sex *finanziellen* Wert hat. Gegenwärtig sammelt man die ersten sexuellen Erfahrungen mit zehn oder elf. Immer mehr Menschen suchen die sexuelle Erfahrung in homosexuellen oder lesbischen Beziehungen. Unsere Gesellschaft ist sexualmoralisch krank geworden.

Es scheint, daß die Antwort auf den heutigen niederen Stand der Moral nicht darin liegt, nur gegen die *Übel* zu predigen. Wir brauchen gute, gesunde Lehre über das, was *richtig* ist. Bob Yandian präsentiert sie uns in *Gottgegebene Leidenschaft*. Dieses Buch ist biblisch, wohldurchdacht und fesselnd. Seine Seiten sind angefüllt mit Inspiration, Instruktion und Beispielen, die wir alle nachvollziehen können.

Dieses Buch sollte für alle Ehepaare Pflichtlektüre sein!

Judson Cornwall

Phoenix, Arizona

Gottgegebene Leidenschaft

Handbuch
für ein harmonisches Eheleben

von

Bob Yandian

Vorwort von Loretta Yandian

Delta

Aus dem Englischen übersetzt.
Titel der Originalausgabe:
One Flesh - God's Gift of Passion
Love, Sex & Romance in Marriage
ISBN 1-880089-10-6

P. O. Box 55236
Tulsa, OK 74155-1236
USA

Die Bibelstellen sind in der Regel
der *Revidierten Elberfelder Bibel* entnommen.

Gottgegebene Leidenschaft -
Handbuch für ein harmonisches Eheleben
ISBN 3-926879-20-3

Bestelladressen:
Delta Edition
Postfach 4073
97408 Schweinfurt
Telefon: (0 97 21) 60 95 09
Telefax: (0 97 21) 60 94 53

In Österreich:
Agape Christliche Vereinigung
Franz-Sauer-Str. 46-50
A-5020 Salzburg
Tel.: (0 66 24) 3 55 56 57
Fax.: (0 66 24) 35 55 68

In der Schweiz:
Zoe Evangelistische Vereinigung
Badenerstr. 808
CH-8000 Zürich
Tel.: (0 14 32) 92 72
Fax.: (0 14 32) 93 54

Hergestellt in Deutschland
Satz: Delta - Bamberger Fotosatz, Bamberg
Druck: Druckerei Weppert, Schweinfurt

Inhalt

Widmung
Anerkennung
Vorwort
Einleitung
Kapitel 1
Im Anfang war gottgegebene Leidenschaft 1
Einfalt ist nichts Heiliges! 1
In Gottes Ebenbild 2
Etwas völlig Neues entsteht 4
Männlich und weiblich 6
Eine herrliche Analogie 7
Die Einsetzung der Ehe 8
Die Frau 9
Frauen sind etwas Unvergleichliches 11
Eine Rippe bedeutet *eine* Frau 12
Die alttestamentlichen Polygamisten 14
Die Bedeutung der Rippe 15
Gottgegebene Leidenschaft 17
Lösche das unheilige Feuer! 19
Ein Fleisch 22
Die Ehe ist ehrbar in allem 24
Das erste Wunder Jesu 25

Kapitel 2
Ein berühmter Vater
spricht mit seinem Sohn offen über Sex
Teil 1 - Was man nicht tut 27
Weisheit und Einsicht 28
Die fremde Frau 32
Die Abwege der fremden Frau 35
Der unsichtbare Dritte 36
Gestohlene Wasser 40
Der Sünde Sold 42
Die Frau des Nächsten 44
Die törichte Entscheidung eines weisen Königs 49
Ein Wort der Hoffnung an alle, die gefallen sind 51

Kapitel 3
Ein berühmter Vater
spricht mit seinem Sohn offen über Sex
Teil 2 - Der rechte Weg 55
Erfrischendes Wasser 56
Die Kraft der Jungfräulichkeit 59
Die Quelle trifft auf den Brunnen -
Flitterwochen Blues 60
Erfreue dich an der Frau deiner Jugend 63
Trunken vor Liebe 66
Salomos Torheit 67
Vater weiß es am besten 70

Kapitel 4
Ihr Männer, liebt eure Frauen 73
Wendepunkt 75
Die Ehe und der Dienst 77
Lerne sie kennen 79
Fünf Dinge, die ich über Frauen gelernt habe 82
Was genau ist ein "Waschlappen"? 87
Wer fängt an? 88
Ausgehen, auch nach der Hochzeit 91
Die Bundesbeziehung 92

Kapitel 5
Ihr Frauen, ordnet euch unter 95
Gleichheit 96
Unterordnung ist eine innere Einstellung 98
Wahre Freiheit 100
Unterordnung birgt Macht 103
Göttliche Ordnung im Heim 106
Konfliktbewältigung 110
Männliche Aggression verstehen 112
Ewige Schönheit 114
Sara nannte Abraham "Herr" - Im Glauben! 116

Kapitel 6
Sind Ledige innerlich komplett? 121
Biblische Richtlinien für Rendezvous 121
Die Frage, die du schon immer einmal stellen wolltest 125

Der Zweck von Verabredungen 126
Wen und wann man nicht heiraten soll 126
Ist Gott gegen gemischtrassige Ehen? 130
Wen und wann man heiraten soll 132
Der Fokus des ledigen Lebens - Prioritäten setzen 134
Ledig und glücklich - kann das sein? 135
Jesus muß an erster Stelle stehen - immer 137
Paulus entschied sich, ledig zu bleiben 140

Kapitel 7

Das Werk der Liebe 145

Die Herausforderung in Korinth 146
Gnade für das Unmögliche 148
Wie oft sollten wir denn nun Sex haben? 152
Die unterschätzte Macht des Gebets 153
Probleme lösen 155
Schwiegereltern 158
Die Kraft der Heiligung 159
Die Striemen Jesu 164
Ein Wort zur Inkompatibilität 167
Das größte Investment 169

Kapitel 8

Gott hat dich zum Frieden berufen 171

Gibt es biblische Gründe für eine Scheidung? 172
Kann man nach einer Scheidung noch einmal heiraten? 179
Trübsal für das Fleisch - doch geschont 181
Erziehung mit Jesus 183
Eine traurige Realität - Doch Jesus kann
einen glücklichen Ausgang herbeiführen 185

Kapitel 9

Die Krone ihres Mannes 187

Ein wackliger Anfang 187
Batseba sagt ihre Meinung 189
Was ist ein Akrostichon? 191
Batsebas Akrostichon für Lemuel 193
Übernatürliches Eheleben 211

Weitere Delta-Bücher 215

Widmung

FÜR KEN UND DONNA STEWART, unsere ehemaligen Pastoren, die uns an jenem Abend in Memphis bis spät in die Nacht gedient haben. Sie haben uns geholfen, ineinander endlich die Gabe zu sehen, die wir so lange Zeit ignoriert hatten.

Anerkennung

BESONDERER DANK gebührt Tim und Beverly LaHaye für ihr Buch, *The Act of Marriage*, welches so entscheidend dafür war, daß sich meine Einstellung zu Loretta grundlegend veränderte. Obwohl dieses Buch bereits vor Jahren geschrieben wurde, betrachte ich es immer noch als das beste. Die Wahrheit wird nie alt!

Vorwort

DIE EHE IST NICHT SO, WIE SIE IN ROMANEN, Liedern oder Filmen dargestellt wird! Man verliebt sich nicht und lebt dann immerdar glücklich und zufrieden, ohne ein großes Maß an harter Arbeit aufzuwenden und ständig beiderseits nachzugeben. Es fällt einem *nicht* alles in den Schoß, nachdem man sich verliebt hat. Man benötigt zur Heranbildung einer guten, starken und sicheren Ehe Erkenntnis und eine Bereitschaft zur Arbeit.

Dieses Buch ist gerade diesem Lebensstil entsprungen. Wir begaben uns mit dem Kopf voller Feuerwerke in die Ehe und mit der Erwartung, daß alles von selbst glatt laufen würde. Es dauerte nicht allzu lange, bis wir herausfanden, daß dies nicht den Tatsachen entsprach! Also haben wir uns Weisheit und Verständnis angeeignet. Es hat viel "Blut, Schweiß und Tränen" gekostet, doch der Gewinn am Ende war wunderbar.

Ich hoffe, daß Sie entweder nicht verheiratet sind oder gerade am Beginn Ihrer Ehe stehen. Es wird Ihnen dann möglich sein, einige der Fallgruben zu umgehen. Falls Sie jedoch bereits seit langer Zeit verheiratet sind und empfinden, daß es keine Hoffnung mehr auf Rettung Ihrer Ehe gibt, dann möchte ich Ihnen versichern, daß es nie zu spät ist und daß Gott Ihnen die verlorene Zeit zurückerstatten wird!

Ich weiß, daß Sie Trost, Weisheit und Einsicht empfangen werden, während Sie dieses Buch lesen.

Loretta Yandian

Einleitung

EINES DER GRÖSSTEN CHRISTLICHEN ZEUGNISSE für die heutige Welt ist eine glückliche, harmonische Ehe. Die Ehen von Gläubigen sollten den Ungläubigen der lebendige Beweis dafür sein, daß Jesus Christus Familien heilt, Ehemänner und -frauen zusammenfügt und sie befähigt, der Sünde zu widerstehen und ein gottseliges Leben zu führen. Die Bibel sagt, du bist ein "Brief ..., erkannt und gelesen von allen Menschen" (2. Korinther 3, 2), und deine Ehe ist ein großer Teil deines "Briefes" an die Menschen um dich herum.

Unglücklicherweise fallen manche Christen dadurch auf, daß sie die schlimmste Ehe führen. Viele Ehen von Ungläubigen sind besser als die mancher Christen. Die Scheidungsrate innerhalb der Gemeinde ist fast so groß wie die in der Welt, und oft sind gerade die Ehen die schlimmsten, die man für perfekt hält! Die Menschen in unseren Ortsgemeinden können gewaltige Fassaden aufziehen, hinter denen sie ihre Probleme verstecken.

Es ist wahr, daß christliche Ehen die besten sein sollten. Wenn zwei Menschen den Herrn angenommen haben und dem Heiligen Geist folgen, dann sollte es für sie keinen Grund für eine Scheidung geben. Des weiteren sollte es ihnen möglich sein, über den Schwierigkeiten zu stehen, zusammen zu bleiben und in ihrer Beziehung Frieden und Freude zu erfahren.

Denn die Gnade Gottes ist erschienen, *heilbringend* allen Menschen, und *unterweist* uns, damit wir die Gottlosigkeit und die weltlichen Lüste verleugnen und besonnen und gerecht und gottesfürchtig leben in dem jetzigen Zeitlauf.

Titus 2, 11-12

Die Gnade Gottes bringt uns Erlösung, was Heilung, Befreiung und Wohlergehen in *allen* Bereichen unseres Lebens, inklusive der Ehe, bedeutet. Vers 12 sagt auch, daß die Gnade Gottes uns unterweist. Seine Gnade lehrt uns, so wie Jesus Christus auf dieser Erde zu leben. Wir können denen, die verloren sind, Zeugen dafür sein, daß das Evangelium ihr Leben übernatürlich verändern, ihre Eheprobleme lösen und ihre Familien wiederherstellen kann.

Den meisten christlichen Paaren ist nicht bewußt, daß sie durch geistliche Beratung, Studium des Wortes Gottes und gemeinsames Gebet *gelehrt* werden können, wie man eine erfolgreiche und glückliche Ehebeziehung hat. Sie lesen Titus 2, 11-12 und wenden die Verheißungen Gottes auf ihr *ewiges* Leben an, doch nie kommt ihnen der Gedanke, daß die Verheißungen Gottes genauso für alle Bereiche des *natürlichen* Lebens gelten.

Ich denke, einer der Hauptgründe, warum Christen sich scheiden lassen, ist der, daß sie nicht zur gemeindlichen Seelsorge kommen, bis es zu spät ist. Der Teufel überzeugt sie davon, daß ihre Probleme einzigartig sind oder daß die Schwierigkeiten, die sie haben, einfach zu "heikel" sind, um sie vor einen Gemeindeseelsorger zu bringen. Doch wir werden aus der Bibel sehen, daß es keine neuen oder unlösbaren Probleme gibt, und daß die "heiklen" Probleme in der Gemeinde weit häufiger vorkommen, als die meisten Christen denken.

Satan ist derselbe gestern, heute und in Ewigkeit, und auch die Schwierigkeiten in der Ehe bleiben sich gleich, doch so ist es auch mit Gottes Lösungen für diese Schwierigkeiten. Wenn ein Paar alles andere zur Seite legt, gemeinsam betet und den Herrn sucht, bevor es zu spät ist, oder sich um Seelsorge auf biblischer Basis bemüht, wenn der Konflikt zu groß ist, als daß sie ihn selbst lösen könnten, dann können sie ihre Differenzen überwinden und den Feind daran hindern, eine Festung in ihrer Beziehung zu errichten.

Kürzlich kam mir die erstaunliche Statistik zu Ohren, daß in jeder dritten Ehe im heutigen Amerika einer der Ehepartner bereits mindestens einmal verheiratet war. Kinder müssen sich entscheiden, bei welchem Elternteil sie ihre Ferien verbringen wollen. Ein Artikel, den ich las, behauptete, daß es bis zum Jahr 2.000 weniger traditionelles Familienleben und dafür eine Vielzahl von "alternativen Familien" in homosexuellen und lesbischen Haushalten geben werde.

Es ist die Verantwortung der Gemeinde, das Banner von Gottes Wort zu erheben und in einer gottlosen Welt ein gottesfürchtiges Leben zu führen. Mir ist egal, was die Gesellschaft, die "Neue Weltordnung" oder was irgend ein "Experte" sagt, denn *Gott lehrt, daß die Familie das Fundament einer Gesellschaft ist.* Was mit der Familie geschieht, wird stets auch mit der Nation geschehen. Darüber hinaus ist die Familie die fundamentale Organisation, auf welche jede Ortsgemeinde und in letzter Konsequenz auch die universelle Gemeinde gebaut wird.

Man fragt mich ständig: "Was ist deine Vision für deine Gemeinde?" Meine Vision ist simpel: ich möchte stabile, verläßliche Christen sehen, die in den Dingen Gottes leidenschaftlich und gegeneinander barmherzig sind. Nichts regt mich mehr auf, als zu hören, wie Christen Gott als Ausrede dafür benutzen, daß sie ihr Wort nicht halten, ihre Rechnungen nicht bezahlen, in Unmoral leben oder ihre Verantwortungen gegenüber ihrer Familie nicht wahrnehmen.

Die Bibel ist nicht so "himmlisch gesinnt, daß sie auf Erden zu nichts mehr taugt". Gott denkt sowohl praktisch als auch geistlich. Er agiert in beiden Welten, und auch die Gläubigen sollten in beiden Welten agieren. Manche Christen sind so praktisch, daß sie darüber fleischlich werden; andere wiederum werden so geistlich, daß niemand mehr etwas mit ihnen anfangen kann oder sie keine Arbeitsstelle behalten können.

Gott ist völlig ausgewogen, während er in beiden, dem geistlichen sowie dem natürlichen Bereich agiert. Er kann dich an einem Tag mit seiner Kraft umwerfen und seine Gegenwart spüren lassen und dir am nächsten Tag mitteilen, wie du eine spezifische, möglicherweise sogar triviale Aufgabe am Arbeitsplatz erledigen sollst.

Gott trägt dir nicht in diesem Moment eine Sache auf und im nächsten das genaue Gegenteil davon; er ist heute nicht himmelhoch jauchzend und morgen zu Tode betrübt. Er ist zuverlässig; sein Wort ist absolut wahr; und sein Geist ist standhaft. Ich glaube, daß er will, daß auch seine Kinder wahrhaftig, zuverlässig und standhaft sind. Unser Wort sollte am Dienstag genauso fest sein wie am Sonntag!

Meine größte Hoffnung und mein größter Traum ist zu sehen, wie der Leib Christi sein Leben mit einer solchen Liebe und

Rechtschaffenheit führt, daß die Menschen uns ansprechen und fragen: "Was ist so anders an euch? Eure Familien sind immer so zuverlässig, so stabil und glücklich." Welch ein Zeugnis für diese unmoralische, unsichere und hoffnungslose Welt!

Dann können die Gläubigen antworten: "Jesus Christus macht den Unterschied in unseren Leben aus. Möchtest du ihn auch kennenlernen?" Der Zustand unserer Ehen und Familien ist ein machtvolles tägliches Zeugnis für unsere unerretteten Verwandten, Nachbarn, Kollegen und Freunde.

Ich danke Gott für die Mitglieder meiner Gemeinde, die das Wort Gottes annehmen und vor der Welt leben. Ich habe festgestellt, daß das Privatleben derer, die tatsächlich diesen Lebenswandel führen und nicht nur darüber reden, beständig an Stabilität und Freude zunimmt.

Als ich in unserer Gemeinde über dieses Thema predigte, sahen wir, wie durch die Lehre von Gottes Wort und durch den Heiligen Geist viele unmögliche Situationen gewendet wurden. Die Kassettenserie war von Anfang an eine der meistverkauften im Lande und ging um die ganze Welt. Mein Gebet ist, daß dieses Buch jedes christliche Paar erreichen möge, das verzweifelt nach Hilfe sucht, ebenso wie diejenigen, denen es gut geht, die ihre Ehe jedoch fortwährend verbessern möchten.

Es gibt keine Grenzen für die Freude, das Vergnügen und den Segen, den Gott dir durch eine Ehe bringen kann, wenn du mit deinem Partner wahrlich *ein Fleisch* bist.

Kapitel 1
Im Anfang war gottgegebene Leidenschaft

ALS ICH MEINE FRAU LORETTA TRAF, wußten wir beinahe sofort, daß wir richtig für einander waren. Wir gingen zwar ein Jahr lang miteinander bevor wir heirateten, wußten jedoch eigentlich nicht sehr viel über die Ehe, als wir uns schließlich das Jawort gaben. Wir dachten damals, wenn man verheiratet ist, dann ergibt sich alles von allein, man würde einfach wissen, was man in welcher Situation zu tun hätte.

Ich dachte, ich würde automatisch wissen, wie man das Haupt der Familie ist und sie würde wissen, wie sie sich meiner Autorität fügen sollte. Alles würde sich einfach ergeben, und unsere Liebe würde ständig zunehmen. Eines Tages würden wir Kinder haben und durch angeborenes Wissen würde uns klar sein, wie man sie erzieht. Gott hatte uns zusammengebracht, und wir lebten für ihn, deshalb würde sich alles von selbst ergeben.

Uns stand eine große Überraschung bevor!

Einfalt ist nichts Heiliges!

Es gibt eine Schriftstelle, Titus 2, 1-8, die uns sagt, daß es nötig ist, daß die älteren Männer und Frauen die jüngeren Männer und Frauen darüber *belehren*, wie man sich im Leben zurechtfindet und auch darüber, wie man ein gottgefälliger Ehemann und Vater oder eine gottgefällige Ehefrau und Mutter wird. Diese Fähigkeiten werden *erlernt* - man wird nicht mit all dem Wissen und der Weisheit geboren, die man fürs Familienleben braucht.

Da ich mich auf den vollzeitlichen Dienst vorbereitete, dachte ich, daß unser Familienleben perfekt sein müßte, schließlich dienten wir dem Herrn. Wir führten jedoch eine der unglücklichsten Ehen der Welt! Es ist mir nie in den Sinn gekommen, daß ich das studieren und darüber nachdenken könnte, was das Wort Gottes über Ehe und Kindererziehung zu sagen hat. Ich hätte die Verheißungen Gottes für Ehe auf dieselbe Weise anwenden sollen, wie ich es für Führung oder Heilung tat. Ein erfolgreiches geistliches Leben - oder eine Ehe - ist nicht wartungsfrei!

Ich erkannte schließlich, wie unwissend ich in bezug auf Ehe und Familienleben war, als meine Frau bereit war, die Tür für immer hinter sich zu schließen und ich keine Einwände dagegen hatte. Unsere Ehe war ein Desaster und wir wußten es beide. Der einzige Grund, warum wir uns nicht scheiden ließen und der einzige Grund, warum wir heute eine solch phantastische Ehe führen ist der, daß wir beide beschlossen, uns *Wissen anzueignen.* Wir nahmen uns fest vor, herauszufinden, was Gottes Gedanken zur Ehe waren und uns selbst - nicht einander - zu ändern und dem Bauplan Gottes zu fügen.

Das Resultat war, daß ich mich mehr in Loretta verliebt habe und sie sich mehr in mich verliebt hat, als wir uns je hätten träumen lassen, auch nicht ganz zu Anfang, als wir uns gerade getroffen und verliebt hatten. Darüber hinaus sind wir zu besten Freunden geworden. Anstatt eine schreckliche, schmerzliche Last zu sein, wurde unsere Ehe zu einem Zufluchtsort der Liebe, Freude und des Trostes für uns.

In diesem Buch werden wir etliche derselben fundamentalen Schriftstellen betrachten, die wir studierten und denen wir vertrauten, daß sie unsere Ehe auf Gottes Gleis halten würden. Gleichzeitig werde ich die praktische Anwendbarkeit dieser Schriftstellen aufzeigen - gemischt mit etwas gesundem Menschenverstand, den wir uns während der Jahre diesbezüglich angeeignet haben.

Die Stelle, an der wir beginnen, ist natürlich das 1. Buch Mose. Im Garten Eden hat Gott die Ehe eingesetzt, und hier entdecken wir ihre ursprünglichen Rahmenbedingungen.

In Gottes Ebenbild

Die ersten beiden Kapitel des 1. Buches Mose enthalten den Schöpfungsbericht der Bibel. In diesen Kapiteln sagt uns der Heilige Geist, was Gott alles geschaffen hat und wann er es schuf.

Selbst die meisten Ungläubigen wissen, daß es in 1. Mose 1, 1 heißt: "Im Anfang schuf Gott Himmel und Erde."

Wir können nicht genau sagen, wann "Im Anfang" war, doch er war vor langer, langer Zeit! Obwohl die Bibel uns mitteilt, daß die Erde sehr alt ist (Hebräer 1, 10-20), wissen wir, daß der Mensch erst vor etwa 6.000 Jahren auf die Erde gesetzt wurde. Es ergab sich, daß der Mensch das letzte Wesen war, welches Gott schuf. Er bereitete die vollkommene Umgebung für den Menschen, bevor er den Menschen machte.

Am sechsten und letzten Schöpfungstag erschuf Gott all die Tiere und anschließend den Menschen. Obwohl sich der Mensch von jeder anderen Art völlig unterscheidet, wurde sein Leib aus dem Staub der Erde geformt, genauso wie der der Tiere (1. Mose 2, 7). Es bestehen jedoch große Unterschiede zwischen dem Menschen und den Tieren; der hauptsächliche ist der, daß der Mensch in Gottes Ebenbild geschaffen wurde.

> **Und Gott sprach: Laßt uns Menschen machen in unserm Bild, uns ähnlich! Sie sollen herrschen über die Fische des Meeres und über die Vögel des Himmels und über das Vieh und über die ganze Erde und über alle kriechenden Tiere, die auf der Erde kriechen!**
>
> **1. Mose 1, 26**

Wir wissen, daß Gott keinen physischen Körper aus Fleisch und Blut hat. Die Bibel macht klar, daß er ein Geist ist (Johannes 4; 24). Selbst Geistwesen haben jedoch eine Form, und Gott ist keine Wolke, die herumschwebt, sich auflöst und wieder zusammensetzt. Ich glaube, wenn wir im Himmel ankommen und ihn mit eigenen Augen auf seinem Thron sitzen sehen, dann wird er die Gestalt eines Menschen haben.

Wir wissen aus vielen Versen der Heiligen Schrift, daß Gottes Gestalt der unseren entspricht. In Psalm 44, 4 heißt es: "... deine Rechte und dein Arm und das Licht deines Angesichts ..." Hier ist die Rede von Gottes Hand, seinem Arm und seinem Gesichtsausdruck. In Klagelieder 1, 15 lesen wir: "Der Herr hat ... die Kelter getreten", und in Matthäus 5, 34-35 merkt Jesus an, daß die Erde Gottes Fußschemel ist.

Eine der fesselndsten Schriftpassagen bezüglich der Gestalt Gottes finden wir in 2. Mose 33, 22-23, wo Mose darum bittet, die Herrlichkeit Gottes sehen zu dürfen. Gott beantwortet sein Anliegen folgendermaßen:

> **Und es wird geschehen, wenn meine Herrlichkeit vorüberzieht, dann werde ich dich in die Felsenhöhle stellen und meine Hand schützend über dich halten, bis ich vorübergegangen bin. Dann werde ich meine Hand wegnehmen, und du wirst mich von hinten sehen; aber mein Angesicht darf nicht gesehen werden.**

Wann immer in der Bibel die Geister Verstorbener erscheinen, treten sie in menschlicher Körperform auf. Als z. B. Mose und Elia auf dem Berg der Verklärung bei Jesus erschienen (Matthäus 17, 3), sahen sie so aus wie ihre physischen Körper zu ihren Lebzeiten.

Wir können also sehen, daß nicht nur der Geist des Menschen im Ebenbild Gottes geschaffen wurde, sondern auch die Körperform des Menschen aus dem Staub der Erde der *Gestalt* Gottes nachgebildet war. Wenn wir nun einen näheren Blick auf 1. Mose 1, 26-27 werfen, finden wir eine Beschreibung der Erschaffung des menschlichen Körpers und Geistes. Beides ist in Gottes Ebenbild geformt.

Etwas völlig Neues entsteht

Die Bibel sagt in Vers 26: "Laßt uns Menschen *machen* in unserm Bild" und in Vers 27: "Und Gott *schuf* den Menschen nach seinem Bild." Die Worte in Kursivschrift sind deshalb unterschiedlich übersetzt, weil es sich hier um zwei unterschiedliche hebräische Worte handelt. In Vers 26 ist das Wort für "machen" *asah*, was bedeutet, "etwas *aus* einer *Substanz herstellen*". In Vers 27 ist das Wort für "schaffen" *bara*, was bedeutet, "etwas aus *Nichts erschaffen"*. Die Elberfelder Bibel übersetzt *asah* "machen" und *bara* "schuf".

Der Körper des Menschen wurde aus dem Staub des Erdbodens geformt. Sein Körper wurde *gemacht - asah,* weil er aus etwas hergestellt wurde, was bereits existierte. Doch der Geist des Menschen wurde *bara - geschaffen*. Der Geist des Menschen hatte keine Ursprungssubstanz, er wurde nicht aus bereits vorhandenem Material *gemacht*. Gott *schuf* den Geist des Menschen.

Wenn ein Mensch im Mutterschoß empfangen wird, entsteht sein Leib aus bereits existierendem Material, bestehend aus dem Zusammenschluß der Spermazelle des Mannes und dem Ei der Frau. Sein Geist jedoch wird im Augenblick der Empfängnis *übernatürlich* von Gott geschaffen (*bara*). Wenn sich ein menschlicher Körper zu formen beginnt, wird der Geist dieser Person in den Embryo eingepflanzt.

Das Wunder der Empfängnis ereignet sich nicht nur in der Formung des Kindeskörpers, sondern auch in der Erschaffung eines brandneuen menschlichen Geistes, der ewig leben wird, selbst nachdem sein Körper verfallen ist.

Der Geist des Menschen und die Gestalt des Menschen sind das, was ihn vom Tierreich abhebt. Der Mensch ist das einzige Wesen, das Gott mit einem ewigen Geist und in seinem Ebenbild geschaffen hat. Im Gegensatz zu den Pflanzen und den Tieren existieren Menschen ewig, weil sie Geistwesen sind, ob sie nun Jesus als ihren Herrn und Erlöser annehmen oder nicht. Jesus anzunehmen legt lediglich fest, daß man die Ewigkeit in der Gegenwart Gottes verbringen wird (ewiges Leben) und nicht getrennt von Gott (ewiger Tod).

Da bildete Gott, der Herr, den Menschen, aus Staub vom Erdboden und hauchte in seine Nase Atem des Lebens; so wurde der Mensch eine lebende Seele.

1. Mose 2, 7

Dieser Vers nennt den Menschen eine "lebende Seele". Die Seele ist der Teil des Menschen, der seinen Verstand, die Gefühle und den Willen beinhaltet. Der Begriff "lebende Seele" bedeutet, daß die Seele des Menschen ewig besteht, weil sie von einem ewigen Geist umschlossen wird. Tiere haben Seelen; sie haben Persönlichkeit, in einem Maß haben sie die Fähigkeit zu denken und Schlüsse zu ziehen. Sie sind jedoch keine Geistwesen, also sind sie keine "lebenden" Seelen. Während ihres Lebens haben sie kein Bewußtsein der Ewigkeit, da sie keinen ewigen Geist besitzen.

Die Einzigartigkeit des Menschen liegt darin, daß er im Ebenbild Gottes geschaffen ist und instinktiv weiß, daß er ewig leben wird. Seine Seele, seine Persönlichkeit, sein Charakter bestehen ewig, und der Inhalt seines Lebens auf der Erde hat ewige Auswirkungen. Die Seele, seine Persönlichkeit, ist in seinem Geist beheimatet, der bei der Empfängnis vom Herrn geschaffen (*bara*) wurde.

Männlich und weiblich

Hast du dich jemals gefragt, warum es in 1. Mose 1, 27 heißt: "Und Gott schuf (*bara*) den Menschen nach seinem Bild, nach dem Bild Gottes schuf (*bara*) er *ihn*; als *Mann und Frau* schuf (*bara*) er *sie*"? Warum erwähnt der Heilige Geist zuerst *ihn* und dann *sie*? Weil *sie* (Plural) in *ihm* lagen.

Möglicherweise fragst du dich sofort: "Sagt die Bibel, daß sich in ihm zwei Körper vereinten?" Nein! In Vers 27 wird das Wort *bara* gebraucht, es steht für das Erschaffen von etwas völlig Neuem. Dieser Vers spricht von der Erschaffung ihrer *Geister*, nicht der Formung ihrer Körper.

Ein weiterer Blick auf 1. Mose 2, 7 verrät uns, daß Gott den Menschen aus Staub formte und dann "in seine Nase Atem des Lebens hauchte." Das Wort "des Lebens" steht in Wirklichkeit im Plural: "der Leben". Gott hauchte in den Körper des Menschen den "Atem *der Leben*". Nachdem Gott aus dem Staub des Erdbodens den Körper gemacht hatte, hauchte er in den Körper des Menschen die erschaffenen Geister von Mann und Frau ein.

Dieser Mensch war kein absonderliches oder zweigeschlechtiges Wesen, noch waren zwei Menschen in seinem Körper gefangen. Er war ein männlicher menschlicher Körper, in welchem die geistliche Essenz von Männlichem und Weiblichem lag. Gott hat ihn in sich geschlossen und vollkommen geschaffen.

> **Als Mann und Frau schuf (*bara*) er sie, und er segnete sie und gab ihnen den Namen Adam, an dem Tag, als sie geschaffen wurden (*bara*).**
>
> **1. Mose 5, 2**

Wir wissen, daß der Körper Adams nicht am selben Tag geschaffen wurde wie der Körper Evas. Gott schuf Adams Körper am sechsten Tag und ruhte am siebten. Wir wissen nicht, wie lange nach dem siebten Tag er einen tiefen Schlaf auf den Menschen fallen ließ, den Geist und die Seele der Frau aus ihm nahm und aus seiner Rippe ihren Körper formte (1. Mose 2, 21-22).

"Mann und Frau", die Gott am sechsten Tag schuf, als er Adams Körper machte (*asah*), waren die erschaffenen (*bara*) Geister von Adam und Eva. Dann, einige Zeit nachdem Adam allen Geschöpfen des Gartens Namen zugewiesen hatte, berichtet die Bibel:

> **Da ließ Gott, der Herr, einen tiefen Schlaf auf den Menschen fallen, so daß er einschlief. Und er nahm eine von seinen Rippen und verschloß ihre Stelle mit Fleisch;**
>
> **und Gott, der Herr, baute die Rippe, die er von dem Menschen genommen hatte, zu einer Frau.**
>
> **1. Mose 2, 21-22**

Was Gott aus Adam entnahm, war mehr als eine Rippe; er entnahm auch den Geist und die Seele Evas. Er benutzte die Rippe, um ihren Körper herzustellen, ihr Geist jedoch existierte bereits, er war gleichzeitig mit Adams Geist erschaffen worden.

Eine herrliche Analogie

An dieser Stelle fragst du wahrscheinlich: "Warum hat Gott sich dazu entschlossen, Mann und Frau auf solch bizarre Weise zu erschaffen?" Die Art und Weise, die Gott gewählt hat, um die Körper zu formen und den Geist Adams und Evas zu erschaffen, stellt ein Gleichnis auf Jesus und die Gemeinde dar.

In seinem Vorherwissen wußte Gott, daß Adam sündigen würde. Er wußte, daß er eines Tages Jesus senden würde, um den Preis für diese Sünde zu bezahlen. Zur Unterweisung des Menschen ist deshalb alles, was Gott im Alten Testament verordnet hat - das Gesetz, die Opfer und selbst das körperliche Verhältnis in der Ehe - ein Symbol für das Erlösungswerk des Herrn Jesus Christus.

Die Art und Weise, wie Gott Adam und Eva schuf, wie er Eva aus Adam entnahm und sie dann zu ihm zurückbrachte, ist ein Gleichnis auf Jesus und die Gemeinde.

In 1. Korinther 15, 45 wird Jesus der "letzte Adam" genannt, was bedeutet, daß er die Erde außerhalb des Fluches betrat. Es gab eine Zeit, zu der Jesus auf dieser Erde wandelte und die Gemeinde in sich trug, denn wir waren vor Grundlegung der Welt "in Christus" erwählt worden (Epheser 1, 4).

Jesus trug gleichnishaft den Geist und die Seele der Gemeinde in seinem Innern. Als er ans Kreuz ging, wurde seine Seite geöffnet. Am Pfingsttage begann Gott aus der "Rippe Jesu" (den 120 Jüngern im Obersaal) den Leib Christi zu bauen, an dem heute noch immer gearbeitet wird (Matthäus 16, 18).

Genauso, wie Gott Eva dem Adam zugeführt hat, naht mit raschen Schritten der Tag heran, an dem die Braut Christi fertig sein wird. Gott der Vater wird sie dem Herrn Jesus Christus als eine herrliche Gemeinde präsentieren, ohne Flecken und Runzeln (Epheser 5, 27). Jesus wartet gespannt auf diesen Tag, denn dann wird er wieder "ganzgemacht" werden - das, was aus ihm entnommen wurde, wird zu ihm zurückkehren!

Die Einsetzung der Ehe

Die Ehe wurde vor dem Fall des Menschen und vor der Ausführung des Erlösungsplanes eingesetzt. Gottes Wahl für den Zeitpunkt hat folgende Bedeutung: die Institution Ehe gilt für die ganze menschliche Art. Ob Menschen gläubig oder ungläubig sind, Gott hat die Freude und das Vergnügen der Ehe für alle Menschen bestimmt. Deshalb haben viele Ungläubige großartige Ehen.

Salomo kannte Gott, doch er war nie glücklich verheiratet. Es war für ihn seltsam genug, daß er feststellen mußte, wieviele Ungläubige tatsächlich gute Ehen haben.

> **Genieße das Leben mit der Frau, die du liebst, alle Tage deines nichtigen Lebens (getrennt von Gott), das er dir unter der Sonne gegeben hat, all deine nichtigen Tage hindurch! *Denn das ist dein Anteil am Leben* und an deinem Mühen, womit du dich abmühst unter der Sonne.**
>
> **Prediger 9, 9**

Salomo beobachtete, daß eine gute Ehe den einzigen Himmel darstellt, den Ungläubige auf Erden erleben. Gott setzte das Eheglück vor dem Fall des Menschen ein, und so kann man eine gute Ehe genießen, auch ohne Jesus zum Herrn seines Lebens gemacht zu haben.

Gott hat die Ehe als Zufluchtsort vorgesehen für die Situation, in der alles schiefgeht, in der du vor Problemen stehst, oder wenn Menschen dich nicht mögen. In der Ehe gibt es jemanden, der dich liebt und sich um dich kümmert, egal was um dich herum vorgeht oder welche Nöte du hast. Jemand ist da, der dir hilft, deine Probleme zu lösen und dir Sicherheit in einer Welt zu geben, die sich fortwährend ändert.

Die Ehe ist ein Segen, an dem sich Ungläubige erfreuen können. Doch beachte, daß Salomo den Segen mit einer Bedingung verknüpft: "... in deinen *Mühen*, womit du dich abmühst unter der Sonne." Ungläubige, die sich guter Ehen erfreuen, haben entdeckt, daß Mühe (oder Arbeit) der Schlüssel ist! Deshalb führen manche von ihnen erfolgreichere Ehen als manche Gläubige. Eine Ehe ist nur so gut wie das Maß, in dem ein Paar willig ist, an ihr zu arbeiten; und viele Gläubige sind nicht willens, den Preis für eine gute Ehe zu zahlen.

Die Frau

Zurück in den Garten .. Gott denkt sehr praktisch, und er wußte genau, wie er Adam auf Eva vorbereiten mußte. Es ist interessant, den Ablauf der Ereignisse zu verfolgen, die dazu hinleiten, daß er Adam einschlafen läßt.

Und Gott, der Herr, sprach, es ist nicht gut, daß der Mensch allein sei; ich will ihm eine Hilfe machen, die ihm entspricht.

Und Gott, der Herr, bildete aus dem Erdboden alle Tiere des Feldes und alle Vögel des Himmels, und er brachte sie zu dem Menschen, um zu sehen, wie er sie nennen würde; und genau so wie der Mensch sie, die lebenden Wesen, nennen würde, so sollte ihr Name sein.

Und der Mensch gab Namen allem Vieh und den Vögeln des Himmels und allen Tieren des Feldes. Aber für Adam fand er keine Hilfe, ihm entsprechend.

1. Mose 2, 18-20

Während Adam jede Spezies der Erde mit Namen versah, festigte sich ein Bild in seinen Gedanken: Gott hatte jede Art mit männlicher und weiblicher Körperform geschaffen. Er hatte nicht lediglich einen Elefanten, einen Vogel oder einen Lachs geschaffen, sonst hätten diese Tiere bereits nach der ersten Generation aufgehört zu existieren.

Stelle dir Adam vor, wie er im Garten Eden steht und Gott ihm die Tiere, immer paarweise, vorführt. Adam stand dort möglicherweise für Tage, Wochen, Monate oder gar Jahre und gab allen Geschöpfen, männlich und weiblich, Namen. Sie alle kamen paarweise, bis Gott ihn am Ende mit dieser Schlußfolgerung konfrontierte: "Adam, du bist nur einer und alle anderen sind zu zweit. Es ist nicht gut, daß der Mensch allein sei, ich werde dir deshalb einen Partner geben, der so ist wie du."

> **Da ließ Gott, der Herr, einen tiefen Schlaf auf den Menschen fallen, so daß er einschlief. Und er nahm eine von seinen Rippen und verschloß ihre Stelle mit Fleisch;**
>
> **und Gott, der Herr, baute die Rippe, die er von dem Menschen genommen hatte zu einer Frau, und er brachte sie zum Menschen.**
>
> **Da sagte der Mensch: Diese endlich ist Gebein von meinem Gebein und Fleisch von meinem Fleisch; diese soll Männin heißen, denn vom Mann ist sie genommen.**
>
> **1. Mose 2, 21-23**

Um zu sehen, wie sehr sich die Frau in der Schöpfung hervorhebt, müssen wir zunächst noch einmal einen Blick darauf werfen, wie Gott den Körper des Menschen entstehen ließ. In 1. Mose 2, 7 heißt es, daß Gott den Menschen aus dem Staub des Erdbodens "formte". Das hebräische Wort für "formen" ist *jatsar*, was "formen, kneten, Gestalt verleihen" bedeutet. Dieser Begriff wird im ganzen Alten Testament benutzt, um zu beschreiben wie ein Töpfer seinen Ton knetet und formt.

Der Leib des Mannes wurde also *asah*, aus etwas bereits Bestehendem hergestellt (1. Mose 1, 26) und auch *jatsar*, geknetet und geformt wie ein Klumpen Ton. Erinnere dich auch daran, daß die Tiere alle *jatsar*, aus dem Staub des Erdbodens gestaltet und geformt wurden - beide, Männchen *und Weibchen* aller Spezies.

Im Tierreich wurde das Weibchen jeder Spezies unabhängig vom Männchen aus Staub gemacht und umgekehrt. *Doch Gott machte die Frau auf völlig anderem Wege als den Mann oder alle anderen Geschöpfe.*

Zunächst hat er Adam einschlafen lassen, um dann die erste Großoperation der Welt durchzuführen, indem er aus Adams Körper die Rippe sowie den Geist und die Seele Evas entnahm. Die Bibel sagt nicht, wie lange Adam geschlafen hat. Wir denken meist, daß er nur ein oder zwei Stunden ohne Bewußtsein war, doch die hebräischen Worte, die benutzt werden um die Erschaffung Evas zu beschreiben, deuten an, daß Gott sich dabei Zeit gelassen hat. Adam hat möglicherweise eine recht lange Zeit geschlafen!

Und Gott, der Herr, baute die Rippe, die er von dem Menschen genommen hatte, zu einer Frau.

1. Mose 2, 22

Das hebräische Wort, welches in dieser Schriftstelle mit "bauen" übersetzt wird, ist *bana* und bedeutet, "etwas erbauen". Es hat eine von *asah* (etwas aus Bestehendem machen), *bara* (etwas aus dem Nichts erschaffen) und *jatsar* (formen, kneten, Gestalt verleihen) verschiedene Bedeutung.

Gott nahm die Rippe, vervielfältigte sie übernatürlich und konstruierte daraus den Körper der Frau. Genauso wie sich die Brote und die Fische in der Hand Jesu vermehrten (Johannes 6, 5-14), multiplizierte Gott die Rippe und baute sie, Stück für Stück, zu einer Eva. Der Mann, sowie alle anderen Geschöpfe waren aus dem Staub des Erdbodens geformt worden, die Frau jedoch wurde *gebaut*. (Wir benutzen diesen Ausdruck auch heute noch!)

Frauen sind etwas Unvergleichliches

Gott ließ sich Zeit, als er den Körper der Frau schuf, denn sie sollte atemberaubend sein! Im Gegensatz zu den Geschöpfen in der Natur, in der meist das Männchen der Schönere ist, sollte in der Spezies Mensch die Frau die Schönere sein. In der Natur ist es oft das Männchen, das nur herumliegt oder herumstolziert und laute Töne von sich gibt, während das Weibchen die Nahrung organisiert und die Arbeit tut. Beim Menschen hat Gott festgelegt, daß die Frau die Besondere ist, die der Mann versorgen und beschützen soll.

Gott ließ sich mit der Frau Zeit, um sie von jedem anderen Geschöpf deutlich verschieden zu machen. Er machte sie so, daß der Mann nur einen Blick auf sie zu werfen brauchte, damit seine Augen hervorquollen! Ich glaube, daß Adam deshalb zuerst alle Tiere benannte, weil er nicht mehr fähig gewesen wäre, seinen Kopf bei der Arbeit zu behalten, nachdem er sie erst einmal gesehen hatte! So faszinierend und wunderbar all die anderen Geschöpfe der Erde ihm auch erschienen, keines hinterließ einen solchen Eindruck auf ihn wie Eva!

Gott hat keinen leichten Schlaf auf Adam fallen lassen. Er verursachte einen tiefen Schlaf, da er Adam eine Zeitlang nicht brauchen konnte. Gott benötigte Zeit, um dieses völlig einzigartige Wesen zu modellieren. Sie unterschied sich von allen Weiblichen jeder anderen Spezies, da ihr Körper nicht unabhängig vom Mann gemacht worden war und auch nicht aus dem Staub des Erdbodens zusammengesetzt wurde. Ihr Leib wurde aus einem Teil vom Körper des Mannes konstruiert.

Die Frau wurde aus dem Mann entnommen, was symbolisiert, daß sie ihr Leben vom Mann bezieht. Sie wurde dann dem Mann zurückgegeben, was darstellt, wie sie ihm sein Leben zurückgibt.

Als Adam Eva sah, sagte er,

> **Diese endlich ist Gebein von meinem Gebein und Fleisch von meinem Fleisch; diese soll Männin heißen, denn vom Mann ist sie genommen.**
>
> **1. Mose 2, 23**

Selbst der Name "Männin" drückt aus, daß sie vom Mann genommen wurde. *Deshalb gibt es eine geistliche Verbindung und eine moralische Wahrnehmung zwischen Ehemann und Ehefrau, wie sie keine andere Spezies in der Natur erlebt.*

Hast du schon einmal bedacht, daß es im Tierreich so etwas wie sexuelle Unmoral nicht gibt? Sehr wenige Tiere haben Lebenspartner. Die meisten haben überall Partner und empfinden selbst dann keine Schuld, nachdem sie mit Zahllosen anderen ihrer Art Sexualkontakt hatten! Wir sagen manchmal von jemandem, daß er die Moral eines streunenden Katers habe, weil Katzen keine Moral haben! Sie wurden so geschaffen. Doch Mann und Frau sollten ein völlig anderes sexuelles Verhältnis zueinander haben als die Tiere.

Eine Rippe bedeutet *eine* Frau

Als Gott die Rippe aus Adam entnahm, nahm er genau eine, nicht zwei oder drei. Adam ist nicht erwacht und hat fünf Frauen vor sich gesehen. Noch hat Gott ihm sieben Frauen gegeben - je eine für jeden Tag der Woche. Gott hat *eine* Frau für *einen* Mann verordnet. Und die Frau vervollständigt den Mann so, wie nichts anderes in der Schöpfung dies kann. Es gibt eine Beziehung zwischen Ehemann und Ehefrau wie sonst nirgendwo in der Schöpfung.

Da Gott eine Frau für einen Mann festgelegt hat, sind Seele und Körper einer Person, die sexuelle Promiskuität praktiziert - die mit vielen verschiedenen Partnern die körperliche Vereinigung vollzieht, verwirrt.

Eine Person, die völlig von sich selbst eingenommen die Straße entlanggeht und dabei denkt, daß ihr jede Person des anderen Geschlechts zu Füßen fällt, ist verwirrt! Jeder, der glaubt, daß er mit mehr als einem Menschen eine sexuelle Beziehung eingehen kann, und dies als oberflächlichen Teil seines Lebens abtun will, ist verwirrt!

Im Garten Eden hat Gott ein geistliches Band zwischen Ehemann und Ehefrau gewoben, welches die Basis für alle sexuelle Moral und Reinheit darstellt. Wenn sexuelle Reinheit praktiziert wird, dann wird die Ehe Frieden und Behagen im Heim bewirken. Wenn sie mißachtet wird, dann werden Verwirrung und Unglück herrschen.

In Gesellschaften, in denen Promiskuität praktiziert wird, sind deren Resultate offensichtlich - Familien fallen auseinander, Existenzen zerbrechen und sind ohne Orientierung, Krankheiten, die in direktem Zusammenhang mit sexueller Unmoral stehen, nehmen überhand. 1. Korinther 6, 18 sagt uns, daß die einzige Sünde, die unseren Körper direkt beeinflußt, die sexuelle Sünde ist.

Heute beobachten wir mit Schrecken, wie durch AIDS Millionen Menschen eines schrecklichen Todes sterben. AIDS ist nur eine von vielen durch Sexualkontakt übertragenen Krankheiten, die außer Kontrolle geraten sind. Die Bibel sagt uns, daß dieser Katastrophe dadurch vorgebeugt werden kann, daß man im sexuellen Bereich Gottes Regeln beachtet. Dennoch setzt sich der Mensch weiterhin dadurch dem Risiko aus, daß er seine eigenen Wege geht. Männer und Frauen riskieren wegen einiger weniger Minuten sexueller Lusterfahrung den Tod. Das ist das Äußerste an Verwirrung!

Die alttestamentlichen Polygamisten

Es gibt eine Frage, die jedesmal auftaucht, wenn ich lehre, daß Gott *eine* Frau für einen Mann bestimmt hat: "Was ist mit der Tatsache, daß die Bibel im Alten Testament etliche Beispiele der Polygamie (Verheiratetsein mit mehr als einer Frau) nennt?" Die Mormonen, die heute noch Polygamie praktizieren, verteidigen ihren Lebensstil mit dem Zitat von Schriftstellen über Jakob, David und etliche andere, die mehrere Frau hatten.

Wenn man jedoch das Leben dieser Männer sorgfältig studiert, dann wird offensichtlich, daß in ihren Haushalten Verwirrung geherrscht hat. Des weiteren machen sowohl das Alte als auch das Neue Testament klar, daß dies nicht Gottes Wille war.

Den ersten überlieferten Fall von Polygamie finden wir in 1. Mose 4, 19, wo ein Mann namens Lamech mehr als eine Frau hatte. Wir erfahren in Vers 23, daß er ein Mörder war. Der erste in der Bibel erwähnte Polygamist war ein Mörder!

Jakob war der erste Hebräer, der mehr als eine Frau hatte. Er arbeitete sieben Jahre um Rahel und wurde aufgrund einer Täuschung mit ihrer Schwester Lea verheiratet. So arbeitete er weitere sieben Jahre, um auch Rahel zu bekommen. Es erübrigt sich fast, zu erwähnen, daß die beiden Frauen ständig miteinander stritten. Es herrschte Eifersucht und Streit zwischen ihnen und ihren Kindern und Jakob hatte zu Hause ständig Schwierigkeiten. Schließlich versuchten die Söhne Leas, einen Sohn Rahels, nämlich Joseph, zu töten.

In 1. Samuel 1, 1-6 wird uns von Elkana berichtet, der zwei Frauen hatte: Hanna war es nicht möglich, Kinder zu haben, und Peninna, die Elkana viele Kinder geschenkt hatte, beleidigte und schikanierte Hanna ständig, weil diese unfruchtbar war. Als Hanna endlich Samuel zur Welt brachte, haben die Beleidigungen wegen ihrer Unfruchtbarkeit zwar aufgehört, der Streit und die Eifersucht jedoch nicht.

Unter Mose gab Gott, als er das Gesetz erließ, klare Anweisungen. 3. Mose 18, 18 und 5. Mose 17, 17 sagen deutlich, daß ein Mann nicht mehr als eine Frau haben soll. David brach später dieses Gesetz. Als er auf Batseba traf, hatte er bereits fünf Frauen. Die Bibel sagt nichts darüber aus, ob unter den Frauen Streit herrschte oder nicht, seine Kinder jedoch trieben Inzucht, versuchten einander zu töten und wollten David sogar vom Thron stürzen.

Salomo, der Sohn von David und Batseba, hatte mit siebenhundert Ehefrauen und dreihundert Konkubinen mehr Frauen als jeder andere. Wenn überhaupt Fragen darüber bestehen, daß Salomos Leichtlebigkeit und sexuelle Sünde Zerstörung in sein Leben brachte, so glaube ich, daß diese in den beiden folgenden Kapiteln beantwortet werden. Niemandem ging es schlechter, und niemand war wegen sexueller Sünde energieloser als Salomo.

Das Neue Testament sagt uns ausdrücklich, daß es lediglich eine Ehefrau für einen Ehemann geben soll. Nirgendwo im ganzen Wort Gottes lesen wir: "Ehemann, liebe deine Frauen!" In 1. Timotheus 3, 2 wird uns gesagt, daß ein Aufseher Mann einer Frau sein soll; und in 1. Timotheus 3, 12 heißt es, daß die Diener Männer jeweils einer Frau sein sollen. Dies wird in Titus 1, 6 weiter bestätigt, wo gesagt wird, daß ein Ältester Mann *einer* Frau sein soll.

Da die Ehe Jesus und die Gemeinde symbolisiert, können wir einen Schritt weiter gehen und fragen: "Wieviele Leiber hat Jesus Christus?" Einen. Jesus kehrt zu einer Gemeinde, einem Leib, zurück. Jesus wird der Bräutigam genannt und die Gemeinde die Braut - *ein* Bräutigam für *eine* Braut.

Wieviele Leiber hast du? Einen. Es gibt einen Leib pro Kopf. Du würdest sehr seltsam aussehen, wenn du mehr als einen Körper unter deinem Kopf hättest - oder mehr als einen Kopf auf deinem Körper! Dies sind in der Natur Mißbildungen und stehen auch dem entgegen, was Gott für die Ehe festgelegt hat.

In der ganzen Bibel ist der Ehebund zwischen *einem* Mann und *einer* Frau die Grundfeste der Familie.

Die Bedeutung der Rippe

Gott nahm eine Rippe aus Adam und fertigte daraus eine einzige Frau für ihn. Viele falsche Lehren und Fehldeutungen dieser Schriftstelle entstehen, wenn man aus der Rippe mehr machen will, als sie ist. Jahrelang fühlten sich Frauen deswegen angegriffen, daß man sie lediglich mit einer Rippe des Mannes identifiziert hat. Doch nur der Körper der Frau wurde aus der Rippe konstruiert. Ihr Geist und ihre Seele waren vollkommen, bevor ihr Leib je geschaffen wurde.

Das hebräische Wort für "Rippe" steht buchstäblich für eine Rippe eines physischen Skelettes. Im Buch Daniel spricht der Prophet über ein Tier, das sich erhob und andere Tiere verschlang. Er sah die Rippen eines der verschlungenen Tiere im Maul des ersten Tieres. Er verwendet hier dasselbe Wort für "Rippe" (Daniel 7, 5).

In 1. Könige, Kapitel 6 und 7, gibt es eine Beschreibung all der Häuser, die Salomo baute, inklusive des Hauses des Herrn. Hier wird dasselbe Wort, das in 1. Mose 2, 22 "Rippe" übersetzt wird, mit "Balken" wiedergegeben (1. Könige 7, 3). Verborgen in den Gebäuden, welche Salomo baute, waren Balken (Rippen), die diese stützten.

Egal wie herrlich ein Gebäude von außen aussieht, ohne die stützenden Balken würde es in sich zusammensacken und in Trümmern zu Boden fallen - dasselbe gilt auch für den Mann. Die Welt sieht die rauhe Fassade eines Mannes, das geschäftsmännische Gebaren, die Weisheit und Stärke, die er in seinem Büro oder seinem Beruf an den Tag legt, doch seine Frau ist der verborgene Balken, der den kleinen Jungen in ihm kennt!

Sie weiß, wie er wirklich ist, was seine Stärken und Schwächen sind, und sie ist die verborgene Stütze seines Lebens. Abgesehen vom Herrn ist sie das Wichtigste in seinem Leben, denn ohne sie würde sein Leben zusammensacken wie ein Gebäude ohne tragende Balken.

Viele Männer versuchen darzustellen, wie unabhängig sie sind, und daß sie mit Leichtigkeit ohne ihre Frau leben könnten. Ich habe mit Frauen gesprochen, die sagen, daß ihre Männer sich so verhalten, als ob sie gar nicht existierten. "Er benimmt sich so, als ob ich ihn verlassen könnte, und sein Leben würde trotzdem wie gewohnt weiterlaufen. Alles, was er braucht, ist jemanden der kocht, putzt, sich um die Kinder kümmert und mit ihm schläft. Jede X-Beliebige kann das!"

Solchen Männern kann ich nur sagen: "Der Tag, an dem sie geht, ist der Tag, an dem du auseinanderfällst!" Es ist sehr bedeutungsvoll, daß Gott die Rippe nahm, um daraus die Frau zu formen. Ohne Rippen würde der Körper nicht nur zusammensacken, sondern auch das Herz schutzlos lassen.

Die Rippe repräsentiert emotionale Unterstützung, die verborgene, innere Stärkung und Ermutigung, ohne die du auseinanderfallen würdest.

Meine Gemeinde sieht mich, ihren Pastor, Woche für Woche mit großer Zuversicht predigen und lehren. Sie sieht die Stabilität in meinem Leben, die es mir ermöglicht, die Vision auszuführen, die Gott mir für unsere Gemeinde gegeben hat, und die Freude, die daher kommt, daß ich das tue, wozu Gott mich berufen hat.

Was sie nicht sehen, sind die Zeiten, zu denen ich nach Hause gehe und auseinanderfalle und meine Frau mich wieder aufrichtet, ermutigt und zurückführt zu der Weisheit und der Kraft, die nur in Gott zu finden sind. Sie ist die verborgene Stärke meines Lebens. Ich weiß über jeden Zweifel erhaben, daß der Erfolg meines Lebens und meines Dienstes nicht nur auf meiner Beziehung zu Gott beruht, sondern auch auf meinem Verhältnis zu meiner Frau.

Es ist sehr wichtig für eine Ehefrau zu wissen, daß es ein heiliger Auftrag ist, die verborgene Stütze ihres Mannes zu sein. Die Rippe ist nicht sichtbar, und sie bedeckt das Herz, denn die Vertraulichkeiten ihres Mannes sind nicht zur öffentlichen Kenntnisnahme. Wenn eine Frau beständig private Konversationen mit ihrem Mann vor Freunden offenbart, dann gefährdet sie ihre Ehe. Es muß ihrem Ehemann möglich sein, ihr von Herzen zu vertrauen. (Dieses Prinzip der Privatsphäre und des Vertrauens gilt ebenso für den Mann. Die Frau muß wissen, daß sie auf ihren Mann zählen kann; daß er ihre Vertraulichkeiten für sich behält.)

Die Rippe liegt unter dem Arm des Mannes, was den Schutz und die Versorgung des Mannes für seine Frau symbolisiert. Gott nahm keinen Knochen aus Adams Fuß, denn Eva sollte keine Sklavin sein; er entnahm auch keinen Knochen aus seinem Kopf, denn sie sollte auch nicht über ihn herrschen, sondern sie soll ihm zur Seite stehen, als seinesgleichen vor Gott, ihn lieben, unterstützen, mit ihm zusammenarbeiten, ihn beraten, ihn ehren als ihren Beschützer und Versorger, ihn schätzen als ihren intimsten Freund und Liebhaber.

Gottgegebene Leidenschaft

Die hebräische Sprache deutet an, daß Gott, als er die Rippe aus Adam nahm, dies schnell und gewaltsam tat. Er faßte hinein und riß Eva heraus. Als er dann Eva zu Adam zurückbrachte, war dies ein ebenso dramatischer Moment, wie das Hebräische auch hier andeutet.

Adam öffnete seine Augen, sah dieses unbeschreibliche Wesen vor sich, und erkannte es sofort als einen Teil seiner selbst. Sie war anders als die Tiere des Gartens! Ihre Knochen waren aus seinen Knochen gemacht; ihr Geist und ihre Seele aus ihm genommen.

Da sagte der Mensch: Diese endlich ist Gebein von meinem Gebein und Fleisch von meinem Fleisch; diese soll Männin heißen, denn vom Mann ist sie genommen.

1. Mose 2, 23

Es gibt eine gottgegebene Leidenschaft, die fast überwältigend ist, wenn ein Mann und eine Frau erkennen, daß sie zueinander passen und daß Gott sie souverän und übernatürlich zusammengeführt hat. Plötzlich gehören sie einander, ihre Gedanken sind erfüllt von einander und alles, was sie tun, dreht sich um sie.

Ich kann mir vorstellen, daß Adam sich anfangs, als er aufwachte, sehr viel anders gefühlt hat als zuvor. Etwas Wichtiges, ein lebendiger Teil seiner selbst, fehlte. Zum ersten Mal in seinem Leben fühlte er sich unvollständig, wo er zuvor vollkommen war. Er mag sich innerlich leer gefühlt haben, möglicherweise sogar einsam, weil die Frau, die einmal Teil seiner Person gewesen war, fehlte.

Dann sagte Gott zu ihm: "Adam, steh' auf und erfrische dich mit etwas kaltem Wasser, denn ich habe noch ein Geschöpf für dich zu benennen" und brachte Eva zu ihm. Adam erkannte sie sofort, denn ihr Geist und ihre Seele hatten in ihm gewohnt. Er war nicht allein deshalb von ihrem Anblick begeistert, weil sie äußerlich gut aussah, sondern weil sein Geist und seine Seele sich ihrem Geist und ihrer Seele entgegenstreckten.

Dies legt ein Prinzip von äußerster Wichtigkeit für das Verhältnis zwischen Mann und Frau fest: *Adam kannte, liebte und hatte genaue Kenntnis von Evas Geist und Seele, bevor er je mit ihrem Körper intim wurde.*

Er hatte bereits ihre Einzigartigkeit erkannt; daß er sie lieben, schützen und bewahren sollte. Es existierte ein Fundament aus Verständnis und Vertrauen. Als Gott sie dann in ihrem physischen

Körper zu ihm brachte, konnte sie sich ihm frei hingeben, und er konnte ihr bereitwillig vertrauen und sie genießen.

Wir leben in einer Kultur, in der die Betonung in Beziehungen auf dem Körper liegt. Der Körper wird auf Postern, in Magazinen, im Fernsehen und im Kino angehimmelt und verherrlicht. In letzter Zeit trimmt die Welt sich fanatisch fit, und falsche Eßgewohnheiten sowie Modediäten lassen sich in fast jedem Haushalt finden. Man unterzieht sich sogar allen möglichen chirurgischen Eingriffen, um dem augenblicklichen Schönheitsideal zu entsprechen, damit man sich wertvoll fühlen und auf die Person attraktiv wirken kann, die man selbst für attraktiv hält. Begehrlichkeit wird völlig vom physischen Bereich bestimmt.

Doch die Bibel lehrt, daß die körperliche Übung in diesem Leben zu wenigem nütze ist, die Entwicklung von Geist und Seele jedoch eine ewige Belohnung bewirkt (1. Timotheus 4, 8). Wir können daraus einen weiteren wichtigen Grund erkennen, warum Gott Adam und Eva auf diese ungewöhnliche Art und Weise geschaffen hat: *Gott schuf den Geist und die Seele Evas lange bevor er ihren Körper schuf, weil er so festlegen wollte, wie sich Beziehungen entwickeln sollen.*

Lösche das unheilige Feuer!

Also, wenn wir den Schriftabschnitt studieren, in dem Adam und Eva physisch aufeinandertreffen, dann sehen wir, wie eine gewaltige Leidenschaft zwischen einem Mann und einer Frau entflammt, die wissen, daß sie zueinander gehören. Gott hat sie zusammengeführt, sie werden heiraten, sich einander hingeben und ihren Bund aufrechterhalten, bis einer von beiden stirbt. Dies ist gottgegebene Leidenschaft.

Gottgegebene Leidenschaft ist gerecht und heilig, weil sie eine Reflexion der leidenschaftlichen, bedingungslosen und alles verzehrenden Liebe ist, die Gott für seine Kinder und Jesus für seine Gemeinde hat. Die verzerrte Version dieser Gabe ist egozentrische Lust. Genauso wie gottgegebene Leidenschaft brennt auch die Lust wie ein rasendes Feuer im Herzen, doch sie bringt Zerstörung anstelle von Erfüllung.

Die Lust ist ein inneres Feuer, das deine Seele zerreißt und dein Leben einäschert, wogegen gottgegebene Leidenschaft dem Ehemann und seiner Ehefrau dauerhafte Freude und Frieden bringt. Göttliche Leidenschaft wird von Selbstlosigkeit und bedingungsloser Liebe motiviert; Lust ist eine triebhafte Kraft, die von Selbstsucht und physischen Impulsen motiviert wird. Einfach ausgedrückt: Göttliche Leidenschaft gibt; Lust nimmt.

Kann man Feuer wohl tragen in seinem Gewandbausch, ohne daß einem die Kleider verbrennen?

Oder kann jemand wohl schreiten auf glühenden Kohlen, ohne daß er sich die Füße versengt?

Sprüche 6, 27-28

Diese Verse beschreiben das genaue Gegenteil von gottgegebener Leidenschaft. So wie göttliche Leidenschaft beginnt auch das Feuer der Lust im Innern, in der Seele; generell sind hier jedoch Gedanken sexueller Unmoral beteiligt. Wenn diesen Gedanken und nachfolgenden Emotionen erlaubt wird, zu bleiben und zu wachsen, werden sie sich zum Schluß als sexuelle Handlungen manifestieren. Das Feuer im Gewandbausch sucht sich seinen Weg nach draußen und wird dir schließlich die Kleider verbrennen!

Das Wort Gottes weist uns an, das Feuer der Lust im Innern auszulöschen. Dann kann es nicht nach außen durchdringen und unser Leben vernichten. Versuche nicht, die Lust zu "verstehen", fliehe sie (2. Timotheus 2, 2)! Gieße das Wasser des Wortes Gottes auf dieses unheilige Feuer, sobald du es als solches erkennst (2. Petrus 1, 4; 2. Korinther 10, 5).

Gib der Lust keine Macht über deine Gedanken, deine Gefühle oder deinen Willen. Wenn du sie nicht aufhältst, wenn du ihr erlaubst, dein Leben zu regieren, dann wird es sein, als ob du über glühende Kohlen gehst. Du wirst dir die Füße verbrennen!

Dein Wandel mit dem Herrn und dein Verhältnis zu deiner Frau, falls du verheiratet bist, werden behindert und beschwert, wenn du dich fortwährend der sexuellen Unmoral hingibst, sei es in Gedanken oder Taten (Sprüche 6, 28). Du kannst mit Gott oder deinem Partner nicht frei Gemeinschaft pflegen und mit ihnen in völliger Ehrlichkeit und ganzem Vertrauen verkehren, wenn deine Seele in egozentrischer Lust entbrannt ist.

Realistisch betrachtet hat jeder von uns Tage, an denen Lust ein Problem ist. Die Welt macht es uns nicht leichter mit Reklametafeln, Fernsehen, Magazinen und Kinofilmen, die unmoralisches Denken und Handlungen in bezug auf Sex propagieren. Die Welt will ein gottgegebenes Verlangen in die falsche Richtung umleiten.

Jedem kommen von Zeit zu Zeit böse Gedanken. Sünde wird jedoch nur begangen, wenn man diese Gedanken weiter behält, anstatt sich von ihnen weg dem Wort Gottes zuzuwenden. Je früher du deine Kinder darin unterweist, ihren Sexualtrieb zu beherrschen, je schneller du als Erwachsener dich dazu entscheidest, der Sünde der Lust zu widerstehen, desto leichter wird es sein, bis zur Eheschließung rein und danach treu zu bleiben.

Die Art und Weise, wie jeder Gläubige - ob jung oder alt - diese starken physischen Triebe kontrolliert, ist dieselbe, auf die alle Sünden vermieden werden. Der Psalmist schrieb:

In meinem Herzen habe ich dein Wort verwahrt, damit ich nicht gegen dich sündige.

Psalm 119, 11

Gottes Wort wird dir die Geduld und den Glauben geben, um auf den richtigen Partner warten zu können, und der Heilige Geist wird dir zusätzlich übernatürliche Stärke dafür geben, deinen Sexualtrieb unter Kontrolle zu halten.

Und nur weil du älter oder verheiratet bist, bedeutet dies nicht, daß sich dein Sexualtrieb immer unter Kontrolle befindet! Selbst wenn wir verheiratet sind gibt es Zeiten, in denen die Lust versuchen wird, unser Herz zu regieren. Die Versuchung besteht, deinen Partner auszunutzen, ihn dazu zu benutzen, ein fleischliches, egoistisches Verlangen oder eine unmoralische Phantasie auszuleben. Wenn wir dieser Versuchung nicht widerstehen, dann nehmen wir von unserem Partner, anstatt ihm zu geben.

Wir alle führen eine Schlacht gegen unser Fleisch, ungeachtet des Alters oder dessen, ob wir ledig oder verheiratet sind. Jeder Gläubige muß sich in Gedanken, Worten und Taten reinhalten und durch das Tun der Heiligen Schrift in Liebe wandeln.

... damit ihr durch sie (die kostbaren und größten Verheißungen) Teilhaber der göttlichen Natur werdet, die ihr dem Verderben, das durch die Begierde in der Welt ist, entflohen seid.

2. Petrus 1, 4

Wir werden "Teilhaber der göttlichen Natur", wenn wir unsere Gedanken dem Wort Gottes zuwenden. Wir lassen dann buchstäblich die Kraft und die Heiligkeit Gottes auf unseren Sinn und unser Herz wirken. Durch seine Kraft können wir sodann die Versuchung besiegen und ein erfülltes Leben führen. Unser bestes Beispiel ist Jesus in Lukas, Kapitel 4. Als der Teufel ihn versuchte, wandte er sofort die Schrift an. Er hat uns gezeigt, wie man mehr als ein Überwinder ist!

Ein Fleisch

Diese soll Männin heißen, denn vom Mann ist sie genommen.

1. Mose 2, 23

In der Glut göttlicher Leidenschaft gab Adam der Frau ihren Namen. Er gab ihr einen besonderen, einzigartigen Namen - er benannte sie nach sich selbst. Dies war kein egoistischer Akt, sondern reflektierte die Natur ihrer besonderen Beziehung. Im Hebräischen liest es sich: "Sie soll Ischschah heißen, denn von Isch ist sie genommen."

Darum wird ein Mann seinen Vater und seine Mutter verlassen und seiner Frau *anhangen*, und sie werden zu einem Fleisch werden.

1. Mose 2, 24

Das hebräische Wort *dabaq*, das hier so schön mit "anhangen" übersetzt wird, hat eigentlich die Bedeutung "Geschlechtsverkehr", wortwörtlich bedeutet es jedoch "anhangen".

Diese Schriftstelle wird im Neuen Testament in Epheser 5, 31 zitiert:

Deswegen wird ein Mensch Vater und Mutter verlassen und seiner Frau anhängen, und die zwei werden ein Fleisch sein.

Das griechische Wort für "anhängen" ist *proskollao*, ein interessantes Kompositum.

Kollao bedeutet einfach "zusammengefügt sein" und bezieht sich auf den physischen Akt des Verkehrs, doch *pros* deutet eine tiefe Intimität an, eine Begegnung von Angesicht zu Angesicht.

Die Bibel beschreibt mit diesen beiden kombinierten Worten die Ein-Fleisch-Beziehung zwischen Ehemann und Ehefrau.

Ein Fleisch zu sein bedeutet mehr als nur die Kopulation zweier Menschen. Im Vollzug des Geschlechtsaktes erfahren Mann und Frau eine Beziehung und erleben nicht nur ein physisches Phänomen.

Es ist bemerkenswert, daß Mann und Frau die einzigen Geschöpfe sind, die Gott so geschaffen hat, daß sie von Angesicht zu Angesicht Geschlechtsverkehr haben können. Er hat die Tiere nicht mit dieser Fähigkeit geschaffen, genauso wie er sie ohne einen Sinn für Moral geschaffen hat. Im Tierreich ist der Sexualtrieb ein natürlicher Instinkt, der dem Zweck dient, mehr von der selben Spezies hervorzubringen (*kollao*). Es gibt unter den Tieren keine geistliche Bedeutung für den Sexualakt und kein "Eins-Sein" (*proskollao*).

> **Oder wißt ihr nicht, daß, wer einer Hure anhängt, ein Leib mit ihr ist? "Denn es werden", heißt es, "die zwei ein Fleisch sein".**
>
> **1. Korinther 6, 16**

Das griechische Wort für "anhängt" ist in diesem Vers lediglich *kollao*, nicht *proskollao*. Der Heilige Geist läßt uns hier wissen, daß ein Mann, der mit einer Hure schläft, nur Sex mit ihr hat. Er hängt ihr einen Moment lang an, dann ist es vorbei. Er hat seinem Leben nichts von bleibendem Wert beigefügt und hat sich auf die Ebene eines Tieres herabbegeben.

Was Gott als eines der erfüllendsten und schönsten Erlebnisse im Leben geschaffen hat, hat Satan pervertiert und fehlgeleitet. Der Grund dafür, daß er diese Gabe Gottes so zu entstellen versucht, ist der, daß das Einssein im Fleisch mit deinem Partner im Natürlichen das dem intimen Verhältnis von Angesicht zu Angesicht, das wir im Geist mit Gott haben können, ähnlichste Erlebnis ist.

Gott hat den Sex in der Ehe dazu verordnet, eine heilige Handlung und ein Ausdruck der Liebe, des Glaubens und des Vertrauens zu sein. Das Vereinigungserlebnis der Ehe, in dem dein ganzes Leben deinem Partner in nackter Ehrlichkeit und völligem Vertrauen ausgeliefert ist, bereitet Mann und Frau größtes Vergnügen. Dies ist ein Gleichnis auf die Beziehung, die der Herr mit uns geistlich haben möchte.

Wie auch unser Bund mit Gott durch das Blut Jesu Christi mehr ist als nur eine "Fahrkarte in den Himmel", nämlich eine lebendige, pulsierende Beziehung zu unserem Schöpfer, so ist auch die Ehe weit mehr als nur ein legaler und sicherer Weg, geschlechtlich verkehren und Kinder zeugen zu können. Das Eheverhältnis, wie wir es im biblischen Bericht von Adam und Eva demonstriert sehen, gründet sich in erster Linie auf die Liebe und das Verständnis zwischen zwei Seelen. Wenn du eine starke Beziehung mit der Seele deines Partners hast, dann wird die Verbindung mit seinem Körper etwas Phantastisches!

Die Ehe ist ehrbar in allem

Eine christliche Ehe sollte in allen Bereichen, inklusive dem sexuellen, mit gesundem Menschenverstand, Takt und einem Verständnis von Gottes Wort geführt werden.

> **Die Ehe sei (ist) ehrbar in *allem*, und das Ehebett unbefleckt.**
>
> **Hebräer 13, 4**

Wer diesen Vers übersetzt hat, muß ein Mönch gewesen sein, der sehr wenig über Sex wußte! Das griechische Wort *coite* wurde mit "Ehebett" übersetzt, doch die eigentliche Bedeutung von *coite* ist "Geschlechtsakt". Wir leiten daraus unser Wort "Koitus" ab. Dieser Vers sagt an sich, daß der Geschlechtsakt in der Ehe unbefleckt ist. Einfach ausgedrückt, ein Ehemann und seine Frau beschließen gemeinsam, was sie beim Lieben für richtig halten.

Was das eine Paar genießt, kann ein anderes Paar völlig unangemessen finden. Was ein Paar als Perversion empfindet, kann für ein anderes höchstes Glück bedeuten. Deshalb sollten Liebe und Respekt alle Fragen zwischen Mann und Frau regeln, und nicht die Meinung oder Vorliebe anderer Leute.

Was immer ein Mann und seine Frau auf sexuellem Gebiet zu tun gedenken, wird von Gott nicht verdammt, wenn ihre Liebe zueinander die Grenzen ihres Liebeslebens festlegt. Einschüchterung oder Gewalt sollten nie von dem einem Partner gegen den anderen angewendet werden. In solchen Fällen ist egoistische Lust in das Herz des einen oder beider Partner eingezogen.

In meinem Studium des Wortes Gottes war es mir nicht möglich, etwas zu finden, was zwischen Ehemann und Ehefrau als Perversion bezeichnet worden wäre, *solange sie beide dem zustimmten.*

Das erste Wunder Jesu

In Sprüche 5, 19 sagt das Wort Gottes, daß Mann und Frau beim Geschlechtsakt in ihrer Liebe "taumeln" sollen. Dies bedeutet buchstäblich, daß sie berauscht sein sollen, trunken vor Liebe füreinander. Im Lichte dessen erscheint es mir um so bedeutungsvoller, daß das erste Wunder Jesu war, anläßlich der Hochzeit zu Kana Wasser in Wein zu verwandeln.

Jesus tat hier mehr, als durch das Wirken eines Wunders seinen Dienst auf Erden einzuleiten. Er traf damit auch eine Aussage, daß die Ehe etwas Übernatürliches sei. Die Welt sieht in der Ehe zwei Personen, die legal zusammenleben. Die Bibel sagt jedoch, daß die Ehe aus mehr besteht als nur aus dem Zusammenleben zweier Menschen.

Was nun Gott zusammengefügt hat, soll der Mensch nicht scheiden.

Matthäus 19, 6

Gott fügt Körper nicht zusammen - das tun wir. Nicht Jesus füllte auf der Hochzeit zu Kana die Gefäße mit Wasser, denn das Füllen der Behälter repräsentiert unseren Teil an der Ehe: das Zusammenschließen der Seelen und Leiber. Er ließ die Diener den *sichtbaren*, faßbaren Teil ausführen.

Gott fügt Geister zusammen. Dies ist der unsichtbare, jedoch in jedem Aspekt ebenso reale Teil. Niemand nahm es wahr, als Jesus das Wasser in Wein verwandelte. Wenn man von außen auf die Wassergefäße blickte, konnte man nicht erkennen, daß sie Wein beinhalteten. Dies repräsentiert die *unsichtbare* Handlung Gottes in der Eheschließung, das Zusammenfügen der Herzen im Innern.

Ungläubige erleben durch ehelichen Sex ein Gefühl des Einsseins in ihrer Seele, und dieses Einssein kann sehr erfüllend sein und sogar geistlich erscheinen, doch die *geistliche* Realität des Einsseins im Fleisch kann nur von zwei Gläubigen erlebt werden, deren Einheit intensiviert wird und deren Ekstase aufgrund ihrer geistlichen Verbundenheit mit Gott zunimmt.

Wenn ein Mann und seine Frau durch Jesus Christus auf ewig mit Gott verbunden sind, dann kann sich die Realität ewiger, bedingungsloser Liebe in ihrer Ein-Fleisch-Beziehung explosiv entladen!

Du und dein Partner mögen für andere wie "gewöhnliche Wasserkrüge" aussehen, doch wenn ihr als ein Fleisch zusammenkommt, geschieht etwas Wunderbares - zwei Wasserkrüge werden voll berauschenden Weines! Dies ist Gottes übernatürliches Geschenk der Leidenschaft!

Kapitel 2

Ein berühmter Vater spricht mit seinem Sohn offen über Sex
Teil 1 - Was man nicht tut

Alle Schrift ist von Gott eingegeben und nützlich zur Lehre, zur Überführung, zur Zurechtweisung, zur Unterweisung in der Gerechtigkeit.

2. Timotheus 3, 16

WENN ES JE EINE ZEIT GAB, in der die Gemeindewelt Unterweisung in Gerechtigkeit brauchte, dann ist es die heutige! Sexuelles Fehlverhalten und Vorwürfe sexuellen Fehlverhaltens scheinen den Leib Christi mehr zu plagen denn je - vielleicht berichten die modernen Nachrichtenmedien auch nur eifriger darüber.

Wie dem auch sei, die einzige Möglichkeit, wie jemand sexuelle Sünde vermeiden oder besiegen kann, besteht darin, sich dem Wort Gottes zuzuwenden. Das beste Handbuch für Sex ist die Bibel! Wann immer das Thema zur Sprache kommt, sollten Eltern die Heilige Schrift dazu benutzen, ihre Kinder über Sex zu informieren.

Salomo wurde von seinen Eltern aufgeklärt. Dies weist uns auf den richtigen Ort für sexuelle Aufklärung hin - das Zuhause. Als christliche Eltern beschweren wir uns oft darüber, daß die Schule nicht der richtige Ort dafür sei, unterlassen dann jedoch, unsere Kinder im Rahmen der Familie darüber zu unterrichten. Diese Verantwortung beginnt beim Vater.

König David hat in seinem Familienleben viele Fehler begangen, doch eine Angelegenheit, die er richtig handhabte, war, daß er seinen Sohn Salomo über Sex aufklärte! Etliche Kapitel im Buch der Sprüche bestehen aus Salomos Wiedergabe der Unterweisung, die sein Vater ihm in bezug auf Beziehungen zu Frauen zuteil werden ließ. David sprach sehr freimütig mit Salomo über die Fallstricke sexueller Unmoral, doch auch ebenso offen über die Heiligkeit der Ehe.

Einige der Verse, die wir studieren wollen, werden dich wahrscheinlich dazu veranlassen zu sagen: "Ich kann nicht glauben, daß das in der Bibel steht!" Noch interessanter ist, daß David diese Dinge mit Salomo besprach, als er noch ein Junge war. Sobald unsere Kinder Interesse zeigen, sollten wir sie von den Richtlinien der Schrift her in dem Weg unterweisen, den sie in sexuellen Angelegenheiten gehen sollen.

Du magst denken: "Aber ich bin ein lediger Erwachsener. Ich brauche nicht zu wissen, wie man Kindern von Sex erzählt." Falsch! Die meisten Erwachsenen wurden nie anhand der Bibel aufgeklärt und müssen diese Dinge ebenso lernen wie Kinder!

Weisheit und Einsicht

Mein Sohn, horche auf meine Weisheit, zu meiner Einsicht neige dein Ohr.

Sprüche 5, 1

Der Begriff "Sohn" bedeutet "Erbauer des Familiennamens". Bitte beachte, daß es nicht heißt "Niederwerfer" des Familiennamens, sondern "Erbauer". Alles, was du dir geschaffen hast, dient deinen Kindern als Fundament. Ihr Leben sollte sich auf das Fundament gründen, das du ihnen gegeben hast.

Gottes Plan ist, daß jede Generation ihre Eltern überflügelt. Deine Kinder sollten noch erfolgreicher, noch gesünder, noch kühner in ihrem Zeugnis und noch gewandter im Lehren von Gottes Wort sein als du. Wenn die Leute deinen Familiennamen lesen oder hören, dann verbinden sie ihn sofort mit den Dingen Gottes. Sie betrachten deine Familie als Menschen, die Gott nachfolgen und ihm treu dienen. Jede Generation sollte weisere, kühnere und gottgefälligere Kinder in die Welt senden.

David wußte, daß Salomo bald alt genug sein würde, um zu arbeiten, daß er genug Geld für seinen ersten Streitwagen gespart hatte und daß er dann als Sohn des Königs durch die Straßen kreuzen würde. Er wußte, daß er an Jugendtreffpunkten vorbeifahren und vielen verschiedenen Mädchen begegnen würde. Um sicher zu gehen, daß sein Sohn den Familiennamen weiterbaut, anstatt ihn niederzureißen, ermahnt und unterweist David Salomo unter Gottes Gesichtspunkten in den Tugenden und Fallstricken der Sexualität.

Mit dieser Absicht im Sinn ermahnt David Salomo in Sprüche 5, 1 dazu, seiner Unterweisung nicht nur *zuzuhören* ("horche auf meine Weisheit"), sondern sich ihr auch zu *beugen* ("zu meiner Einsicht neige dein Ohr"). Es ist eine Sache für ein Kind, dem zuzuhören, was seine Eltern sagen; es ist etwas ganz anderes, dessen Bedeutung zu verstehen und danach zu handeln. Das *Tun* der Wahrheit ist es, das die Wahrheit an die nächste Generation weiterreicht.

Daß du Besonnenheit behältst und deine Lippen Erkenntnis bewahren!

Sprüche 5, 2

David sagt hier, daß sich dem Wort Gottes unterzuordnen die einzige Möglichkeit ist, Besonnenheit zu erlangen und zu erkennen, was richtig oder falsch ist, wem man vertrauen kann und wem nicht. Du mußt Erkenntnis der Heiligen Schrift beständig in deinem Sinn bewegen.

Erkenntnis aus Gottes Wort befähigt dich, den Charakter der Menschen zu beurteilen, mit denen du im Leben zu tun hast.

Wenn du fortwährend dein Leben der Weisheit Gottes anpaßt, dann kann dir der Heilige Geist in deinem Geist mitteilen, wenn etwas nicht stimmt. Oder er kann dir Frieden geben, wenn du dich zwar in Gottes Willen befindest, die Umstände jedoch schwierig sind. Diese Informationen sind lebenswichtig, wenn man sich, ob jung oder alt, zu bestimmten Personen des anderen Geschlechts hingezogen fühlt!

David wiederholt gegenüber Salomo in Sprüche 6, 20-21:

Bewahre, mein Sohn, das Gebot des Vaters, verwirf nicht die Weisung deiner Mutter!

Binde sie stets auf dein Herz, winde sie um deinen Hals!

Davids Gebot und Batsebas Weisung waren Gottes Wort. Wir binden das Wort Gottes dadurch auf unsere Herzen und um unseren Hals, in dem wir über Schriftstellen nachsinnen. Psalm 1 und Josua, Kapitel 1, sprechen beide davon, Tag und Nacht über das Wort nachzusinnen - zu dem Zweck, ein erfolgreiches, erfülltes Leben zu führen. Kinder sollten früh im Leben dazu angeleitet werden, ihre Bibel nicht nur zu lesen, sondern über das Gelesene nachzudenken, es abzuwägen und darüber zu beten.

Nachsinnen über Gottes Wort ist für die sexuelle Reinheit eines jeden Menschen von größter Wichtigkeit.

Jedesmal, wenn dein Kind über das Wort nachsinnt, "bindet es Gottes Weisheit und Urteilsfähigkeit auf sein Herz und um seinen Hals". Wenn die Wahrheit im Herzen ruht, dann kann die Versuchung den Hals nicht verdrehen. Das Wort im *Innern* kontrolliert die Handlungen des Körpers *draußen*.

Eines Tages werden deine Kinder dein Haus verlassen und ihr eigenes Leben führen. Dies kann für Eltern, die sich nicht darum bemüht haben, das Wort Gottes um das Herz und den Hals ihrer Kinder zu binden, eine furchteinflößende Aussicht sein. An dem Tag, an dem deine Kinder ihr Elternhaus verlassen, wird deine Phantasie mit dir durchgehen, und du wirst denken: "Was wird nun mit ihnen geschehen - ohne meinen Schutz und meine Führung?"

Wenn dein Sohn oder deine Tochter zum Studium fortzieht oder ein eigenes Apartment mietet und arbeiten geht, dann denkst du vielleicht: "Was ist, wenn ihn eines von diesen hübschen, weltlichen Mädchen zum Kompromiß verleitet? Was wohl die gutaussehenden Wölfe in dem Büro machen, in dem meine goldige, unschuldige Tochter arbeitet? Vielleicht sollte ich in ihre Gegend ziehen oder mich im Büro nebenan einmieten, um sie zu beschützen."

Doch die Bibel sagt, wenn du sie ihrem Weg gemäß erzogen hast, wenn du sie dazu angeleitet hast, über Gottes Wort nachzusinnen und sich dem Willen Gottes unterzuordnen, dann werden sie davon nicht weichen, wenn sie erwachsen sind (Sprüche 22, 6). Bitte beachte, daß es nicht heißt, sie werden nicht von *dir* weichen, sondern *davon* - dem Wort.

Wenn deine Kinder mit geistlicher Wahrheit umgürtet sind, werden sie nie die Autorität und Gegenwart Gottes verlassen. Im Wissen darum wirst du an dem Tag, an dem sie deine Autorität und Gegenwart verlassen, Frieden haben.

Bei deinem Gehen leite sie dich, bei deinem Liegen behüte sie dich, und wachst du auf, so redet sie dich an!

Sprüche 6, 22

Dieser Vers sagt, daß die Weisheit aus dem Wort Gottes sie leiten wird, während sie ihren Tagesbeschäftigungen nachgehen. Wenn sie schlafen, wird das Wort sie behüten, und wenn sie aufwachen, selbst wenn niemand da ist, um "Guten Morgen" zu sagen, wird das Wort sie ansprechen.

Der Tag kommt zwar, an dem sie den mütterlichen Rockzipfel loslassen müssen, doch Gott läßt sie nie los! Während deine Kinder heranwachsen und noch an dich gebunden sind, bindest du etwas an sie, was sie niemals verlassen oder versäumen wird - Gottes Wort. Dieser kraftvolle, überwältigende Einfluß göttlicher Wahrheit und Weisheit wird deinen Kindern Unterscheidungsvermögen und Erfolg im Leben geben, auch nachdem sie das Elternhaus verlassen haben. Und wenn du sie ziehen läßt, dann wirst du den inneren Frieden und die Zuversicht haben, daß sie auch ohne dich zurechtkommen werden, egal was ihnen entgegentritt.

Denn eine Leuchte ist das Gebot und die Weisung ein Licht, und ein Weg zum Leben sind Ermahnungen der Zucht,

dich zu bewahren vor der Frau des Nächsten, vor der glatten Zunge der Fremden.

Sprüche 6, 23-24

Diese Verse sagen uns, warum es so wichtig ist, daß unsere Kinder im Wort gegründet sind: um sie "zu bewahren vor der Frau des Nächsten, vor der fremden Frau." Wenn David nun zu einer Tochter gesprochen hätte, hätte er genauso gut sagen können: "zu bewahren vor dem Mann der Nächsten und dem fremden Mann."

Die Wahrheiten, die David an Salomo weitergibt, gelten für Mädchen genauso wie für Jungen, denn sexuell unmoralisch zu handeln ist eine Versuchung für beide.

Wir haben bereits aus Hebräer 13, 4 ersehen, daß das "Ehebett unbefleckt ist", was bedeutet, daß Sex in der Ehe etwas Legitimes, Heiliges und höchst Angenehmes ist. Deshalb existiert sexuelle Unmoral nur außerhalb des Ehebundes. Dies bezieht sich sowohl auf Unzucht (Sex zwischen einer unverheirateten Person und irgend jemand anderem), als auch auf Ehebruch (Sex zwischen jemandem, der verheiratet ist und jemand anderem als dem Ehepartner). David meint den gesamten Bereich der sexuellen Unreinheit, wenn er von der Frau des Nächsten und der fremden Frau spricht.

Du kannst dir Salomo vorstellen, der zu diesem Zeitpunkt wahrscheinlich zwischen zehn und zwölf Jahre alt war, wie seine Augen hervortreten und er einen Kloß in seiner Kehle hat, weil sein Vater nichts verschleiert, sondern alles offen darlegt. David sagt: "Salomo, du kannst Sex auf Gottes Weise erleben - oder auf die Weise der Welt, hinter der Satan steht. Wenn du den Weg der Welt wählst, wirst du nicht wissen, wie man der Prostituierten oder der Ehebrecherin widersteht. Sie beide sind Hindernisse auf deinem Weg zu der Frau, die Gott für dich hat. Diese Frauen können deine Fähigkeit zerstören, die Richtige zu lieben."

Die fremde Frau

Als erstes wird uns über die fremde Frau, die Prostituierte, gesagt, daß sie dir mit ihren Worten schmeicheln wird. Diese Frau (oder dieser Mann) versteht meisterhaft, dir das zu sagen, was du hören möchtest.

Denn Honig träufeln die Lippen der Fremden, und glatter als Öl ist ihr Gaumen;

aber zuletzt ist sie bitter wie Wermut, scharf wie ein zweischneidiges Schwert.

Sprüche 5, 3-4

Es besteht ein großer Unterschied zwischen Schmeichelei und Lob. Die Schmeichelei versucht dir etwas zu nehmen; das Lob versucht dir etwas zu geben. Der Schmeichelei liegt ein böses Motiv zugrunde. Sie findet etwas Gutes an dir und benutzt dies, um dir etwas zu entwinden; ein Lob jedoch will dich erbauen, wobei es egal ist, ob du etwas zurückgibst.

Die fremde Frau sagt dir, daß du das bestaussehende Wesen bist, das sie je in ihrem ganzen Leben gesehen hat, und gibt dir mit ihrer Durchtriebenheit ein falsches Selbstwertgefühl. Du erkennst, warum die Hure als solche so zu verabscheuen ist, wenn sie dich mit ihren Worten streichelt und mit ihren Wimpern anblinzelt. Sie weiß, was sie zu welcher Zeit sagen muß, um dich anzuregen, dich zu verführen und herumzukriegen - alles nur, um dir etwas abzunehmen.

Wenn du dieser professionellen Schmeichelei erliegst, geht es weiter. In diesem Vers heißt es: "glatter als Öl ist ihr Gaumen" - Junge, kann sie küssen! - doch ihr Ende ist bitter wie Wermut. Wermut war eine Droge, die in der Wildnis wuchs. Wenn man sie kaute, dann schmeckte sie zuerst gut, süß wie Honig, und man fühlte sich großartig. Doch wenn die Droge nachließ, dann verursachte sie Kopfschmerzen, Depressionen und zerstörte letztendlich den Verstand.

Genau so wie die starke Droge Wermut, wird dir die Prostituierte für eine kurze Zeit sexuelles Vergnügen bereiten, doch nach dem Rausch wirst du ihren schrecklichen Biß fühlen. Wenn du dich nicht von ihr abwendest, dann wird dich die fremde Frau benutzen, bis dein Körper und deine Seele buchstäblich vernichtet sind. Wermut ist dem Verstand abträglich und kann in letzter Konsequenz den Körper töten. Die Prostituierte tut dasselbe.

Ihre Füße steigen hinab zum Tod, auf den Scheol (die Hölle) halten ihre Schritte zu.

Sprüche 5, 5

In der Welt des Altertums waren die Füße die hauptsächlichen Körperteile, die eine Frau einsetzte, um einen Mann zu verführen, da nur ein sehr kleiner Teil des Körpers unverhüllt war. Huren befestigten kleine Glocken an ihren Füßen oder verzierten sie mit Geschmeide. Sie übten sich in kleinen, verführerischen Schritten, um damit die Aufmerksamkeit der Männer zu erregen.

Buchstäblich sagt dieser Vers, daß die verführerischen Füße der fremden Frau zum Tode führen und ihre Schritte dem Grab zusteuern. David sagt: "Salomo, du magst denken, daß du einen Abend lang Spaß hast, daß sie dir Dinge zeigen wird, von denen du nie geträumt hast, doch du bist nur ein weiterer Nagel in ihrem Sarg und ein weiterer Schritt in Richtung ihres Todes."

Damit du auf den Pfad des Lebens nur nicht achtgibst, sind unstet ihre Bahnen, und du erkennst es nicht.

Sprüche 5, 6

David fährt fort und sagt: "Nun, Sohn, bevor du dich mit jemandem wie ihr einläßt, halte inne und wäge ab - denke einen Augenblick lang nach. Ihre Wege sind unstet. Sie ist wechselhaft und manipulativ, du kannst sie nie dazu bewegen, sich auf irgend etwas festzulegen. Um an dein Geld zu gelangen wird sie dir alles sagen, was du hören möchtest. Sie erzählt dir, daß du die schillerndste Persönlichkeit, der beste Liebhaber und der bestaussehende Kerl bist, den sie je gesehen hat, doch wenn du lange genug bleibst, wirst du hören, wie sie jedem anderen Mann genau dasselbe sagt.

Am nächsten Tag versuchst du möglicherweise sie anzurufen, doch ihr Telefon ist nicht mehr angeschlossen, oder sie ist umgezogen. Du bemühst dich, sie zu finden, doch niemand weiß, wo sie hingegangen ist. Dann triffst du sie eines Tages zufällig auf der Straße oder in der Halle eines Hotels wieder. Sie wird bei einem anderen Mann sein und verführerisch in sein Ohr flüstern. Wenn du sie ansprichst, wird sie sich nicht einmal mehr an deinen Namen erinnern. Ihre Bahnen sind unstet, entstanden aus der Verwirrung und der Instabilität, in der sie lebt, und du wirst sie nie verstehen können."

Nun denn, ihr Söhne, hört auf mich und weicht nicht ab von den Worten meines Mundes!

Halte fern von ihr deinen Weg und komm ihrer Haustür nicht nah!

Sprüche 5, 7-8

Die Schwierigkeiten mit der fremden Frau beginnen bei der Neugier. Sie wird deine Neugier dazu benutzen, dich direkt in ihr Schlafzimmer zu locken! Deshalb ermahnt David Salomo: "Begib dich nicht einmal in ihre Nähe. Sei wie dein Vorfahre Joseph, der nicht einmal seine Jacke mitnahm, sondern einfach aus dem Haus rannte, als die Frau seines Herrn ihn verführen wollte." Wenn du mit Versuchung konfrontiert wirst, lauf davon! 1. Korinther 6, 18 sagt, man solle die Unzucht fliehen!

Es gibt eine weitverbreitete Lüge, die junge Männer dazu bewegt, eine Nacht mit einer Prostituierten oder einem Mädchen von schlechtem Ruf zu verbringen: Bevor sie die Richtige treffen, müssen sie wissen, wie "es" geht. Sie müssen solange experimentieren, bis sie beim Sex wirklich gut sind, erst dann sind sie bereit für die Richtige.

Wenn jedoch die Beziehung zu deinem Partner zuerst zwischen eurer Seele aufgebaut wird, dann wird dein Partner nicht wollen, daß du mit irgend jemand anderem außer ihm sexuelle Erfahrungen sammelst. Er wird mit dir lernen wollen und du mit ihm.

Es ist außerordentlich ungut, daß die meisten Jugendlichen heute diesem Druck nachgeben und sich auf voreheliche Sex einlassen. Sie werden um dieses intime Abenteuer betrogen, welches Gott zu einem der großartigsten Ereignisse der Ehe bestimmt hat.

Die Abwege der fremden Frau

Es gibt viele weitere Schriftstellen, in denen die fremde Frau beschrieben wird. Eine davon befindet sich in Sprüche 2, 16-19:

... um dich zu retten von der fremden Frau, vor der Ausländerin, die ihre Worte glatt macht,

die den Vertrauten ihrer Jugend verläßt und den Bund ihres Gottes vergißt.

Denn zum Tod senkt sich ihr Haus und zu den Schatten ihre Bahnen.

Alle, die einkehren zu ihr, kommen nie wieder zurück, finden nie wieder die Pfade des Lebens.

Wieder wird uns gesagt, daß die fremde Frau gut mit Worten umgehen kann; sie ist eine Schmeichlerin. Doch dann teilt Vers 17 uns mit, *warum* sie ist, was sie ist: sie hat sich von dem "Vertrauten ihrer Jugend" abgewandt und hat den Bund - oder die Worte - Gottes vergessen.

Zuerst hat sie gegen die Unterweisung ihrer Eltern, die Beschützer ihrer Jugend, rebelliert. Nachdem sie die elterliche Autorität verworfen hatte, war es sehr leicht, auch Gottes Autorität zu verwerfen. Als sie die Wahl hatte, ist sie ihren eigenen Weg gegangen.

Viele Prostituierte, männliche wie weibliche, sind in Kirchenkreisen aufgewachsen. Einige von ihnen sind sogar von neuem geboren und kennen das Wort Gottes. Wie kommt es, daß christliche Jungen oder Mädchen sich so leicht verführen lassen? Prostituierte wissen, was sie sagen müssen!

"Oh, ich weiß gar nicht, warum ich dich geküßt habe. Ich denke, ich war einfach überwältigt! Ich habe noch nie jemanden wie dich getroffen."

"Moment mal, ich bin Christ und ..."

"Tatsächlich? Ich auch! Das muß von Gott sein! Der Herr hat uns zueinander gebracht, damit wir etwas über Liebe lernen. Schließlich ist Gott ja Liebe."

"Nun ... ja! Das ist bestimmt von Gott" - und der törichte junge Gläubige wird in die Unzucht hineingeschwemmt, bevor er überhaupt erkennt, was geschieht.

Viele Christen lachen, wenn ich dies lehre, doch sie würden schnell wieder nüchtern werden, wenn sie bestimmte Seelsorgegespräche mitverfolgen könnten. Die Leute kommen mit den unglaublichsten Geschichten zu mir. "Meine Frau hat mich im Bett einfach nicht befriedigt, da gab Gott mir eine neue Sekretärin. Sie kann nicht nur 90 Worte pro Minute tippen, sondern stellt mich auch sexuell zufrieden. Alles, was sie von mir will, ist eine körperliche Beziehung - ohne feste Bindung -, ich kann nach Hause gehen und bin viel netter zu meiner Frau. Ist Gott nicht gut?"

Zu einem Mann sagte ich: "Schau an, wie bist du doch zu beneiden! Nur wegen dir und deines speziellen Problems hat Gott sein Wort gebrochen, sich gegen seine Gebote gewandt und ist zum Lügner geworden." In Wirklichkeit kommen diese Gläubigen zu mir, um in ihrer Sünde bestätigt zu werden. Sie wissen tief in ihrem Herzen, daß das, was sie tun, falsch ist.

Der unsichtbare Dritte

Im siebten Kapitel der Sprüche finden wir eine Beschreibung des Gläubigen, der "ohne Verstand" ist. Dies ist jemand, der die Wahrheit gehört hat, aber sie nicht befolgt - ein "Hörer", aber kein "Täter".

Wenn man genau acht gibt, dann erkennt man, daß in dieser Begebenheit drei Personen genannt werden: der Junge, die Prostituierte und der Herr Jesus Christus. David weist den jungen Salomo auf einen letzten Punkt hin: *Alles, was du tust, wird vom Herrn gesehen.* Nichts geschieht im Verborgenen.

Denn durch das Fenster meines Hauses blickte ich, durch mein Gitter schaute ich hinaus.

Und ich sah unter den Unerfahrenen, bemerkte unter den Söhnen einen Jüngling ohne Verstand,

der geht über die Straße hin zu ihrer Ecke, den Weg zu ihrem Haus betritt er

in der Dämmerung, am Abend des Tages, beim Anbruch der Nacht und bei Dunkelheit.

Da siehe, eine Frau kommt ihm entgegen im Hurenkleid und mit verstecktem Plan im Herzen.

Sprüche 7, 6-10

Hier haben wir einen neugierigen jungen Mann, der absichtlich in die dunkle Nacht hinausschleicht, um beim Haus einer bekannten Prostituierten herumzulungern. Jesus ist derjenige, der aus seinem Fenster blickt, um alles zu beobachten.

Denn vor den Augen des Herrn liegen eines jeden Wege, und auf alle seine Bahnen gibt er acht.

Sprüche 5, 21

Und kein Geschöpf ist vor ihm unsichtbar, sondern alles bloß und aufgedeckt vor den Augen dessen, mit dem wir es zu tun haben.

Hebräer 4, 13

Deine Eltern, deine Freunde und dein Pastor finden möglicherweise nie etwas heraus, doch Jesus sieht alles!

Wenn dieser Junge die Instruktionen und Unterweisungen seiner Eltern verstanden und ihnen gehorcht hätte, dann wäre er nicht dort, wo er ist. Doch er glaubt, seine Eltern wären die Unwissenden, nicht er. Die wollen ihm nur den Spaß verderben. Also hat er beschlossen, einen Blick zu riskieren.

In Vers 8 heißt es, daß er "über die Straße geht, hin zu ihrer Ecke", doch das Wort, das hier mit "gehen" übersetzt wird, bedeutet "streunen". Wenn du gehst, dann bewegst du dich zügig von einem Ort zum anderen; wenn du "streunst", dann schlenderst du gelangweilt umher und suchst Abwechslung!

Eines der wichtigsten Dinge, die du deine Kinder lehren kannst, ist, wie man mit Rastlosigkeit und Langeweile umgeht. Sage ihnen, daß es Zeiten geben wird, zu denen sie nichts zu tun haben und sich rastlos fühlen werden. Ihr Fleisch verlockt sie zur Sünde, doch ihr Geist ruft sie dazu auf, sich dem Wort Gottes zuzuwenden.

Diese rastlosen Zeiten sind das, was wir alle als besondere Zeiten einordnen sollten, von denen der Herr möchte, daß wir sie mit ihm verbringen.

Dann werden wir, anstatt voller Frustration und Langeweile dem Unheil entgegenzulaufen, uns der heiligen Schrift zuwenden - Wortstudien betreiben, beten und über das Wort nachdenken, eine Kassette hören oder ein gutes Buch lesen - und stärker werden im Herrn.

Doch der Junge, der durch die Straßen stromert, denkt nur an seine eigene Neugier und seine egoistischen Neigungen. Er hat dem Bestreben seines Fleisches Raum gegeben. Bis die Hure auf ihn zugeht, hat er sich in eine innere Lage begeben, in der er betrogen und verletzt werden wird.

Da greift sie ihn, da küßt sie ihn, wird unverschämt und sagt zu ihm:

Zu Heilsopfern war ich verpflichtet, heute habe ich meine Gelübde erfüllt.

Darum bin ich ausgezogen, um dein Gesicht zu suchen, und ich habe dich gefunden.

Sprüche 7, 13-15

In Vers 13 heißt es: "... da greift sie ihn". Wie hat sie ihn sich gegriffen? Sie ergriff ihn mit ihren Worten. Erinnere dich daran: Schmeichelei ist ihre Welt. Dann, nachdem er ihren Sprüchen erlegen ist, küßt sie ihn. In diesem Moment muß er in Panik geraten sein: "Das kann ich nicht tun. Ich bin Christ!"

Woher wissen wir, daß er dies gesagt hat? Weil ihre nächste Äußerung ist, daß sie Heilsopfer dargebracht und ihre Gelübde erfüllt hat. Eigentlich sagt sie: "Das ist großartig! Ich bin auch Christ." Sie kennt die Sprache der Gläubigen, weil sie entweder selbst in Gemeindekreisen erzogen wurde oder weil sie sich mit vielen Gläubigen zu Bett begeben hat. Sie weiß genau, was sie zu sagen hat und wie sie es zu sagen hat!

Sie schildert ihm weiter, daß sie nur herausgetreten sei, um ihm zu begegnen - ihr Zusammentreffen sei von Gott gefügt! In den nächsten Versen beschreibt sie, wie sie sich für ihn zurechtgemacht habe, den Besonderen, den Gott gesandt hat, damit sie ihn in den Dingen der Liebe unterweise.

Mit Decken haben ich mein Bett bedeckt, mit buntem ägyptischem Leinen.

Ich habe mein Lager benetzt mit Myrrhe, Aloe und Zimt.

Komm, wir wollen an Liebe uns berauschen bis zum Morgen, wollen schwelgen in Liebkosungen.

Sprüche 7, 16-18

Sie erzählt ihm, daß sie ihn in einen erstklassigen Liebhaber verwandeln wird. Er wird dann völlig vorbereitet sein, wenn er später heiratet. Beachte, daß es in Vers 18 heißt: "wir wollen schwelgen in Liebkosungen". Im Hebräischen heißt es wörtlich: "unseren Durst löschen". Sie weiß, daß sie seinen Durst löschen, aber nie wirklich befriedigen wird. Ihre Absicht ist, ihn am Haken zu halten, damit er wiederkommt und mehr will.

Sie verleitet ihn durch ihr vieles Überreden, mit ihren glatten Lippen reißt sie ihn fort.

Er folgt ihr augenblicklich, so wie ein Stier zur Schlachtung geht, wie in die Fessel hüpft der Hirsch,

bis ein Pfeil ihm die Leber zerreißt; wie ein Vogel sich ins Fangnetz stürzt und nicht weiß, daß es um sein Leben geht.

Sprüche 7, 21-23

Dieser Junge hörte ihre Ausführungen, sie sei Christ und ihr Treffen sei von Gott arrangiert, und er folgte ihr "augenblicklich", also sofort. Er wird wie ein dummes Tier zur Schlachtbank geführt. Wenn du schon einmal Kühe gesehen hast, die zur Schlachtbank geführt werden: Sie sind nicht im geringsten ängstlich oder vorsichtig. Sie gehen einfach mit und schauen zu, wie das Messer sich hebt. Sie wissen nicht, was geschieht, bis es zu spät ist.

Der Pfeil, der zerreißt, symbolisiert die Schuld, die sich später in überwältigendem Maß einstellt. Er trifft die Leber, welche die tiefsten Empfindungen und Emotionen repräsentiert. Diese Schuld ist so überwältigend, daß du zu einem emotionalen Wrack wirst! Sie wird dich tief im Innern treffen und gewaltigen Schaden in deinem Leben anrichten, obwohl möglicherweise niemand etwas weiß, außer dir und Jesus, der dritten Person, die jeden Gedanken, jede Handlung sieht.

Gestohlene Wasser

Frau Torheit ist leidenschaftlich im Verführen, sonst kann sie nichts.

Und sie sitzt an der Tür ihres Hauses, auf einem Sitz auf den Höhen der Stadt,

um einzuladen, die des Weges vorübergehen, die geradehalten ihre Pfade:

Wer unerfahren ist, der kehre hier ein! - Wer ohne Verstand ist, zu dem spricht sie:

Gestohlenes Wasser ist süß, und heimliches Brot schmeckt lieblich.

Und er weiß nicht, daß dort die Schatten sind, in den Tiefen des Scheol ihre Geladenen.

Sprüche 9, 13-18

Hier lesen wir eine weitere Aussage über die fremde Frau, in der sie als töricht und leidenschaftlich beschrieben wird. Sie mag äußerlich eine nette und unschuldige Fassade aufweisen, doch ihre wahre Natur ist es, lärmend und laut zu sein. Sie war rebellisch gegen die Wächter ihrer Jugend und gegen Gott selbst. Dies tritt in ihrer Einstellung, ihren Worten und ihrer lauten Stimme zutage.

Sie gibt sich kundig, als ob sie alles wüßte, doch sie weiß in Wirklichkeit nichts. Sie ist töricht! Das Wort Gottes sagt, die Furcht des Herrn sei der Anfang der Erkenntnis (Sprüche 1, 7), und sie hat den Herrn abgelehnt. Es ist unerheblich, ob du einen Dr. phil. vor deinem Namen trägst; wenn du den Herrn nicht fürchtest, dann hast du die Pforten der Weisheit noch nicht einmal durchschritten.

Sprüche 9, Verse 14 und 15, sagen uns, daß diese Frau extrem ruhelos ist und selten zu Hause bleibt. Sie muß sich ständig mit Leuten umgeben und kann nicht still und ruhig sein, ohne nervös zu werden oder sich aufzuregen. Wenn Gottes Wort in deinem Leben nicht an erster Stelle steht, dann wirst du werden, wie die hier beschriebene fremde Frau: an der Tür sitzend, mit dem Fuß tappend, in Erwartung der nächsten Abwechslung.

Wer wird von der fremden Frau angezogen? "Wer unerfahren ist ... Wer ohne Verstand ist." Ohne ein Verständnis biblischer Wahrheiten fällt die törichte Person der falschen "Weisheit" der Prostituierten zum Opfer. Sie sagt: "Gestohlene Wasser sind süß, und heimliches Brot schmeckt lieblich."

Das Wort "Wasser" bezieht sich auf den Sexualakt der Frau. (Wir werden dies im nächsten Kapitel noch genauer betrachten.) Die "Wasser" der Frau haben den Zweck, ihren Ehemann sexuell zu erfrischen. Deshalb sind "Gestohlene Wasser" Wasser, die diesem Mann nicht gehören. Diese törichte Frau erklärt fortwährend, daß sie süß schmecken, doch erinnere dich, Gott sagt, daß diese Wasser sich in Bitterkeit verwandeln werden, wie Wermut!

Sie sagt weiterhin: "Heimliches Brot ist lieblich", was bedeuten soll, daß die Sünde hinter verschlossenen Türen, im Verborgenen, begeisternd und geheimnisvoll ist. Sie bringt ein Hochgefühl, eine vorübergehende Hochstimmung mit sich.

Diese beiden Aussagen sind dahingehend wahr, daß Sünde eine Zeitlang Vergnügen bereitet und begeistert (Hebräer 11, 25). Vielen Menschen fällt es leicht, ihre Sünde zu rechtfertigen, ja selbst die biblischen Werte zu verleugnen, mit denen sie auferzogen wurden, weil ihnen zunächst nichts Schlechtes widerfährt. Sie haben einen Riesenspaß und fühlen sich so gut wie noch nie. "Siehst du, ich lebe jetzt schon seit drei Monaten mit meinem Freund zusammen, und Gott hat mich nicht tot umfallen lassen!"

Irrt euch nicht, Gott läßt sich nicht verspotten! Denn was ein Mensch sät, das wird er auch ernten.

Wer auf sein Fleisch sät, wird vom Fleisch Verderben ernten; wer aber auf den Geist sät, wird vom Geist ewiges Leben ernten.

Galater 6, 7-8

Wenn du nicht Buße tust und dich von deiner Sünde abwendest, dann wird diese schließlich Verderben in dein Leben bringen. Der Heilige Geist sagt uns: "der Sünde Sold ist der Tod" (Römer

6, 23), was auch David in Sprüche 9, 18 Salomo mitgeteilt hat: "... daß dort die Schatten sind, in den Tiefen des Scheol ihre Geladenen."

Süß schmeckt dem Mann das Brot der Lüge, aber hinterher ist sein Mund voller Kies.

Sprüche 20, 17

"Brot der Lüge" ist dasselbe wie "heimliches Brot". Was verwandelt das angenehme Brot in Kies? Schuld und Verdammnis, welche, wenn sie unbehandelt bleiben und nicht gemäß der Heiligen Schrift vergeben werden (1. Johannes 1, 9), das Leben eines Gläubigen in eine Hölle auf Erden verwandeln.

Der Sünde Sold

Wir wollen zurückkehren zu Kapitel 5 im Buch der Sprüche und einen genauen Blick auf die Konsequenzen eines Lebens der Jagd auf fremde Frauen (oder Männer) werfen.

Sonst gibst du anderen deine Lebensblüte und deine Jahre einem Grausamen.

Sonst sättigen Fremde sich noch an deinem Vermögen, an deinem mühsam Erworbenen in eines Ausländers Haus.

Sprüche 5, 9-10

Das hebräische Wort für "Lebensblüte" in Vers 9 bedeutet eigentlich "sexuelle Stärke". Die Lebensblüte des Mannes ist seine Sexualkraft, die er in der Ehe seiner Frau zur Verfügung stellt. Während er ihr Vergnügen bereitet und sie in ihrem Liebesleben befriedigt, läßt sie diese Lebenskraft an ihren Mann zurückfließen. Die Frau ist die widergespiegelte Lebensblüte und der Abglanz ihres Mannes (1. Korinther 11, 7).

David ermahnt Salomo, seine Lebensblüte und seine Herrlichkeit nicht denen zu geben, die sie nie reflektieren werden, die nur grausam und herzlos sein werden, nachdem die Verführung vollbracht ist. "Du wirst ihnen deine sexuelle Kraft geben, und sie werden dich dein Gehalt, dein Vermögen, kosten. Du wirst geben und geben, nichts wird jedoch zurückkommen, um dich zu erfrischen und deine Kraft zu erneuern. Schließlich werden dir das Geld und die Kraft ausgehen, und du wirst völlig ausgepumpt sein."

Und du stöhnst zuletzt, wenn dein Fleisch und dein Leib dahinschwinden,

und sagst: Ach, wie konnte ich nur hassen die Zucht, wie konnte mein Herz nur die Mahnung verschmähen,

daß ich nicht gehorchte der Stimme all derer, die mich unterwiesen, daß ich mein Ohr meinen Lehrern nicht zuneigte!

Sprüche 5, 11-13

Vers 11 sagt, daß du zum Schluß stöhnen wirst. "... dein Fleisch und dein Leib" bezieht sich auf deine Sexualorgane. Du wirst zum Schluß stöhnen, weil dein Körper so sehr von Krankheit verzehrt sein wird, daß deine Geschlechtsorgane nicht länger reagieren. Das Ende deiner Tage wird aus Stöhnen, Qual, Schmerz und Impotenz bestehen. Kein besonders "Macho"-mäßiges Ende für einen Gigolo! (Kein sehr glamouröses Ende für den weiblichen Vamp!)

Warum endet der männliche Macho als impotentes Wrack? Weil er "die Zucht haßte", "die Mahnung verschmähte" und seine Eltern und Lehrer abgelehnt hat, die ihn in den Wegen Gottes unterweisen wollten. Noch einmal: David sagt zu Salomo: "*Höre* die Weisung Gottes nicht nur, sondern *lebe* sie auch."

Denn der Preis für eine Hure geht bis zu einem Brot.

Sprüche 6, 26

Dieser Vers sagt im Grunde: "Der Preis einer Hure ist etwa ein Laib Brot!" Die Prostituierte versucht schlicht, genug Geld zu verdienen, um an diesem Tag essen zu können - einen Laib Brot. Sie benutzt ihren Körper und alle List und Tücke, die sie benötigt, um es von dir zu bekommen. Du bedeutest ihr nicht mehr als ihre Mahlzeiten für den Tag.

Das offensichtliche und sofortige Resultat des Verkehrs mit einer Prostituierten ist, daß dir dein Geld genommen wurde. Dein Laib Brot für den Tag ist verschwunden. Doch die Langzeitauswirkungen der Bettgesellschaft mit Prostituierten sind "scharf wie ein zweischneidiges Schwert" (Sprüche 5, 4). Nicht nur dein Geld wird dir für ein kurzfristiges Hoch abgenommen, sondern dein Körper wird Geschlechtskrankheiten ausgesetzt, und dein Sinn wird in einen Zustand der Verwirrung und Schuld geworfen.

Wie leicht hätte ich ganz ins Unglück geraten können, mitten in der Versammlung und der Gemeinde!

Sprüche 5, 14

Die endgültige Demütigung kommt, wenn deine Sünde bekannt wird. Wenn du gläubig bist, dann wird sie in der Gemeinde zuerst bekannt werden. Es ist mir unbegreiflich, daß ein Gläubiger, der in Unzucht oder Ehebruch lebt, denkt, daß niemand etwas davon bemerkt. Sie sind gewöhnlich die letzten, die erkennen, daß es jedermann weiß.

Vers 14 sagt uns weiter, daß ihr Übel nicht nur in der Gemeinde bloßgelegt wurde, sondern daß ihr guter Ruf in der Gesellschaft allgemein vernichtet worden ist. Wenn ihnen schmerzlich bewußt wird, daß ihr geheimes Leben öffentlich dargestellt wurde, dann ist diese Angelegenheit für sie sehr schwierig in den Griff zu bekommen.

Die Frau des Nächsten

Sich mit der Frau eines Nächsten, einer Ehebrecherin, einzulassen, kann sogar noch katastrophaler sein, als sich in Unzucht mit fremden Frauen zu verstricken. Ehebruch ist nicht ein "Abenteuer für eine Nacht", sondern eine Affäre, die sich Woche für Woche und Monat für Monat hinzieht. Sie laugt dein Leben langsam aus.

Du bist weder geistlich, noch seelisch, emotionell oder physisch dazu ausgelegt, dich mit mehr als einem Partner abzugeben oder dich mehreren zu verpflichten. Wenn du beginnst, Ehebruch zu treiben, dann bringst du einen Prozeß ins Rollen, der deine Fähigkeit zu lieben zerstört. Gott hat dich nicht dazu angelegt, dich jedermann hinzugeben. Er hat dich so geschaffen, daß du dich mit *einer* weiteren Person zusammenschließt.

Ein wankelmütiger Mann ist unbeständig in allen seinen Wegen.

Jakobus 1, 8

Wenn dein Herz und dein Sinn zwischen dem heiligen Bund mit deinem Partner und der falschen und vergänglichen Begeisterung für eine "neue Liebe" hin- und hergerissen wird, dann bist du "wankelmütig". Instabilität und Verwirrung werden in allen Bereichen deines Lebens herrschen, bis du Buße tust und dich völlig davon abwendest.

... doch die Frau eines Mannes macht Jagd auf dein kostbares Leben.

Sprüche 6, 26

Die Ehebrecherin kann mit ihrem Mann schlafen. Was sie von dir will, ist also nicht nur Sex. Sie teilt mit ihrem Mann Besitztümer, es ist also auch nicht dein Geld, das sie will. Sie will nicht nur dein Geld oder deinen Körper, *sie will deine Seele in Besitz nehmen.* Ihr geht es oft um Macht.

So geht es auch dem, der hineingeht zur Frau seines Nächsten: keiner bleibt ungestraft, der sie berührt.

Verachtet man nicht schon den Dieb, auch wenn er nur stiehlt, um sich den Bauch zu füllen, weil Hunger ihn treibt?

Und wird er ertappt, so muß er es siebenfach erstatten; den ganzen Besitz seines Hauses kann er dahingeben.

Wer aber Ehebruch treibt mit der Frau seines Nächsten, ist ohne Verstand. Nur wer sich selber vernichten will, der mag das tun.

Plage und Schande nur findet er, und seine Schmach wird nicht mehr gelöscht.

Denn Eifersucht weckt die Zornglut des Mannes, kein Mitleid verspürt er am Tage der Rache.

Er nimmt keine Rücksicht auf irgendein Sühnegeld und willigt nicht ein, selbst wenn du die Bestechung häufst.

Sprüche 6, 29-35

"Plage und Schande nur findet er." Die Resultate davon, der Ehebrecherin zu erliegen, gleichen denen, welche die fremde Frau (Unzucht) mit sich bringt. Die "Plage" repräsentiert das physische Verderben, das sich einstellt, doch Schande belastet die Seele und bezieht sich auf einen zusätzlichen moralischen Schmerz, den der Ehebruch verursacht. *Du hast etwas gestohlen, das nie wieder zurückerstattet werden kann.*

Was geschieht mit einem Dieb, wenn er beim Stehlen erwischt wird? Vers 31 sagt, er muß das, was er gestohlen hat, siebenfach zurückerstatten. Doch der Dieb, der eines anderen Mannes Frau nimmt, "ist ohne Verstand". Das bedeutet, daß er schlicht und einfach dumm ist. Warum? Weil er nicht nur seine eigene Seele vernichtet, sondern weil es außerdem keine Möglichkeit gibt, das, was er gestohlen hat, wieder zurückzuerstatten.

Wie könnte man jemandem, dem man die Frau oder den Mann gestohlen hat, den Schaden erstatten? Es existiert nicht genug Geld, auch kann nichts gesagt oder getan werden, um einem Ehemann oder einer Ehefrau das zu ersetzen, was sie durch den Ehebruch ihres Partners verloren haben. "Er nimmt keine Rücksicht auf irgendein Sühnegeld und willigt nicht ein, selbst wenn du die Bestechung häufst."

Ehebruch ist insofern ein besonderes Verbrechen, da es eine reine Beziehung zwischen einem Ehemann und seiner Frau in eine getrübte verwandelt. Die einzige Möglichkeit, eine solche Ehe wieder herzustellen, ist die erneute Hingabe ihres Lebens an Gott und aneinander: Sie beschließen gemeinsam, einander zu vergeben, und erlauben Gott, übernatürlich all die Wunden und Verletzungen zu heilen, die diese betrübliche Sünde verursacht hat.

Einen Bund habe ich mit meinen Augen geschlossen. Wie hätte ich da auf eine Jungfrau lüstern blicken sollen?

Hiob 31, 1

In diesem Vers sehen wir zwei wichtige Dinge. Erstens, der Bund zwischen einem Ehemann und seiner Frau wird zwischen ihren Seelen geschlossen. Im gesamten Wort Gottes beziehen sich die Augen auf den Verstand und die Seele. (Matthäus 6, 22; Epheser 1, 18).

Die Sünde findet in der Seele statt, weil der Bund zwischen Seelen besteht.

Zweitens sehen wir klarer, wo der Ehebruch beginnt - in den Gedanken der Seele: "Wie hätte ich da auf eine Jungfrau lüstern *blicken* sollen." Jesus sagte, wer eine Frau ansieht, ihrer zu begehren, hat schon Ehebruch mit ihr begangen in seinem Herzen (Matthäus 5, 28).

Lange bevor die Sünde sich je in einer Tat manifestiert, wurde sie im Sinn erwogen.

Der physische Akt des Ehebruchs ist ein direktes Resultat davon, daß du den Bund mit deinem Partner in deinen Gedanken gebrochen hast. Während du für jemand anderen Phantasien hegst, dringt Ehrlosigkeit in deine Seele ein, und du öffnest dich für den eigentlichen Akt des Ehebruchs. Diese Tat wird deinen Ruf zerstören und deinen guten Namen ruinieren.

Hiob zeigt, wie lächerlich es ist, sich zu rechtfertigen und seinen Ruf retten zu wollen, nachdem der Ehebruch begangen wurde.

Wenn mein Herz sich wegen einer Frau hat betören lassen und ich an der Tür meines Nächsten gelauert habe,

dann soll meine Frau für einen anderen mahlen, und andere mögen über ihr niederknien!

Hiob 31, 9-10

Wie erstattest du zurück, was durch Ehebruch gestohlen wurde? Willst du dem Mann deine Frau überlassen?

Denn das wäre eine Schandtat und das eine Schuld, die vor die Richter gehört.

Ja, ein Feuer wäre es, das bis zum Untergang fräße und meinen ganzen Ertrag entwurzeln würde.

Hiob 31, 11-12

Ehebruch wird nicht nur deinen Namen entehren, sondern ist darüber hinaus ein Werkzeug Satans, mit welchem er deinen finanziellen Wohlstand von dir abtrennt.

Nicht nur dein Zeugnis für den Herrn ist vernichtet, auch deine Finanzen, welche die Verkündigung des Evangeliums unterstützen, werden abgeschnitten. Ein wohlhabender Mann begeht Ehebruch und verliert im Laufe der Zeit sein Vermögen.

Egal was ihre kundgetane Überzeugung ist, tief in ihrem Herzen *können Menschen einem Mann, der seiner eigenen Frau nicht treu ist, oder einer Frau, die ihrem Ehemann nicht treu ist, nicht vertrauen.* Sie fragen sich: "Wenn sie selbst ihren Partner belogen und betrogen haben, werden sie mich dann auch betrügen und belügen?" Dies ist ein Aspekt der Zerrüttung der Seele des Ehebrechers, welche schließlich auch den Verlust seiner Finanzen herbeiführt.

Warum solltest du, mein Sohn, an einer Fremden taumeln und den Busen einer anderen umarmen?

Denn vor den Augen des Herrn liegen eines jeden Wege, und auf alle seine Bahnen gibt er acht (wägt er ab).

Seine eigenen Sünden fangen ihn, den Gottlosen, und in den Stricken seiner Sünde wird er festgehalten.

Sprüche 5, 20-22

Der Herr ist stets vertraut mit dem Sexualleben eines Menschen, wie wir bereits zuvor besprochen haben. Gemäß Vers 20 gibt er auf alle unsere Taten acht (er wägt sie ab). Im nächsten Vers sagt die Bibel weiter, daß wir in den Stricken oder Ketten unserer Sünde festgehalten werden.

Sexuelle und moralische Freiheit sind innerhalb der Schranken der Ehe grenzenlos. Hingabe bringt Freiheit. Wenn sich jedoch ein Mann mit einer Ehebrecherin oder einer fremden Frau verbindet, dann legt er sich selbst in Ketten der Gebundenheit. Er mag versuchen sich loszureißen, doch ein übernatürliches Wunder ist nötig, um hier Freiheit zu bewirken, denn diese Ketten werden ihn wieder und wieder in seine Sünde und Verirrung zurückholen.

Wann immer du in Versuchung gerätst, Ehebruch zu begehen, wirst du verspüren, wie die wahre Liebe dich daran hindert. Die wahre Liebe ist nicht nur dein Bund mit deinem Partner, sondern dein Bund mit Gott. Nur eine starke Liebe für deinen Partner und eine starke Liebe zu Gott werden dir die Kraft geben, der Versuchung zur sexuellen Sünde zu widerstehen.

Es gibt noch einen weiteren interessanten Aspekt des Ehebruchs, den die Bibel aufzeigt.

Drei sind es, die mir zu wunderbar sind, und vier, die ich nicht erkenne:

Der Weg des Adlers am Himmel, der Weg einer Schlange auf dem Felsen, der Weg eines Schiffes im Herzen des Meeres und der Weg eines Mannes mit einem Mädchen.

So ist der Weg einer ehebrecherischen Frau: Sie ißt und wischt ihren Mund und sagt: Ich habe nichts Unrechtes getan!

Sprüche 30, 18-20

Was haben alle diese Dinge gemeinsam? *Sie alle hinterlassen keine Spur*. Es gibt keinen Beweis dafür, daß der Adler durch die Luft über deinem Kopf flog, die Schlange über den Felsen zu deinen Füßen glitt, das Schiff auf einem bestimmten Weg durch das Meer kreuzte oder ein Mann sich mit einer Frau beschäftigt hat - genau dies ist die Sichtweise der Ehebrecherin oder fremden Frau. Sie hat Geschlechtsverkehr mit dir, wischt sich den Mund und sagt: "Es ist nie geschehen. Du kannst nichts beweisen. Ich habe nichts Unrechtes getan." Sie hinterläßt keine Spur, und es ist, als ob deine Verbindung mit ihr nie stattgefunden hätte.

Wenn deine Sünde schließlich ans Licht kommt, wirst du inmitten der Versammlung bloßgestellt und öffentlich entwürdigt. Du wirst dir wünschen, daß sie, die dich verführt hat, sagt, daß du von ihr versucht und überrumpelt worden bist, doch sie wird alles ableugnen und es wird nicht die Spur eines Beweises geben. Ein Augenblick der Wollust hat dir einen Teil deines Lebens geraubt.

Die törichte Entscheidung eines weisen Königs

Niemand wußte besser über die Konsequenzen sexueller Unmoral Bescheid als Salomo, und doch entdecken wir im 1. Buch der Könige, Kapitel 11, etwas Erstaunliches und Betrübliches: *Salomo hat dem Rat seines Vaters keine Beachtung geschenkt*. In den Versen 1 bis 3 heißt es:

Der König Salomo aber liebte viele ausländische Frauen, und zwar neben der Tochter des Pharao moabitische, ammonitische, edomitische, sidonische, hethitische,

von den Nationen, von denen der Herr zu den Söhnen Israel gesagt hatte: Ihr sollt nicht zu ihnen eingehen, und sie sollen nicht zu euch eingehen; fürwahr, sie würden euer Herz ihren Göttern zuneigen! An diesen hing Salomo mit Liebe.

Und er hatte siebenhundert vornehme Frauen und dreihundert Nebenfrauen; und seine Frauen neigten sein Herz.

Salomo liebte viele fremde Frauen, trotz des gottesfürchtigen Rates seines Vaters. Bitte beachte, daß Vers 3 seine Frauen "vornehme Frauen" nennt. Dies bedeutet, daß die Frauen, die er heiratete, Königstöchter verschiedener Länder waren. Salomo heiratete diese Prinzessinnen, um so Frieden mit den umliegenden Ländern zu "erkaufen".

Warum nennt die Bibel diese Prinzessinnen "fremde Frauen"? Ihre Nationen waren Feinde Gottes, ebenso wie sie Feinde Israels waren und Sex war der Hauptbestandteil ihrer Religionen. Diese Prinzessinnen, die Priesterinnen in ihren Tempeln waren, waren nichts weiter als aristokratische Prostituierte.

In Vers 3 heißt es weiter, daß Salomo dreihundert Konkubinen hatte. Eine Konkubine war schlicht eine Mätresse, mit der er zwar schlief, aber nicht verheiratet war. Man kann sagen, daß Salomo hinsichtlich sexueller Unmoral jeden möglichen Fehler begangen hat!

Der Mann, der in dem Ruf stand, der weiseste König zu sein, den die Welt je kannte, traf eine törichte Entscheidung und die Resultate waren tragisch. Dadurch, daß er sich für seine fleischlichen Triebe entschied und nicht für die Unterweisung seiner Eltern, fügte er sich selbst, seiner Familie und der gesamten Nation Israel unbeschreiblichen Schaden zu.

Einer der größten Trugschlüsse im Zusammenhang mit sexueller Sünde ist der, daß sie niemanden betrifft oder niemandem schadet außer dir selbst und deinem Partner.

1. Könige 11, 3 stellt fest: "Seine Frauen neigten sein Herz." Wenn sich jemand in die sexuelle Unmoral verirrt, dann gerät er in Verwirrung und jede böse Tat, da keine Gemeinschaft mehr mit dem Herrn besteht. Betrachte allein die mathematische Seite von Salomos Geschlechtsleben, und du wirst sein Maß an Verwirrung erfassen. Wenn er jeden Tag mit einer anderen Frau geschlafen hat, dann hätte er dafür fast drei Jahre benötigt!

Inmitten eines solchen Chaos begann Salomo, die Altäre des Herrn niederzureißen, den Götzen seiner Frauen Altäre zu bauen und diese durch sexuelle Handlungen anzubeten. Die Saat des Götzendienstes, welche er in Israel ausstreute, hat das Volk acht Regentschaften von Folgekönigen lang in Gebundenheit an falsche Götter gebracht. Unter diesen Nachfolgern waren die Verabscheuungswürdigsten von allen: Ahab und seine Frau Isebel.

Salomo lauschte der Lehre seines Vaters aufmerksam genug, um sie im Buch der Sprüche aufzuzeichnen, doch er kam in seinem Leben an einen Punkt, an dem er sich entschloß, der Weisheit seines Vaters keine Beachtung mehr zu schenken. Wenn man das Buch Prediger liest, das ebenfalls von Salomo verfaßt wurde, dann kann man die Öde und Sinnlosigkeit nachempfinden, in der er lebte, als er seinen fleischlichen Gelüsten nachging. Seine gesamte Perspektive ist in den ersten beiden Versen des Buches zusammengefaßt:

Worte des Predigers, des Sohnes Davids, des Königs in Jerusalem.

Nichtigkeit der Nichtigkeiten! - spricht der Prediger; Nichtigkeit der Nichtigkeiten, alles ist Nichtigkeit!

Das hebräische Wort für "Nichtigkeit" bedeutet leer und tot, abgetrennt vom Leben Gottes. Ein Leben in sexueller Sünde ist leer, und Salomo lernte dies nicht nur von seinem Vater, sondern entschloß sich unglücklicherweise dazu, seine eigenen Erfahrungen zu machen. Wenn wir darüber hinaus ein weiteres Buch der Bibel betrachten, welches Salomo geschrieben hat, das Hohelied, dann sehen wir, daß er sich nach dem innigen Einssein im Fleisch gesehnt hat, das man nur in der Ehe mit einer einzigen Person findet.

Aus Prediger, Kapitel 12, wissen wir, daß er in seinem späteren Leben zum Herrn zurückgekommen ist. Doch während der Jahre seiner Abkehr brachte Salomo Elend über sich und sein Volk.

Ein Wort der Hoffnung an alle, die gefallen sind

Die Ehe wurde von Gott dazu geplant, dich aufzuerbauen, Ehebruch und Unzucht jedoch reißen dich Stück für Stück nieder, bis dein Leben völlig zerstört ist. Ich will nichts beschönigen: sexuelle Unmoral ist Sünde und wird dein Leben ruinieren. Trotzdem, auch wenn du in diesem Bereich gefehlt hast, kannst du verwandelt, geheilt und wiederhergestellt werden.

Jesus sagte, daß er nicht in die Welt gekommen sei, um uns zu verdammen, sondern um uns zu erretten und zu befreien (siehe Johannes 3, 17). In 1. Johannes 1, 9 heißt es: "Wenn wir unsere Sünden bekennen, dann ist er treu und gerecht, daß er uns die Sünden vergibt und uns reinigt von jeder Ungerechtigkeit." Ich habe wieder und wieder beobachtet, wie Gott wacklige Ehen erfaßt und in etwas Phänomenales verwandelt hat.

Wenn der Ehemann und seine Frau den Beschluß fassen, einander zu lieben und dem Heiligen Geist erlauben, sie zu verändern, dann gibt es keine Grenzen für den Segen, der sich in ihrer Ehe entfalten kann. Ich habe gesehen, wie einige Ehen so sehr umgeformt wurden, daß jemand, der die beiden Personen vorher nicht gekannt hat, nie denken würde, daß sie je Probleme hatten.

Und der Ledige, der sexuell unmoralisch gelebt hat: Gott kann dein Leben nehmen und dich völlig umformen - selbst nach Homosexualität, Lesbentum oder sexueller Mißhandlung -, wenn du dich um Hilfe bemühst, dich der Macht von Gottes Wort aussetzt und dem Gebet hingibst.

Ich will nicht sagen, daß Freiheit von sexueller Sünde leicht zu erreichen ist. Man braucht ein völlig hingegebenes Herz, um loszukommen und frei zu bleiben. Du mußt Gottes Gedanken zum Thema Sex, Beziehungen und Ehe studieren - und beten. Finde einen guten Pastor und besuche treu den Gottesdienst, um zu hören, was Gott dir zu sagen hat.

Noch etwas ist von größter Wichtigkeit: Bemühe dich um Gemeinschaft mit gottgefälligen Männern und Frauen in und außerhalb deiner Gemeinde und schneide alle Beziehungen ab, die dein geistliches Wohlbefinden in irgend einer Weise gefährden könnten. In den meisten Fällen wirst du einen guten christlichen Berater brauchen, der dir hilft, die Festungen niederzureißen, die dich in der sexuellen Verfehlung festhalten. Er wird dir helfen, an ihrer Stelle Gottes Festungen zu errichten.

Man sagt, daß ein Vogel mit gebrochenem Flügel nie wieder wirklich hoch fliegen kann. Das mag in der Natur zutreffen, doch dieser Satz läßt sich nicht auf die Gnade Gottes anwenden. Das Schöne und Wunderbare bei Jesus ist, daß man - selbst wenn man sein Leben ruiniert hat, aber Buße tut und Vergebung empfängt, sein Wort annimmt und sich der Führung des Heiligen Geistes anvertraut - höher steigen kann als jemals zuvor!

Niemand war mit dieser Wahrheit besser vertraut als David. Er beging Ehebruch mit Batseba, ermordete ihren Mann, als er herausfand, daß sie schwanger war und heiratete sie in dem Versuch, seine Sünde zu verschleiern. Obwohl ihre Anfänge sehr zweifelhaft waren, wandten sich David und Batseba an den Herrn und erarbeiteten gemeinsam eine der besten Ehen in der Geschichte Israels.

In den letzten Tagen seines Lebens schrieb David:

Preise den Herrn, meine Seele, und vergiß nicht alle seine Wohltaten!

Der da vergibt alle deine Sünde, der da heilt alle deine Krankheiten.

Der dein Leben erlöst aus der Grube, der dich krönt mit Gnade und Erbarmen.

Der mit Gutem sättigt dein Leben. Deine Jugend erneuert sich wie bei einem Adler.

Psalm 103, 2-5

Kapitel 3

Ein berühmter Vater spricht mit seinem Sohn offen über Sex Teil 2 - Der rechte Weg

AN DEN MEISTEN ÖFFENTLICHEN SCHULEN wird den Kindern heute nicht nur gelehrt, daß Sex in jeder Form akzeptabel sei, sondern daß sexuelles Experimentieren in jungen Jahren normal und gesund sei. Man warnt sie vor AIDS und anderen sexuell übertragenen Krankheiten und ermutigt sie, "Safen Sex" zu praktizieren, was bedeutet, daß sie ein Kondom benutzen sollen. Schüler werden weiter darauf hingewiesen, daß ein Mädchen ohne eine Form von Empfängnisverhütung schwanger werden könnte und dann die Wahl treffen müßte zwischen dem Austragen und dem Abtreiben des Babys.

Die praktischen Konsequenzen ihrer Handlungen werden zwar erwähnt, doch falls unserer Jugend überhaupt ein moralischer Standard vermittelt wird, dann bestimmt kein biblischer. Auf moralischem Gebiet werden Kinder und Jugendliche dazu verleitet zu glauben, sie könnten ihre Werte selbst bestimmen. Sich auf die Werte ihrer Eltern zu stützen stellt zwar eine Möglichkeit für sie dar, doch dazu werden sie nicht ermutigt. Sie sollen selbst entscheiden, was für sie richtig ist.

So wie die Zeiten sich ändern und der Zeitgeist wechselt, ändern sich auch die moralischen Werte der Gesellschaft, in der wir leben. Gott dagegen hat einen Standard errichtet, der sich nicht den Umständen anpaßt und auf den man sich völlig verlassen kann. Er sagt uns nicht, daß wir vor Unzucht und Ehebruch fliehen sollen, weil er möchte, daß wir ein unglückliches Leben führen. Er versucht nicht, uns den Spaß zu verderben. Er versucht uns davor zu bewahren, wie der "Macho" aus Sprüche 5 zu enden - der auf seinem Bett liegt, wegen seiner Impotenz stöhnt und von Krankheit gepeinigt wird.

Gott hat Sex dazu vorgesehen, innerhalb der Ehe praktiziert zu werden, damit es eines der phantastischsten Erlebnisse unseres Lebens sei. Anstatt das Ende unseres Lebens früh zu erreichen - ausgezehrt von den Folgen sexuellen Fehlverhaltens - sollen wir ein langes, zufriedenes Leben voller Wohlergehen führen.

Gott hat nicht das Verlangen in uns gelegt, mit einer Person des anderen Geschlechts zusammenzukommen, um uns dann zu sagen, dies sei falsch oder unziemlich. Er hat einen Rahmen für uns abgesteckt und Richtlinien für uns festgelegt, mittels derer die Reinheit und Heiligkeit der Geschlechtlichkeit erhalten und geschützt werden soll. Auf diese Weise kann sie eine der größten Segnungen im Leben bleiben.

Erfrischendes Wasser

Wir haben viele Male gehört, wie David seinen Sohn Salomo angewiesen hat, er solle sich für seine Partnerin aufheben, sich bewahren bis zu dem Tag, an dem er diejenige heiraten wird, die der Herr für ihn hat. Statt dessen hat er die Weisheit seines Vaters verworfen, viele fremde Frauen geheiratet und sich viele Konkubinen zugelegt.

In den folgenden Versen schildert Salomo uns genau das, was er dadurch, daß er sich von Gottes Plan abwandte und seinen eigenen Weg ging, selbst nie erlebt hat. Diesen Rat seines Vaters hat er nicht beherzigt:

> **Trinke Wasser aus deiner eigenen Zisterne und was aus deinem eigenen Brunnen quillt.**
>
> **Sollen nach draußen verströmen deine Quellen, auf die Plätze die Wasserbäche?**
>
> **Dir allein sollen sie gehören, doch keinem Fremden neben dir.**
>
> **Deine Quelle sei gesegnet, erfreue dich an der Frau deiner Jugend!**

Die liebliche Hirschkuh und anmutige Gemse - ihre Brüste sollen dich berauschen jederzeit, in ihrer Liebe sollst du taumeln immerdar!

Sprüche 5, 15-19

In der Heiligen Schrift sind die Zisterne und der Brunnen Symbole für die Frau, während die Quelle für den Mann steht. Alle beinhalten offensichtlich Wasser. Wasser ist ein Symbol des sexuellen Vergnügens, von dem Gott möchte, daß du es deinem Partner zum Geschenk machst. Das Wasser im Brunnen gehört der Frau, doch sie soll damit den sexuellen Durst ihres Ehegatten löschen. Gleichermaßen gehört das Wasser der Quelle dem Mann, er soll jedoch damit den sexuellen Durst seiner Frau löschen.

Es gibt zwei weitere Dinge, für die Wasser in der Bibel als Symbol dient. Wasser kann zunächst die Neue Geburt, die Erlösung, symbolisieren.

Auf, ihr Durstigen, alle, kommt zum Wasser! Und die ihr kein Geld habt, kommt, kauft und eßt! Ja, kommt, kauft ohne Geld und ohne Kaufpreis Wein und Milch!

Jesaja 55, 1

Erinnerst du dich an den Tag, an dem dich nach der Wahrheit, der wahren Gegenwart und Kraft Gottes dürstete, und an dem Jesus dir das "lebendige Wasser" brachte? Er teilte der Frau am Brunnen mit, daß sie, wenn sie natürliches Wasser trinkt, später wieder durstig werden wird. Er jedoch könne ihr "eine Quelle Wassers geben, die ins ewige Leben quillt" (Johannes 4, 14).

Die Neue Geburt löscht deinen Durst nach Gott, doch ein täglicher Durst nach Gerechtigkeit, nach mehr von Gott, bleibt. Dies bringt uns zur zweiten Symbolbedeutung, welche wir unter anderem aus Epheser 5, 26 ersehen:

... um sie (die Gemeinde) zu heiligen, sie reinigend durch das Wasserbad im Wort.

Gott versorgt uns täglich durch sein Wort mit frischem Wasser. Wir werden täglich geistlich nach Gerechtigkeit hungern und dürsten. Jesus sagte:

Nicht vom Brot allein soll der Mensch leben, sondern von jedem Wort Gottes.

Lukas 4, 4

Gott hat bei der Neuen Geburt nicht nur eine Quelle ewigen Lebens in uns gelegt, er hat uns auch mit einer Fülle von Schriftstellen versorgt, aus denen wir *jeden Tag* Erfrischung und Reinigung schöpfen können.

Physisch löscht Wasser den Durst. Es erfrischt, reinigt und stärkt den Körper. Der Körper besteht zum größten Teil aus Wasser und benötigt es täglich. In geistlicher Hinsicht wird Wasser als Symbol für die Neue Geburt und für das Wort Gottes gebraucht, welches unsere geistliche Nahrung und Erfrischung ist. Deshalb soll Sex mit deiner Frau aus Gottes Sicht nicht nur euer *allgemeines* sexuelles Verlangen stillen, sondern soll euch und eure Beziehung *täglich* erfrischen und stärken.

Es gibt einen dritten, sehr wichtigen Aspekt im Hinblick auf Wasser: es ist ein Gnadengeschenk. Gnade bedeutet, daß du dir das Gnadenobjekt nicht erarbeiten oder verdienen kannst, oder daß es dir zustünde. Jedem wird Wasser von Gott freizügig zur Verfügung gestellt (Matthäus 5, 45). Es ist ein Symbol im Natürlichen für Gottes geistliche Segnungen und seine bedingungslose Liebe.

Du konntest dir deine Erlösung nicht erkaufen, und du hast wahrlich nicht verdient, errettet zu werden; und doch: "als wir noch Sünder waren, ist Christus für uns gestorben" (Römer 5, 8). Die Neue Geburt war ein Geschenk der Gnade Gottes. Du kannst dir auch das Geschenk "Gottes Wort" nicht verdienen. Er gab es dir, weil er aus freien Stücken und von Liebe motiviert beschloß, es zu geben.

Ehemann und -frau sind Gnadengeschenke füreinander. Eva war Gottes Gnadengeschenk an Adam; Adam war Gottes Gnadengeschenk an Eva. Dies bedeutet, daß dein Partner in gleicher Weise ein Geschenk der bedingungslosen Liebe Gottes ist wie die Erlösung und sein Wort. Deshalb solltest du ihn nicht mißbrauchen oder ausnutzen. Dein Ehepartner sollte dir genauso heilig sein wie das Wunder, in Christus zu sein oder täglich auf die kostbaren und größten Verheißungen zugreifen zu können.

Auch sexuelle Kraft ist ein Gnadengeschenk. So wie es dir aus Gnade überlassen wurde, solltest du es aus Dankbarkeit für deinen

Partner reservieren. Ein Geschenk kann mißbraucht werden; Perlen können vor die Schweine geworfen werden, und Sex kann durch Unzucht im Wert gemindert werden. Bewahre deine Wasser der Erfrischung für den oder die Richtige auf.

Gott gab dir das Geschenk "Sex", doch es ist mit dem Namen einer einzigen Person versehen!

Die Kraft der Jungfräulichkeit

Es besteht ein Unterschied zwischen einer "Zisterne" und einem "Brunnen". Eine Zisterne ist abgedeckt, ein Brunnen nicht. Im gesamten Wort Gottes bezieht sich eine Zisterne auf eine Jungfrau, einen Brunnen, der versiegelt ist, bis sein Besitzer kommt, ihn öffnet und in Anspruch nimmt. Nachdem die Zisterne geöffnet wurde, steht dem Besitzer nunmehr ein eigener Brunnen zur Verfügung, aus dem er seinen Durst löschen kann. Dies beschreibt die Beziehung der Frau zu ihrem Mann.

"Aus der eigenen Quelle trinken" ist ein Ausdruck für die geschlechtliche Beziehung mit deinem Partner, der sich überall in der Heiligen Schrift findet. Ein Beispiel dafür finden wir in 2. Könige, Kapitel 18, wo Sanherib und seine Armee kurz davor stehen, Jerusalem anzugreifen. Er sandte einen seiner Männer, den Rabschake, der vor dem Angriff zu Jerusalem sprechen sollte.

Der Rabschake trat vor die Stadttore und gab dem Volk bekannt, daß sie alle getötet werden würden, wenn sie darauf bestünden, weiterzukämpfen. Wenn sie jedoch jetzt aufgeben würden, dann sollte "jeder das Wasser seiner Zisterne trinken" (2. Könige 18, 31). In anderen Worten, sie hätten ihre Frauen behalten können.

Wenn eine Jungfrau ihrem Ehemann erlaubt, das Siegel ihres Brunnens zu entfernen, dann verfügt sie über reines Wasser, mit dem sie ihn erfrischen und stärken kann. Sie kann ihm nie zuviel Liebe geben, denn jedesmal, wenn sie ihm gibt, gibt er ihr in noch reicherem Maß zurück.

Wenn eine Frau wahllos jeden Mann an ihrem Wasser, ihrer sexuellen Gunst, teilhaben läßt, dann wird ihr Wasser unrein und durchsetzt sich mit Krankheit. Bald werden die Wasser in ihrem Brunnen versiegen. Sie kann denen, die kein Recht darauf haben, nur in begrenztem Maße geben, denn nur ihr Ehemann kann sie wieder auffüllen.

In Sprüche 5, 16 wird der Sexualtrieb eines Mannes eine "Quelle" genannt. Ein unberührter Ehemann erfrischt und erfüllt seine Frau mit dem reinen Wasser seiner Quelle. Wenn eine Frau mit ihrem Ehemann zusammenkommt, dann hat er als ihre Quelle die gottgegebene Fähigkeit, das Wasser, das sie ihm zur Verfügung stellt, zu ersetzen und zurückzuerstatten. Wenn ein Mann jedoch seine Quelle mit jedem beliebigen Brunnen verbindet, dann wird auch sein Wasser unrein und schließlich ungesund werden. Auch er wird bald austrocknen.

Es ist eine bekannte Tatsache, daß Reinheit Kraft und Vergnügen vermittelt. Je reiner ein Metall ist, desto stärker ist es und um so schöner ist es anzusehen. So auch in der Ehe. Je reiner eine Beziehung ist, desto stärker und angenehmer wird sie sein. Unberührtheit vor der Ehe und Beständigkeit nach der Hochzeit garantieren die sexuelle Gesundheit und das sexuelle Vergnügen, das bis ins Alter hinein größer werden wird.

Nur dein Partner kann dir reine Erfrischung schenken und die physische Liebe erwidern, die du ihm zuteilwerden läßt.

Die Quelle trifft auf den Brunnen - Flitterwochen Blues

Der Unterschied zwischen einem Brunnen und einer Quelle ist der, daß das Wasser des Brunnens ruhig ist und das Wasser der Quelle unter Druck steht. Der Sexualtrieb des Mannes fällt mehr ins Auge als der einer Frau. Um es offen zu sagen: Ein Mann ist allzeit bereit, während die Frau angefacht werden muß! Ihr Ehemänner: Es zahlt sich immer aus, den Druck zu zügeln, um dem Wasser Zeit zum Wallen zu geben.

Ich habe in Seelsorgegesprächen mit Ehefrauen gesprochen, die sagten: "Ich hatte keine Ahnung davon, wie Männer wirklich sind, als ich heiratete. Die kleinste Kleinigkeit erregt ihn! Er ist beim geringsten Anlaß zum Beischlaf bereit, und das macht mich verrückt!" Wenn ich ihnen dann sage, daß Gott die Männer so geschaffen hat und daß dies nichts Verwerfliches sei, versetzt sie das nicht immer in Begeisterung! Doch eine Ehefrau muß begreifen, daß in ihrem Ehemann ein sexueller Druck herrscht, daß die körperliche Vereinigung mit ihr eines seiner stärksten Bedürfnisse ist.

Ich halte die Verherrlichung der Flitterwochen in unserer Gesellschaft für eine Tragödie. Sie werden als eine der schönsten Zeiten der Ehe angepriesen, wobei sie wahrscheinlich eine der schlimmsten sind. Keiner von beiden weiß, was er tut! Die junge Braut versteht die aggressive Sexualität ihres Gatten nicht, und der Bräutigam begreift nicht, daß er sich bei seiner Frau Zeit lassen muß. Weiser Rat und gute Bücher werden helfen, doch nichts kann ihnen die bevorstehenden Erfahrungen ersparen.

Bei uns in Amerika sieht man manchmal Jungen, die gerade ihr erstes Auto bekommen haben. - Er ist so stolz. Sein Vater, in dessen Wagen fast alles automatisch funktioniert, hat ihm die Grundzüge des Fahrens beigebracht, doch nun hat er sein eigenes Auto. Er empfindet, es sei der großartigste Gegenstand, den er je im Leben gesehen hat. Es hat natürlich ein Fünfgang-Standardgetriebe. Er hat noch nie eines bedient, doch er ist sich seiner Unwissenheit überhaupt nicht bewußt, so verliebt ist er in sein *eigenes* Auto.

Was geschieht nun, wenn er das erste Mal einsteigt, die Zündung bedient und einen Gang einlegt? Er ist nicht daran gewöhnt, die Kupplung zu treten, um die Gänge zu wechseln, und er weiß wahrscheinlich auch nicht, daß man, bevor man den Rückwärtsgang einlegt, in einen der anderen Gänge schalten sollte, da sonst das Getriebe knirscht. Er fährt also langsam, kriechend und schaukelnd, aus der Einfahrt.

Endlich legt er den richtigen Gang ein, doch er läßt die Kupplung zu schnell kommen und gibt nicht genug Gas. Er würgt den Motor ab und muß noch einmal von vorn beginnen. Er läßt den Motor wieder an, doch diesmal entschließt er sich dazu, die Kupplung schleifen zu lassen und Vollgas zu geben. Die Reifenspur zieht sich die ganze Straße entlang. Gott sei Dank ist das Auto nicht nachtragend und läßt sich wieder starten!

Bis er lernt, wie das Auto funktioniert - wo die Kupplung einsetzt, wie man Gänge sauber schaltet und wann man Gas gibt - wird er holprig fahren. Und genau so sind die Flitterwochen auch: man bringt mehr Gänge zum Knirschen und würgt mehr Motoren ab, als man sich je hat träumen lassen!

Was ergibt sich, wenn Wasser unter Druck, eine Quelle, in einen stillen, nie berührten Brunnen eingeführt wird? Eine ziemliche Irritation! Viele Schmerzen und Mißverständnisse können auftreten. Viel Vergebung muß geübt werden, während man sich in dieser neuen, intimen Weise kennenlernt. Sei geduldig und bereit zu vergeben - und willig, deinen Motor viele Male wieder neu anzulassen!

Die Welt hat die falsche Vorstellung, daß es für einen Mann von Vorteil sei, vor der Ehe sexuelle Erfahrungen zu sammeln. Dann wird er in den Flitterwochen "Herr Wunderbar" sein. Abgesehen davon, daß dies ganz offensichtlich gegen Gottes Wort geht, besteht hier ein großes Problem: jede Frau ist anders.

Gott hat *einen* Mann für *eine* Frau vorgesehen, und nur ihr Ehemann, jener Mann, den Gott zu ihr gebracht hat, wird fähig sein, sie zu befriedigen. Sie sucht nicht nach einem Macho-Sex-Athleten oder "Herrn Sexuell Vollkommen". Sie sucht nach einem warmen, fürsorglichen Mann, der seiner unerfahrenen Ehefrau ihre Fehler genauso oft vergibt, wie sie ihm.

Sexuell sind bei der Eheschließung wahrscheinlich beide "grün". Weder der eine noch der andere weiß, was er tut. Doch man lernt sich kennen, vergibt, bespricht die Sache und versucht es wieder und wieder, bis man lernt, wie man einander gefällt und auf was der Partner anspricht.

Wenn man ein stabiles Fundament des gegenseitigen Vertrauens und Verständnisses errichtet hat, dann fällt es wesentlich leichter, zu vergeben und von neuem zu beginnen! Nach einiger Zeit, in der man sich durch die Schwierigkeiten "hindurchgeliebt" hat, beginnt man zu harmonieren. Sex wird im Laufe der Jahre fortwährend besser.

Trinke Wasser aus deiner eigenen Zisterne und was aus deinem Brunnen quillt.

Sprüche 5, 15

Dieser Vers versichert uns: nachdem die Frau zuvor angefacht wurde, werden ihre Wasser zu strömen beginnen. Nachdem du deine Zisterne einmal aufgedeckt hast und Wasser daraus trinkst, wirst du von dieser Zeit an mehr fließendes Wasser in deinem Brunnen finden. Das sexuelle Verlangen der Frau wird zunehmen, und ihr Sexualtrieb wird sich bemerkbar machen. Ihre eigene sexuelle Impulsivität wird sich entwickeln. Wenn ihr die Flitterwochen in Geduld übersteht, kommen wunderbare Zeiten auf euch zu!

Erfreue dich an der Frau deiner Jugend

Wasser ist dazu da, Durst zu löschen; und Gott hat verordnet, daß Ehemann und Ehefrau ihren sexuellen Durst aus den reinen Wassern seiner Quelle und ihres Brunnens löschen sollen. Mit dieser Analogie im Sinn wollen wir Sprüche 23, 27 betrachten:

Denn eine tiefe Grube ist die Hure und ein enger Brunnen die fremde Frau.

(Wann hast du das zum letzten Mal aus deiner Losungsschachtel gezogen?)

Wenn du durstig wärst, und es hätte draußen gerade geregnet, würdest du dann an eine Grube oder eine Wasserpfütze gehen und daraus trinken? Ich würde meinen, daß mit dir wirklich etwas nicht stimmt, wenn du dies tun würdest! Doch genau dies tust du, wenn du zu einer Prostituierten oder jemand anderem als deinem Ehepartner gehst, um deinen sexuellen Durst zu stillen. Letztlich wird dein Durst doch nicht gestillt, und du kannst dir dabei leicht eine Krankheit holen.

In der antiken Welt gab es viele öffentliche Brunnen, eine Zisterne jedoch gehörte einer Privatperson. Da viele verschiedene Leute aus den öffentlichen Quellen tranken, waren diese verschmutzt und oft mit Krankheitserregern durchsetzt. Manchmal zogen ganze Städte um, weil die offenen Brunnen schlecht geworden waren.

Einige der größten Geschichten in der Bibel spielen sich auf einem Stück Grund ab, auf dem Gott eine Zisterne, einen Brunnen frischen Wassers, gegeben hatte, der nur einer bestimmte Person und deren Familie gehörte. Die Ehe ist dem gleich. Nur der Ehemann soll an den Wassern seiner Frau teilhaben. Ihr seid "Exklusiv-Durstlöscher" füreinander.

Sollen nach draußen verströmen deine Quellen, auf die Plätze die Wasserbäche?

Dir allein sollen sie gehören, doch keinem Fremden neben dir.

Sprüche 5, 16-17

Weißt du, was mit einer Quelle geschieht, deren weniges Wasser sich über eine weite Fläche verteilen will? Nicht nur, daß ihr das Wasser ausgeht, sie läuft auch in kleinen Rinnsalen die Straße entlang. Männer, kleine Rinnsale werden die Straßen auf und ab laufen, wenn ihr eure Quellen nach draußen verströmen laßt!

Wie unangenehm, wenn du mit deiner Frau und deiner Familie die Straße entlang spazierst und plötzlich auf ein anderes Kind triffst - ein kleines Rinnsal - das dir "Hallo, Papa!" zuruft. Die Bibel ermahnt dich eindringlich, deine Quelle für deine Frau allein zu reservieren. Bei all den Analogien und Metaphern, lieber Mann, möchte ich nicht, daß dir die Pointe dieses Verses entgeht: Die einzige Frau, die Zugang zu deinem Reißverschluß hat, ist deine Ehefrau!

Deine Quelle sei gesegnet, erfreue dich an der Frau deiner Jugend!

Sprüche 5, 18

Es ist Gottes Verlangen, daß ein Mann sexuellen Segen erfährt. Dies geschieht ihm dadurch, daß er sich an der Frau seiner Jugend erfreut. Das hebräische Wort hier für *erfreuen,* bedeutet dasselbe, wie sich vor dem Herrn *freuen*: emotional glücklich sein, ekstatisch sein und vor Freude jubeln. Anstatt seine Tage in Impotenz und mit Gestöhn zu beenden, wird er so sehr in seine Frau verliebt und so mit Freude erfüllt sein, daß er laut jubelt!

Es hat im Leib Christi stets eine Lehrmeinung gegeben, die besagt, daß Gott den Geschlechtsakt nur zu dem Zweck verordnet hat, Kinder zu zeugen. Das ist jedoch ganz einfach nicht wahr. Als Gott dem Mann sagte, er solle seiner Frau anhängen und zu einem Fleisch mit ihr werden, wurde der Zweck "Kinder zeugen" nicht einmal erwähnt.

Gott hat den Sex zum Vergnügen und zur Erfrischung bestimmt, deshalb wird der Akt mit einem Wasserbrunnen (der Frau) verglichen, der sich mit einer Wasserquelle (dem Mann) zusammenschließt. Sie ist ihrem Mann ein Brunnen der Erfrischung und er ist seiner Frau eine Quelle der Erquickung. Während sie voneinander nehmen, geben sie gleichzeitig einander zurück. Nur Ehemann und Ehefrau können einander gegenseitig wieder auffüllen. Aus diesem Grund werden Liebe, Romantik und Sex im Laufe der Ehejahre besser und besser.

Die liebliche Hirschkuh und anmutige Gemse - ihre Brüste sollen dich berauschen jederzeit, in ihrer Liebe sollst du taumeln immerdar!

Sprüche 5, 19

Die Hirschkuh und die Gemse wurden in der antiken Welt wegen ihrer wunderschönen Symmetrie sehr bewundert. Das Wort für "lieblich" bedeutet auch "begnadet", was uns daran erinnert, daß der Körper der Frau ein Gnadengeschenk für ihren Mann ist.

Obwohl es in diesem Vers heißt, daß die Frau den Mann stets berauschen soll, bedeutet dies nicht, daß sie sofort in Richtung Schlafzimmer marschiert, wann immer er mit den Fingern schnippt! Es soll heißen, daß sie *allein* ihren Ehemann befriedigen soll. Ihr Ehemann soll nicht versuchen, seinen Sexualtrieb mit irgend jemand anderem zu befriedigen.

Die Ehefrauen möchte ich auf einen weiteren Punkt hinweisen, den diese Schriftstelle wörtlich zum Ausdruck bringt: Deine Brüste sind für das Vergnügen deines Mannes da - für niemanden sonst - und du sollst sie ihm nicht vorenthalten oder in Verlegenheit geraten, weil sie ihm gefallen. Gott gab sie dir zu seinem Vergnügen, nicht nur, um damit ein Kind zu stillen. Sie sind ein Teil von dem, was bedeckt bleibt, wie die versiegelte Zisterne, bis du verheiratet bist. Nachdem dein Ehemann jedoch einmal den Verschluß weggenommen hat, dienen deine Brüste und dein Körper zu seinem Vergnügen.

Wenn es heißt, daß Adam und Eva nackt waren, aber sich nicht schämten (1. Mose 2, 25), dann meint der Begriff "sich schämen", befangen sein. Sie haben sich ihres nackten Körpers nicht geniert. Sie genossen den gegenseitigen Anblick und ihre Berührungen und dachten sich nichts dabei. Gott dreht sich schließlich auch nicht um, wenn wir unsere Kleider ablegen! Er weiß, wie wir aussehen, und nicht einmal das macht ihm etwas aus!

Andererseits sollst du dich vor niemand anderem als deinem Partner entblößen. Ich halte es für sehr wichtig, daß Männern und Frauen bewußt ist, daß anständige Kleidung ihre Ehe ehrt. Wenn ein Mann oder eine Frau Kleidung trägt, die einen zu großen Teil des Körpers unbedeckt läßt, dann signalisieren sie dadurch Unzufriedenheit mit ihrem Partner und präsentieren der Öffentlichkeit eine allgemeine Einladung.

Trunken vor Liebe

In der Ehe sollen unsere Körper einander Vergnügen bereiten, Sprüche 5, 19 sagt jedoch mehr als nur: "Viel Spaß, Kinder!" Dieser Vers sagt, wir sollen taumeln, oder "betrunken" sein, wenn wir unseren Partner körperlich lieben. Wir sollen trunken sein vor Liebe zueinander. Ich erinnere dich daran: dies ist Gottes Vorstellung von einer guten Zeit!

Wenn du jemals einen Alkoholiker gekannt hast, dann weißt du, daß er es nicht allzulange ohne einen Drink aushält. Darüber hinaus stellt er sich in den Zeiten, in denen er nicht trinkt, den Geschmack des nächsten Schlucks vor. Er hat sich in seinen Gedanken viele Male betrunken, bevor er je die Flasche berührt. Alkohol kontrolliert sein Denken und vereinnahmt seine Seele.

Gleichermaßen ist nichts falsch daran, daß ein Mann in seiner Phantasie mit seiner Frau schläft. Der Teufel pervertiert das Mittel der Vorstellungskraft dadurch, daß er die Gedanken von Männern und Frauen der sexuellen Unmoral zuwendet, doch hier haben wir das Wort Gottes vorliegen, welches dem Mann sagt, daß er "trunken" sein soll vor Liebe für seine Frau. Er kann seine Frau gedanklich viele Male lieben, bevor er am Abend nach der Arbeit zur Tür hereinkommt!

Oder er denkt möglicherweise an sie und stellt sich vor, wie es sein wird, wieder bei ihr zu sein. Er ruft sie einfach an und sagt: "Liebling, ich wollte nur deine Stimme hören. Ich kann's kaum erwarten, dich heute abend wiederzusehen. Weißt du, gestern war einer der großartigsten Abende, die wir je miteinander hatten, und ich kann's kaum abwarten, heimzukommen."

Wenn es schließlich fünf Uhr wird, bedient er die Stechuhr und läuft wie entrückt zu seinem Auto hinaus. Seine Reifenspuren sind so lang wie der gesamte Parkplatz! Er hält an, um ihr ihre Lieblingsblumen mitzubringen, und rauscht ab nach Hause. Wenn sie dann endlich vor ihm steht und ihm den Willkommenskuß gibt, ist er wie der Trunkenbold, der am Korken riecht! Er weiß, er wird sich heute nacht betrinken!

Liebe ist nicht allein Sex, doch Sex verleiht der Liebe in machtvoller Weise Ausdruck. Ein Alkoholiker trinkt, weil Alkohol seine Seele kontrolliert. Daß er trinkt, ist die Manifestation dessen, daß seine Seele davon besessen ist. Ehe ist nicht gleich Sex, doch Sex ist der äußerliche Ausdruck einer Seele, die mit der Liebe für den Ehemann oder die Ehefrau besessen ist. Die Bibel warnt uns vor der Trunkenheit mit Wein, sagt uns jedoch, daß es keine Grenzen für Trunkenheit vor Liebe für deinen Partner gibt!

Salomos Torheit

Salomo hatte in David den besten Lehrer, und wir haben gesehen, daß David nicht zimperlich war, als er mit seinem Sohn über Sex und Ehe sprach. Salomo hörte aufmerksam zu, und zu der Zeit, als er das Buch der Sprüche schrieb, befand er sich wahrscheinlich auf dem Höhepunkt seiner Regentschaft als weisester König, den Israel und möglicherweise die Welt je hatten.

Das Wort Gottes bestätigt, daß Salomo mit großer Weisheit gesegnet wurde, weil er nicht nach Gold und Silber, langem Leben oder Ruhm trachtete, er trachtete nach Weisheit, um das Volk Gottes recht zu richten. Da sein Herz vor Gott aufrichtig war, gab Gott ihm Reichtümer zusätzlich zu großer Weisheit. Im Blick auf Werte und Prioritäten trachtete Salomo "zuerst nach dem Reich Gottes und seiner Gerechtigkeit", und deshalb wurden ihm all die anderen Dinge gleichfalls gegeben (Matthäus 6, 33).

Während er den Richtlinien seines Vaters folgte, gab es eine Zeit, in der seine Weisheit so erstaunlich war, daß Könige, Königinnen und Menschen von überall auf der Welt kamen, um sich davon überzeugen zu lassen. Als die Königin von Saba zu ihm zu Besuch kam, verschlug es ihr den Atem und sie sagte: "Siehe, nicht die Hälfte ist mir berichtet worden" (1. Könige 10, 7).

Es gab jedoch etwas, was Salomo nicht früh im Leben tat, und das war, zu heiraten. Es kam der Tag, an dem er sich von den Lehren seines Vaters abwandte und sich dazu entschloß, den Dingen selbst auf den Grund zu gehen. Er begann dieses Vakuum in seinem Leben damit auszufüllen, daß er seinen eigenen Gelüsten und seiner Neugier nachging, anstatt den Instruktionen seiner Eltern und dem Plan Gottes Folge zu leisten.

Viele Menschen versuchen Gott in einem bestimmten Bereich ihres Lebens aufs Regal zu stellen und getrennt von ihm Erfüllung zu finden, doch dies ist unmöglich. Wir wurden in Gottes Ebenbild geschaffen, und deshalb können nur sein Geist und sein Wort unserem Leben Erfüllung geben. Gott hat jeden Tag dazu bestimmt, glücklich zu verlaufen, wir müssen jedoch seinem Plan folgen. Gemäß Salomos eigenen Worten findet man, wenn man seinem eigenen Plan folgt, nichts als "ein Haschen nach dem Wind".

Ich sah all die Taten, die unter der Sonne getan werden, und siehe, alles ist Nichtigkeit und ein Haschen nach dem Wind.

Prediger 1, 14

Dieses Buch heißt "Prediger". Ein "Prediger" ist mehr als nur ein Mann, der hinter einer Kanzel steht. Er ist derjenige, er die Botschaft für die aktuelle Stunde hat. Salomo ist in diesem Buch der Prediger, der die Botschaft für seine und unsere Stunde hat.

Dieses Buch bietet nicht die erquicklichste Lektüre. Es könnte dich sogar, wenn du es durchliest, depressiv stimmen! Gott machte es deshalb zu einem Teil seines Wortes, weil er wollte, daß wir von jemandem hören, der vom höchsten Berg in das tiefste Tal absank - jemandem, der die Weisheit Gottes kannte, sich jedoch von ihr abwandte, um seinen eigenen Weg zu gehen. Entsprechend gelangte er von den Höhen des Erfolges in die Tiefen der Verzweiflung. Der große König Salomo war dieser Mann.

Ich wandte mich, und mein Herz ging darauf aus, Weisheit und ein richtiges Urteil zu erkennen und zu erkunden und Ungerechtigkeit als Torheit und die Narrheit als Tollheit zu erkennen.

Prediger 7, 25

Salomo traf kühl kalkulierend die Entscheidung, selbst herauszufinden, wie das Böse wirklich ist. Dies ist extrem gefährlich! Anstatt die Wahrheit aus Gottes Wort zu akzeptieren, anstatt die Weisheit seines irdischen und seines himmlischen Vaters zu respektieren und auf sie zu vertrauen, entschließt sich Salomo dazu, Ungerechtigkeit selbst zu erleben.

Die Bibel benötigt keine Bestätigung durch irgend einen Menschen - sie wird sich dir selbst übernatürlich offenbaren und bestätigen. Und es muß nicht erwähnt werden, daß du gesegnet sein wirst, wenn du auf Gott und seinen Plan vertraust. Wenn du jedoch gegen ihn und sein Wort handelst, wird dein Leben voller Schwierigkeiten und Schmerzen sein. Dies ist die "Torheit", der Salomo nachging.

Er merkt an, daß die Torheit, der er nachging, jene Tollheit und Narrheit mit einschloß, die sich in sexueller Promiskuität äußert. Salomo hatte offensichtlich einen gewaltigen Sexualtrieb, doch anstatt sich auf die Zeit zu freuen, zu der Gott die richtige Frau zu ihm bringen würde, lief er den Frauen nach. Er hatte einen Harem, der ganz Ägypten vor Neid erblassen ließ!

Und ich fand bitterer als den Tod die Frau, die Netzen gleich ist und deren Herz Fangstricke, deren Hände Fesseln sind. Wer Gott wohlgefällig ist, wird entrinnen, der Sünder aber wird durch sie gefangen.

Prediger 7, 26

Was war seine Schlußfolgerung, nachdem alles gesagt und getan war? Er fand, daß ein Leben der sexuellen Zuchtlosigkeit "bitterer als der Tod" ist. Und was war es, das ihn in diesem Leben der Sünde gefangen hielt? Das Herz der Frau, welches "Fangstricke, deren Hände Fesseln sind". Er betrachtete sich selbst als ein dummes Tier, das ins Netz des Jägers läuft.

Promiskuität stellte sich als eine Falle heraus. Die Hände der fremden und ehebrecherischen Frau waren wie Ketten, die ihn hielten, so daß es kein Entrinnen gab. Den Schlüssel zu seiner Flucht erwähnt er jedoch in demselben Vers, wenn er sagt: "Wer Gott wohlgefällig ist, wird entrinnen."

Das einzige Mittel gegen den Klammergriff der Unmoral, der pornographischen Phantasien und der Lust nach sexuellem Vergnügen ist das völlige Sich-verlassen auf die befreiende Kraft des Heiligen Geistes und die Verheißungen Gottes. Wenn du dich an sein Wort und seinen Geist hängst, wird keine Kette Satans der Kraft Gottes widerstehen können. (Lukas 10, 19).

Salomo sah, daß der einzige Ausweg darin bestand, dem Herrn zu gefallen. Wir gefallen dem Herrn und bleiben frei, wenn wir in seinem Wort bleiben und sein Wort in uns bleibt (Johannes 8, 31-32). Wenn du also in dieser "Torheit" der sexuellen Sünde gefangen bist, wende dich um zum Herrn. Es ist nie zu spät! Verlasse dich auf seine Kraft. Lies sein Wort, denke darüber nach, handle entsprechend, und du wirst gewiß entfliehen und frei bleiben.

Vater weiß es am besten

Siehe, dies fand ich, spricht der Prediger, indem ich eins zum anderen fügte, um ein richtiges Urteil zu finden.

Was meine Seele fortwährend suchte und nicht fand: Einen Mann fand ich aus Tausenden, aber eine Frau unter diesen allen fand ich nicht.

Prediger 7, 27-28

Wenn Salomo sagt, er habe eins zum anderen gefügt, bedeutet dies, daß er eine Frau nach der anderen hatte; und selbst wenn er jeden Tag eine Frau hatte, dann brauchte er dennoch mehr als drei Jahre, um zu dem Schluß zu kommen, daß er die Frau nicht gefunden hatte, die Gott für ihn bestimmt hatte. Weißt du, warum er sie nicht gefunden hat, selbst nachdem er über tausend Frauen hatte?

Man findet keinen Partner dadurch, daß man herumprobiert und Fleischbeschau betreibt!

Wenn du dem Herrn wohlgefällig bist und auf ihn harrst, wird er dich mit deinem Partner zusammenführen. Dein Geist wird durch den Heiligen Geist wissen, daß er oder sie der Richtige ist. Adam tat den Willen Gottes, und am richtigen Tag wurde ihm Eva zugeführt.

Ich habe mit vielen Gläubigen gesprochen, die so gelebt haben und ihren Partner dadurch fanden, daß sie dem Herrn zu gefallen trachteten. Fast alle sagen: "Als ich sie zum ersten Mal traf, sagte etwas in mir, daß sie es ist. Als wir später miteinander ausgingen und einander kennenlernten, waren wir uns manchmal nicht mehr sicher! Doch im Lauf der Zeit, während wir unsere Probleme bewältigten und miteinander zu kommunizieren lernten, verstärkte sich dieses 'Wissen' wieder. Bald bestätigte Gott, daß dies die Person war, die er gesandt hatte."

Salomo sah sich nach einer Frau um, wie man sich nach einem neuen Anzug umsieht! Doch die Ehe ist eine übernatürliche Angelegenheit, und dein Ehemann oder deine Frau ist ein Gnadengeschenk Gottes. Du mußt nicht von Ort zu Ort gehen und all die verfügbaren Männer und Frauen ausspähen um herauszufinden, wer am besten für dich geeignet ist. Gott weiß, wer am besten zu dir paßt! Und er weiß auch, wie und wann er euch zusammenzuführen hat.

Eines wird in Vers 28 schmerzhaft deutlich: Nachdem er seine Lust nach Frauen gestillt hatte, war Salomos Seele noch immer frustriert und unerfüllt. Er fand auf schwierige Weise heraus, daß Liebe nicht äußerlich beginnt und sich nach innen durcharbeitet.

Liebe beginnt im Innern, wenn zwei Herzen die Hand Gottes auf ihrem Leben erkennen.

"Und meine Seele sucht noch immer." Das Traurige ist, Salomo verharrte so lange in sexueller Verkehrtheit, daß es zu spät dafür war, die Richtige zu finden, als er schließlich ganz unten ankam und sich wieder dem Herrn zuwandte. Er starb, ohne selbst "gottgegebene Leidenschaft" erlebt zu haben. Dadurch, daß er den Plan Gottes verließ und auf eigene Faust loszog, um das Glück zu finden, ist er an genau dem Glück vorbeigewandert, das er so sehr begehrt hat.

Wir kommen wieder zum Prinzip der Gnade zurück. Deine Frau oder dein Mann ist ein Gnadengeschenk, welches du dir nicht erarbeiten oder verdienen - oder welches du selbst finden kannst! Anstatt alles selbst zu machen und Gott bei der Arbeit zu helfen, konzentriere dich auf ihn, gefalle ihm, reife in ihm heran - und überlasse ihm den Rest.

Wer eine Frau gefunden, hat Gutes gefunden und hat Wohlgefallen erlangt von dem Herrn.

Sprüche 18, 23

Das hebräische Wort für "finden" bedeutet eigentlich "treffen", oder es drückt aus, daß jemand vor dir "erscheint". Viele Christen lesen diesen Vers und sagen: "Na ja, ich hab' schon mal eine Ehefrau gefunden, und so wunderbar war die nicht!" Doch dieser Vers sagt nicht, daß einfach jede Frau, die dir begegnet, eine gute Ehefrau sein wird.

Eine bessere Übersetzung dieses Verses wäre: "Wer eine *gute* Ehefrau trifft, hat etwas Gutes gefunden und Gnade vom Herrn erlangt." Eine Ehefrau oder ein Ehemann ist genauso ein Geschenk von Gottes Gnade wie die Neue Geburt oder Offenbarung aus seinem Wort. Eine *gute* Frau oder ein *guter* Mann werden von ihm gesandt.

Die Septuaginta, die griechische Übersetzung des hebräischen Alten Testaments fügt diesem Vers noch hinzu: "Wer sich von einer guten Frau scheiden läßt, scheidet sich von einem Segen; und nimmt eine unzüchtige und dumme Frau zu sich." Wenn du dich einer guten Frau entledigst, dann kann es sein, daß du nie wieder eine haben wirst, die so gut sein wird. Doch wenn du eine gute Frau gefunden hast, dann erfreue dich an ihr solange ihr beide lebt, denn du hast Gnade vor Gott gefunden!

Kapitel 4

Ihr Männer, liebt eure Frauen

WIE FÜR VIELE MÄNNER war eine Ehefrau in meiner Vorstellung jemand, der sich meiner Bedürfnisse annahm. Sie war diejenige, die das Haus putzte, die Wäsche wusch, das Essen kochte, die Kinder erzog und alles erledigte, was sonst noch zum Führen eines Haushaltes gehört. Da ich im Delegieren schon immer gut war, machte es mir großen Spaß, Loretta aufzutragen, was sie tun sollte!

Natürlich hat sich diese Anschauungsweise auch auf meine sexuellen Bedürfnisse erstreckt. Ich dachte, ich bräuchte lediglich ein paar nette Worte sagen, sie küssen, an den richtigen Stellen zu berühren und innerhalb von Minuten hätten wir dann großartigen Sex. Ich hielt sie für so etwas wie einen Spielautomaten - man wirft eine Münze ein, drückt einen Knopf und gewinnt den Jackpot!

Ich denke nicht, daß ich das Resultat zu schildern brauche - es war nicht viel besser als bei den meisten Glücksspielautomaten! Ich konnte nicht verstehen, warum sie nicht impulsiv war oder begeistert über den Beischlaf dachte! Dennoch, nachdem ich sexuell befriedigt war, war ich es zufrieden, sie in der Küche zu wissen, zu vergessen, daß sie existierte - und sie bis zum nächsten Mal, an dem ich etwas von ihr brauchte, zu ignorieren.

Es dauerte nicht allzulang, bis ich feststellte, daß eine Frau kein Spielautomat ist! Ich war frustriert, weil sie nicht so leidenschaftlich war oder so logisch dachte, wie ich es gerne gehabt hätte. Wir kommunizierten zwar noch, das heißt, wir wechselten Worte. Wir warfen Worte hin und her - bis wir dann andere Dinge hin und her warfen! Unsere Streitereien wurden immer schlimmer.

Ich dachte, Loretta sollte sich mir ohne Widerrede unterordnen, doch das tat sie nicht. Ich befahl ihr: "Ordne dich unter! Ordne dich unter!" Doch sie weigerte sich. Ich dachte, daß "Ordne dich unter!" eine mir von Gott gegebene Befehlsformel sei, doch ich fand später heraus, daß *Unterordnung eine Erwiderung, eine Reaktion ist.*

Gott hat eine Reaktion der Unterordnung in die Frau gelegt, die sich einstellt, wenn sie von ihrem Ehemann Liebe, Sorge und Zuneigung erfährt. Mein Befehl "Ordne dich unter!" gründete sich ganz offensichtlich nicht auf diese Dinge. Sie hatte somit nichts, dem sie sich hätte unterordnen können, nichts, was diese Reaktion in ihr hervorgerufen hätte.

Die Sache wurde dadurch noch verschlimmert, daß ich meinen Dienst zu meiner obersten Priorität machte. Alles andere kam danach. Mein Dienst wäre in Wirklichkeit viel besser gewesen, wenn ich ihr erlaubt hätte, an den Schwierigkeiten, den Höhepunkten und den Segnungen der Berufung teilzuhaben.

Obwohl ich wußte, daß Gott zu Loretta über meinen Dienst gesprochen hatte, habe ich auf nichts gehört, was sie zu sagen hatte, und habe ihren Rat nie wirklich ernst genommen. Zu dieser Zeit lehrte ich bereits an einer Bibelschule und empfand, daß ich ihre Ratschläge ganz einfach nicht brauchte. Die meiste Zeit habe ich sie einfach stehen lassen - bis ich den Spielautomaten wieder brauchte!

Sie gab mir einen Rat - und ich schob ihn zur Seite. Doch wenn ein anderer - jemand, den ich für eine geistliche Autorität hielt - mir den gleichen Rat gab, dann nahm ich ihn an. Ich kam heim und fragte: "Weißt du, was Bruder Ken heute zu mir gesagt hat?" Und sie erwiderte: "Ich habe dir letzte Woche dasselbe gesagt!" Und ich entgegnete: "Aber das kam von Bruder Ken!"

Nach einiger Zeit empfand sie, daß sie auf der Liste meiner Prioritäten und auf der Liste der Leute, die mir etwas bedeuteten, sehr weit unten stand, und fragte sich, ob sie denn wirklich meine Frau sein sollte. Es schien, alles, was ich brauchte, war eine Köchin, eine Haushälterin und Sex auf Kommando. Jede Beliebige konnte diese Verpflichtungen erfüllen.

Meine Einstellung war, daß ich ihr meine Liebe dadurch treu erwies, daß ich sie mit einem Haus, einem Auto, Nahrung und

Kleidung versorgte. Warum wollte sie das nicht verstehen? Meine Güte, was war denn nun ihr Problem?!

Wendepunkt

Schließlich waren wir bereit, uns scheiden zu lassen. Wir hatten viele Male darüber gesprochen und waren zu dem Schluß gekommen, daß dies das einzig richtige sei. Keiner von uns beiden wollte sich wirklich scheiden lassen, doch wir sahen keine Alternative. Es ging uns beiden miserabel.

Ich war davon überzeugt, daß sie Gott nicht treu nachfolgte, weil sie ihren großartigen Ehemann im Dienst nicht hingegeben unterstützte. Sie konnte ihrerseits nicht verstehen, warum ich sie nicht liebte, was für sie hieß, daß ich willens sein sollte, alles andere zu vergessen und mich nur mit ihr zu beschäftigen.

Wir nahmen an einer Versammlungsreihe in Tennessee teil, bei der ich einer der Sprecher war, als wir zu dem Schluß kamen, daß eine Scheidung die einzige Antwort sei. Wir hatten uns darauf geeinigt, daß sie das eine Kind nehmen würde und ich das andere. Sie sollte die Veranstaltung frühzeitig verlassen und nach Hause fliegen, das eine Kind nehmen und aus dem Haus ausziehen. Doch als die Zeit zu gehen für sie gekommen war, konnte sie es einfach nicht.

Sie stand an der Tür, und wir verabschiedeten uns, doch sie konnte den Türknauf nicht umdrehen. Irgendwie konnte auch ich die Tür nicht für sie öffnen. Als wir so bewegungs- und sprachlos dastanden, regte sich in uns das noch immer vorhandene Wissen, daß Gott uns zusammengeführt hatte.

Wir erinnerten uns, wie der Heilige Geist jedem von uns individuell dieselben Dinge über unser gemeinsames Leben mitgeteilt hatte. Es war vorgekommen, daß ich erwähnte, Gott habe mir etwas mitgeteilt, und sie mich anblickte und sagte, daß er ihr soeben dasselbe gesagt habe. Nun, als wir an der Tür zur Scheidung standen, erinnerten wir uns auch an die Dinge, die in unserer Ehe und im Dienst erst noch geschehen sollten.

Wir wußten in unserem Geist, daß Gott uns zusammengeführt hatte, doch dieses Wissen war von so viel Unversöhnlichkeit überlagert, so viel Stolz und den Folgen der vielen Zeiten, in denen wir uns geweigert hatten, einander zuzuhören, daß jeder von uns in seiner eigenen Welt lebte. Wir waren zwei getrennte Menschen, die im selben Haus lebten, in demselben Bett schliefen, jedoch in zwei verschiedene Richtungen gingen.

Als wir an der Tür dieses Hotelzimmers standen und jeder von uns unfähig war, den nächsten Schritt in Richtung Trennung zu tun, traf ich eine der wahrscheinlich wichtigsten Entscheidungen meines Lebens. Es ergab sich, daß unser Pastor am nächsten Morgen eintreffen würde, um auf derselben Konferenz zu sprechen, und ich entschloß mich, ihn anzurufen.

Zuerst wollte Loretta nicht mit ihm über die schreckliche Situation sprechen, in der sich unsere Ehe befand. Sie befürchtete, daß er allen in der Gemeinde erzählen würde, was sich in unserem Leben abspielte. Sie hätte niemandem mehr in die Augen sehen können, ohne sich zu fragen, was sie über uns dachten. Später erkannten wir, daß dies eine von Satans Strategien ist, mit denen er Paare daran hindert, die Hilfe in Anspruch zu nehmen, die sie brauchen.

Endlich ergriff ich meine Autorität einmal zum richtigen Zeitpunkt! Ich sagte: "Es ist mir egal, ich werde ihn anrufen." Ich nahm den Hörer ab, und als er antwortete, teilte ich ihm mit, daß Loretta dabei sei, zur Tür hinauszugehen, und ich bereit wäre aufzugeben. Wir hatten es wieder und wieder versucht und konnten unsere Ehe einfach nicht in normale Bahnen lenken, und die einzige Person von der ich empfand, ich könnte sie anrufen, sei er. Er sagte: "Sag ihr, sie soll noch einen Tag dableiben."

Wir quälten uns durch den nächsten Tag, bis er ankam. Dann, nach der Abendversammlung, blieben wir bis drei Uhr am nächsten Morgen auf und besprachen alles mit ihm und seiner Frau. An einen Satz dieser Nacht kann ich mich noch genau erinnern - ein Gedanke, der sich mir einprägte und mein Leben veränderte: *Du kannst einen anderen nicht verändern; du kannst nur dich selbst ändern.*

Wir hatten den Punkt erreicht, an dem weder der eine noch der andere bereit war, sich zu ändern, bevor nicht der andere sich geändert hatte. Ich hatte meine Liste, und sie hatte ihre. Ich weigerte mich, ihren Ansprüchen zu genügen, bis sie nicht den meinen genügte. Wir hatten so lange aneinander gezerrt, bis nichts mehr übrig war, was uns zum Weitermachen bewegt hätte. Wir waren beide leer.

Unser Pastor hörte uns zu und stellte dann folgendes klar: *Liebe fordert oder nimmt nicht; Liebe gibt.* Er forderte uns dazu heraus, zu sehen, wer von uns dem anderen mehr geben könne. Wer konnte den anderen mehr lieben? Ich mußte mich selbst dazu entscheiden, daß ich sie lieben würde, ob sie sich nun jemals ändern würde oder nicht. Sie mußte für sich entscheiden, daß sie mich lieben würde, ob ich mich nun änderte oder nicht. Keiner von uns sollte den anderen an irgendwelche großartigen Versprechungen binden. Wir würden uns intensiv darum bemühen, füreinander das gottgewollte Ideal eines Ehemannes oder einer Ehefrau zu sein.

In dieser Nacht entschlossen wir uns dazu aufzuhören, einander ändern zu wollen, und statt dessen darin zu wetteifern, den anderen mehr zu lieben als er uns. Unser Leben veränderte sich nicht über Nacht, doch diese Entscheidung war der Wendepunkt. Es gab noch immer Streitigkeiten, Mißverständnisse und von Zeit zu Zeit "Fliegende Untertassen", doch unsere Verpflichtung einander gegenüber blieb. Langsam aber sicher begannen wir beide uns zu ändern, und unsere Liebe füreinander fing wieder an zu sprossen. Unsere Ehe begann sich aus der Asche zu erheben.

Die Ehe und der Dienst

Erinnerst du dich, wie wichtig mir der Dienst war? Meine Frau und ich hatten beide drei Jahre bevor ich tatsächlich hinter der Kanzel stand gewußt, daß wir die Pastoren von Grace Fellowship sein würden. Als ich die Stelle erstmals annahm, hatten wir all diese Probleme in unserer Ehe. Ich war sechs Wochen lang Pastor, und diese sechs Wochen zählen zu den absolut schlimmsten meines Lebens!

Während meiner Vorbereitungszeit war ich inspiriert, als ich jedoch auf die Plattform trat, um zu lehren, schien es, als ob jedes Wort, das ich aussprach, erstarb. Währenddessen war unser häusliches Leben eine Katastrophe. Wir konnten nicht verstehen, wie Gott uns als Pastoren einsetzen konnte, wenn wir nicht einmal miteinander auskommen konnten!

Am Ende dieser sechswöchigen Achterbahnfahrt sprach Gott zu mir: "Du bist nicht der Pastor" und teilte mir mit, wer Pastor sein sollte. Es war jenes Paar, das uns später in unserer Ehe half. Obwohl ich nun Erleichterung empfand, war ich gleichzeitig verwirrt. Drei Jahre lang hatten wir gewartet im Wissen darum, daß Gott uns zu Pastoren berufen hatte - *um dieses Amt dann sechs Wochen lang innezuhaben?*

Um meine große Enttäuschung zu kompensieren, vertiefte ich mich in meine Lehrposition, und es ergab sich, daß dieses Jahr eines der besten wurde, die ich an dieser Bibelschule verbrachte. Der Hauptgrund dafür war natürlich, daß wir mit unserem neuen Pastor über unsere Ehe gesprochen und damit begonnen hatten, an unserer Beziehung zu arbeiten.

Als das Bibelschuljahr halb vorbei war, teilte Gott mir erneut mit, daß wir die Pastoren von Grace Fellowship werden würden. Meine Reaktion war: "Auf keinen Fall!" Mit der lebendigen Erinnerung an jene schrecklichen sechs Wochen war es mir einerlei, ob ich je wieder Pastor sein würde! Trotzdem hielt Gott den Gedanken an die Position in mir wach. Er bewirkte, daß ich auf Dauer der Pastor von Grace Fellowship wurde.

Was mir schließlich klar wurde, war, daß ich kein Übergangspastor war. Der Pastor, der uns half, unsere Ehe wieder geradezubiegen, war der Übergangspastor gewesen! Gott brachte ihn herein, um uns zu helfen, unser Familienleben in Ordnung zu bringen und die Gemeinde zusammenzuhalten, bis unsere Beziehung solide geworden war.

Die Worte Jesu, daß eine Stadt auf einem Berg nicht verborgen bleiben kann und eine Lampe auf ein Lampengestell gestellt werden muß, damit sie allen im Haus leuchte, wurden mir persönlich sehr real. (Siehe Matthäus 5, 14-15). Das Wort Gottes, das ich von der Kanzel lehrte und predigte, sollte in meinem eigenen Leben und in meiner Familie Anwendung finden.

Ich erkannte, daß ich meiner Gemeinde nicht das Leben und die Liebe Jesu zuteil werden lassen konnte, wenn ich meiner eigenen Frau und meinen Kindern nicht mit dem Leben und der Liebe Jesu dienen konnte.

Wenn aber jemand dem eigenen Haus nicht vorzustehen weiß, wie wird er für die Gemeinde Gottes sorgen?

1. Timotheus 3, 5

Diese Prinzip gilt nicht nur für Vollzeitprediger! Jeder Mann muß danach leben, ob er nun Häuser baut oder Chirurg ist, einen Bus fährt oder Wolkenkratzer entwirft. Wenn deine Beziehung zu deiner Frau solide und stark ist, dann wird dein ganzes Leben erfolgreich und begeisternd sein. Die Zufriedenheit und Freude in deinem Heim werden auf den Rest deines Lebens überschwappen.

Dein Licht wird in der Welt nur so hell leuchten wie auf dem Lampengestell in deinem eigenen Heim.

Zum ersten Mal in unserer Ehe begann ich zu sehen, daß meine Frau ebensosehr ein Gnadengeschenk war wie mein Dienst. Gott hatte mich nicht zuerst zum Pastor und dann zum Ehemann berufen. Wir sollten gemeinsam dienen, und ich brauchte sie, um meinen Ruf erfüllen zu können. Wenn ich mich von ihr hätte scheiden lassen, dann hätte ich mich von einem Segen getrennt und vermutlich eine dumme Frau an ihrer statt genommen, wie es das Buch der Sprüche beschreibt!

Wozu immer der Herr dich berufen hat, ob du ein Zimmermann, ein Buchhalter oder ein Prediger bist: *Deine Ehe kommt vor deinem Beruf.* Nicht allein das, sondern deine Fähigkeit, deinen Ruf zu erfüllen, wird ernsthaft gehemmt, wenn deine Ehe nicht gesund und glücklich verläuft. Deshalb sagt die Bibel, daß eine der Voraussetzungen für einen Bischof oder Aufseher in der Ortsgemeinde ist, "daß er dem eigenen Haus gut vorsteht" (1. Timotheus 3, 4-5).

So viele Paare sehen dies genau umgekehrt. Sie glauben, daß ihre Ehe in Schwierigkeiten ist, weil sie nicht die Arbeitsstellen haben, die sie gerne hätten. Auch wenn du nicht dort arbeitest, wo du gern arbeiten würdest, können die Freude und Stabilität deiner Ehe dies kompensieren. Außerdem, während du Gott und deinem Partner treu bist, wird Gott dich in eine Position, einen Beruf oder einen Dienst hineinmanövrieren, der dich ausfüllt.

Lerne sie kennen

Als wir Eheprobleme hatten, verstand ich Frauen nicht und wollte mich auch nicht darum bemühen, sie verstehen zu lernen. Soweit es mich anging, lebte Loretta in ihrer eigenen Welt, was in Ordnung war, solange sie das tat, wozu ich sie benötigte. Doch die Bibel befiehlt Ehemännern, *mit Einsicht* bei ihren Frauen zu wohnen. Mit anderen Worten, Männer, ihr seid außerhalb des Willens Gottes, wenn ihr nicht Schritte unternehmt, eure Frauen kennenzulernen.

Ihr Männer ebenso, wohnt bei ihnen mit Einsicht als bei einem schwächeren Gefäß, als dem weiblichen, und gebt ihnen Ehre als solchen, die auch Miterben der Gnade des Lebens sind, damit eure Gebete nicht verhindert werden.

1. Petrus 3, 7

Es gibt in der griechischen Sprache zwei Worte, die mit "Einsicht" übersetzt werden. Das erste ist *epignosis*. *Epi* bedeutet höher oder über; *gnosis* bedeutet Wissen. *Epignosis* ist also die höhere Erkenntnis oder Offenbarung, die vom Heiligen Geist bezüglich des Wortes Gottes oder seines Willens empfangen wird.

In diesem Schriftvers ist das griechische Wort für "Einsicht" jedoch *gnosis* - einfaches, alltägliches Wissen. Ehemänner sollen dem gesunden Menschenverstand entsprechend bei ihren Frauen wohnen oder leben. Ich weiß nicht, ob ein Mann fähig ist, seine Frau jemals völlig zu verstehen, doch selbst ein kleines Maß an Einsicht in ihr Wesen kann ihm helfen, *verständnisvoll* zu sein. Die *New American Standard Bible* sagt: "... lebt bei euren Frauen auf verständnisvolle Weise."

Inwiefern ist deine Frau wie andere Frauen? Andererseits, inwiefern unterscheidet sie sich von ihnen? Was gefällt ihr, was irritiert sie? Was tut sie gerne? Was sind ihre Schwächen, und wie kannst du ihr helfen, sie zu überwinden? Was sind ihre Stärken, und wie kannst du sie fördern? Studiere sie, sprich mit ihr und beobachte, wie sie auf verschiedene Menschen und Situationen reagiert.

Dieser Vers sagt zum Thema Frauen weiter, daß Ehemänner ihre Frauen als das schwächere Gefäß ehren sollen. Dies bedeutet nicht, daß sie in Sachen Intelligenz oder Ausdauer schwächer ist. Es gibt in der Tat Aufgaben, die eine Frau wesentlich besser bewältigen kann als ein Mann. Das Wort "Gefäß" bezieht sich lediglich auf den Körper. (Siehe 2. Korinther 4, 7). Die grundlegende Physis einer Frau ist nicht so robust wie die eines Mannes (es gibt hier natürlich ein paar Ausnahmen), und der Ehemann wird daran erinnert, seine Frau mit seiner Körperkraft zu beschützen.

Die Körperkraft des Ehemannes dient der Arbeit und dem Schutz, nicht dem Stänkern und Prügeln.

Weiter erklärt Petrus in Vers 7, daß die Frau die Miterbin des Ehemannes ist. Das individuelle geistliche Erbe des Einzelnen liegt noch immer beim Herrn vor, doch wenn die beiden zu einem gemeinsamen Ganzen zusammengefügt werden, wird ein neues Erbe für *dieses Leben* gegeben. Die Ehe ist für Gläubige etwas Besonderes!

"... damit eure Gebete nicht verhindert werden" bringt uns zu einem der wichtigsten Prinzipien, die es zur Ehe zu erwähnen gibt: *Das Einssein im Fleisch stellt eine der mächtigsten Gebetsgrundlagen dar, auf denen ein Gläubiger stehen kann.*

Wenn der Ehemann seine Frau so liebt wie Jesus die Gemeinde, und die Frau mit respektvoller und ehrerbietender Unterordnung darauf reagiert, dann nehmen sie eine Position der Autorität in ihrem Gebetsleben ein, die Satan erzittern läßt. In 5. Mose 32, 30 heißt es, daß einer 1 000 zu verjagen vermag, zwei jedoch 10 000 in die Flucht schlagen können. Und um in dieser Welt ein gutes Eheverhältnis aufrechtzuerhalten, benötigen Ehemänner und ihre Frauen die Macht des Gebets!

Doch Ehemänner, ihr werdet die Siege, die durch Einheit im Gebet hervorgerufen werden, nicht erleben, wenn ihr euch nicht die Zeit nehmt, eure Frauen kennenzulernen!

Die meisten verlobten Paare denken so, wie Loretta und ich dachten: nachdem man verheiratet ist, ergibt sich alles von selbst. Doch das ist nicht wahr. Warum? Weil wir in Fleisch gekleidet sind, das seit dem Fall von Adam und Eva verdorben ist, und das, was sich "von selbst ergibt", ist nicht immer gut. Wir müssen lernen, *Gottes Vorstellung* gemäß zusammenzuleben.

Nachdem du von neuem geboren worden warst, wußtest du nicht sofort automatisch, wie man den Herrn anbetet, wie man ihn liebt, ihm gefällt und mit ihm wandelt. Du mußtest deine Bibel studieren, beten und diese Dinge von deinem Pastor und anderen Gläubigen lernen.

Dasselbe gilt für die Ehe. Ich fand heraus, daß Gott vieles über meine Frau zu sagen hatte, was mir half, sie besser zu verstehen, und daß er auch vieles über mich zu sagen hatte und darüber, wie ich Ehemann sein sollte. Auch Bücher von anderen Gläubigen halfen, sowie der weise Rat, den wir von unserem Pastor und seiner Frau erhielten.

Viele Männer erliegen ihrem Stolz und gestehen sich nicht ein, daß sie, um eine erfolgreiche Ehe führen zu können, Hilfe benötigen. Für sie ist Studieren und Lernen etwas für Schwächlinge, für solche, die keine "ganzen Männer" sind. Männer, es muß euch nicht verlegen machen, wenn eure Frauen erfahren, daß ihr Bücher lest, die euch helfen, bessere Ehemänner und Väter zu sein!

Eine Frau respektiert ihren Ehemann, wenn er konsequent seine Verpflichtungen erfüllt und mit Problemen couragiert gemäß Gottes Wort verfährt. Sie wird dich um so mehr dafür lieben und bewundern, daß du den Mut hast, dich über die wichtigsten und sensibelsten Angelegenheiten deines Lebens zu informieren.

Fünf Dinge, die ich über Frauen gelernt habe

In meinen Studien habe ich herausgefunden, daß eine Frau auf die Ehe und ihre Beziehung zu ihrem Mann anders blickt als ein Mann. Das Resultat ist, daß ihre Bedürfnisse sich von den seinen unterscheiden. Es scheint fünf hauptsächliche Bedürfnisse zu geben, von denen eine Frau erwartet, daß ihr Mann sie stillt. Ein Ehemann muß sich dieser Bedürfnisse bewußt sein und sie verstehen, um seine Frau so zu lieben, wie Jesus uns liebt.

1. Eine Frau braucht *Kameradschaft*. Ist dir schon einmal aufgefallen, daß Einsiedler selten, wenn überhaupt, Frauen sind? Das ist deshalb so, weil Frauen zum größten Teil geselliger sind als Männer. Wenn eine Frau heiratet, dann betrachtet sie die Beziehung als lebenslange Kameradschaft. Ein Mann andererseits sieht es so, daß es gewisse Zeiten für innige Gemeinschaft in der Ehe gibt, doch dann will er wieder eine Zeitlang allein sein, an seinem Auto arbeiten oder mit seinen Freunden zusammensein.

Wir wollen nun sehen, wie wichtig es für einen Mann ist, seiner Frau ein guter Kamerad zu sein. Dem Gesetz des Alten Testaments zufolge tat ein Mann, nachdem er geheiratet hatte, ein Jahr lang nichts anderes, als Zeit mit seiner jungen Frau zu verbringen. (Siehe 5. Mose 24, 5). Wie würden dir einjährige Flitterwochen gefallen, in denen du nichts weiter tust, als deine Frau kennenzulernen?

Wenn ein Mann nach der Arbeit nach Hause kommt, nachdem er den ganzen Tag unter Leuten verbracht hat, dann will er gewöhnlich seine Ruhe haben, die Zeitung lesen oder sich passiv vor den Fernseher setzen. Seine Frau hat jedoch den ganzen Tag mit dem Dreijährigen und dem Baby verbracht, hat Babysprache gesprochen, Windeln gewechselt und Unordnung aufgeräumt. Wenn ihr Ehemann nach Hause kommt, dann will sie etwas Gemeinschaft! Sie will, daß er sich hinsetzt, mit ihr über seinen Tag spricht und ihr zuhört, wenn sie über ihren Tag spricht.

Manchmal ist es nicht notwendig, daß du sprichst oder zuhörst, sie möchte nur, daß du bei ihr bist. Anstatt fernzusehen oder im Wohnzimmer die Zeitung zu lesen, spiel' mit dem Baby, während sie das Abendessen zubereitet. Engagiere samstags einen Nachbarn oder Freund, der auf die Kinder aufpaßt, während du sie zum Einkaufen begleitest oder ins Kino ausführst.

Es ist wichtig für sie zu wissen, daß du willens bist, mit ihr mehr Zeit zu verbringen als mit jedem anderen, abgesehen vom Herrn.

Führe sie regelmäßig zum Essen aus. Wenn ihr euch teure Restaurants nicht leisten könnt, dann geht zum Schnellimbiß. Sie wird sich freuen! Fahrt gemeinsam Rad oder, wenn ihr euch keine Fahrräder leisten könnt, geht miteinander spazieren. Gebraucht eure Phantasie - Gott hat sie euch hierfür gegeben! Es gibt Möglichkeiten, schöne Zeiten miteinander zu verbringen und Spaß zu haben, die nicht teuer sind und euch die Gelegenheit geben, miteinander zu reden.

Wir unterscheiden traditionell zwischen "Frauenarbeit" und "Männerarbeit", doch ich habe festgestellt, daß die Frau dem Ehemann bei seiner Arbeit und der Mann seiner Frau bei ihrer Arbeit helfen kann. Wenn ich den Rasen mähe, dann ist meine Frau mit mir draußen. Sie schneidet die Kanten und jätet Unkraut. Das ist etwas, das sie gerne mit mir tut. Und zu meinem Erstaunen ist es meiner Männlichkeit nicht abträglich, wenn ich ihr mit dem Geschirr helfe oder staubsauge!

Am wichtigsten ist, daß du deiner Frau sagst, was du für sie empfindest. Sag ihr, daß du sie liebst. Wirf deinen Macho-Stolz von dir und laß sie wissen, wie es in deinem Herzen aussieht.

All diese Dinge werden noch wichtiger, wenn deine Frau außerhalb des Heimes arbeitet. Wenn sie dabei hilft, Geld heimzubringen, dann solltest du ihr mit den Kindern und der Hausarbeit helfen! Und es scheint, daß Frauen das größte Vergnügen daran haben, am Ende eines hektischen Tages mit ihren Ehemännern zu reden, selbst nachdem sie ihren eigenen Tag mit -zig anderen Leuten verbracht haben.

Manche Männer haben Arbeitsstellen, die viele Reisen erfordern. Sie können ihren Frauen durch tägliche Telefonanrufe, Briefe oder gar ein Faxgerät Geselligkeit vermitteln. Wenn die auswärts verbrachte Zeit jedoch ernsthafte Probleme hervorruft, dann möchte ich dazu ermutigen, für eine Arbeit zu beten, die ein tägliches Heimkommen ermöglicht, oder Urlaub zu nehmen, um so etwaige Probleme zu bewältigen. Arbeitsstellen kann man wechseln, doch deine Frau soll dir erhalten bleiben!

Ein Ehemann muß das Bedürfnis seiner Frau nach Gemeinschaft verstehen und sich dementsprechend mit ihr beschäftigen. Die Frau muß das Bedürfnis ihres Mannes nach Zeit für sich allein oder für Hobbys zur Kenntnis nehmen und zusammen mit ihm hier Lösungen finden. Was es auch sei, in einer starken Ehe gibt es Zugeständnisse. Jeder Partner nimmt Rücksicht auf den anderen und auf den Ruf, den Gott auf dessen Leben gelegt hat.

2. Eine Frau braucht *Mitgefühl*. Frauen verfügen über ein "eingebautes" Mitgefühl, das Männern abgeht. Wenn unsere Kinder mitten in der Nacht geweint haben, dann habe ich meist durchgeschlafen, Loretta war jedoch vom ersten Wimmern an hellwach. Wenn sie jemand Hilflosen sieht, dann neigt sich ihr Herz ihm zu, während ich mich frage, warum der Betreffende in dieser Situation ist und wie man ihm heraushelfen könnte. Während Frauen ein Auge für jemanden haben, der Hilfe braucht, suchen Männer nach Möglichkeiten, wie der Betreffende sich selbst helfen kann!

Weil eine Frau dieses Mitgefühl in sich trägt und so viel davon gibt, gibt es Zeiten, in denen sie durch Stimmungsphasen geht. Sie mag weinen, ungewöhnlich still sein oder wegen etwas völlig Unbedeutendem außerordentlich mißgestimmt sein. Wenn du sie fragst, was denn nicht stimme, dann weiß sie es nicht. Dies ist nicht die Zeit, zu analysieren und logisch zu sein!

Bei einer solchen Gelegenheit muß der Mann ihr Mitgefühl entgegenbringen. Lege deinen Arm um sie und halte sie fest. Auf diese Weise füllt dein Mitgefühl das ihre wieder auf. Bete für sie und bitte den Heiligen Geist, sie zu trösten. Möglicherweise gibt es etwas, was der Herr ihr durch dich sagen oder geben möchte.

3. Eine Frau braucht *Romantik*. Frauen sind romantisch veranlagt. Die Entscheidung, welchen Film wir anschauen wollen, ist jedesmal eine Herausforderung, da meine Frau und unsere Tochter

eine Romanze sehen wollen, mein Sohn und ich dagegen einen Film mit viel "Action".

Wegen der romantischen Veranlagung einer Frau hören das Ausgehen und Umwerben nach dem Eheschwur nicht auf. Sie setzen sich durch den Rest eures Lebens hindurch fort. Sie braucht Abende und regelmäßig einen Urlaub fern von den Kindern, Zeiten, in denen sie sich deiner ungeteilten Aufmerksamkeit erfreut. Laß ihr gelegentlich Karten und Blumen zukommen, und sei es aus keinem anderen Grund als dem, daß du gerade an sie gedacht hast und ihr zeigen willst, wie sehr du sie schätzt. Schließlich warst du ihr Ritter in schimmernder Rüstung, der kam und sie davontrug. Laß sie nun nicht nach einem Kilometer Wegs vom Pferd fallen!

Es ist nicht viel Geld dazu notwendig, romantisch zu sein. Schon ihre Hand zu halten oder deinen Arm um sie zu legen, während ihr spazieren geht, kann viel bedeuten. Öffne Türen für sie und behandle sie wie eine Königin in all den kleinen Dingen, die du für sie tust.

Das Bereiten von Geburtstags- und Hochzeitstagsgeschenken ist wichtig, doch es sind die kleinen romantischen Dinge, die du tagtäglich sagst und tust, die ihre Batterien wieder laden! Wenn du dir dann leisten kannst, ihr etwas Teures zu schenken, dann empfindet sie nicht, daß du all die Zeit, in der du dich letztes Jahr nicht um sie gekümmert hast, wieder gutmachen willst! Sie wird die großen Dinge mehr schätzen, wenn du dich um die kleinen bemühst.

4. Eine Frau braucht *Zärtlichkeit.* Zuneigungsbezeugungen vermitteln ihr das Bewußtsein, daß du sie beschützt. Sie geben ihr ein Gefühl der Sicherheit im Blick auf deine Treue und Liebe. Ihre Hand zu halten, nah bei ihr zu sitzen und deinen Arm um sie zu legen, wann immer das möglich ist und sie sanft und oft zu berühren, versichern ihr, daß deine Stärke und Liebe über ihr wachen.

Zärtlichkeit ist jedoch mehr als nur eine Berührung. Du kannst auch mit deinen Worten zärtlich sein. Sie braucht deine Ermutigung und Wertschätzung für sich als Person und für ihre Tätigkeiten. Wenn sie in einem Dilemma steckt und dich um Hilfe bittet, dann braucht sie deine Aufmerksamkeit, deine Gebete und deinen weisen Rat.

Jesus wäscht die Gemeinde mit seinem Wort (Epheser 5, 26). Wenn deine Frau also auf einem Gebiet Hilfe braucht, dann nimm dir die Zeit, ihr ermutigende Worte zuzusprechen, anstatt sie zu ignorieren oder ihre Zuneigung mit Geschenken zu erkaufen. Ist es nicht schön, daß Jesus nicht ein Auto in unsere Einfahrt fallen läßt und sagt: "Hier, jetzt solltest du dich besser fühlen!", wenn wir einsam sind oder ein Problem zu bewältigen haben?

Unsere Sicherheit entspringt dem Wissen, daß unsere Beziehung zum Herrn erste Priorität für ihn hat. Wenn wir seine Gegenwart spüren, dann erfüllen Liebe und Frieden unsere Seele. Die Sicherheit deiner Frau entspringt dem Wissen, daß sie, abgesehen vom Herrn, deine Lieblingsperson ist. Und wenn du ihr deine völlige Aufmerksamkeit zuwendest, wenn du sie zärtlich berührst, dann ist sie im Herzen sicher und zufrieden.

5. Eine Ehefrau braucht *Leidenschaft.* Ah! Du hast gehofft, ich würde dies mit einschließen! Doch folgendes ist sehr wichtig: Wenn du ihre ersten vier Bedürfnisse nicht zufriedenstellst - Geselligkeit, Mitgefühl, Romantik und Zärtlichkeit -, dann kannst du Nummer Fünf glatt vergessen! Erinnere dich, sie ist der Brunnen, der geschöpft werden muß. Sie ist nicht wie du, die Quelle, die zu jeder Zeit bereit ist!

Der Liebesakt mit deiner Frau beginnt bereits am Morgen, nach dem Aufstehen, nicht erst abends, wenn ihr euch zu Bett begebt.

Wenn du während des Tages ermutigende, auferbauende Worte an sie gerichtet hast und Zeit mit ihr verbracht hast, ihre Hand gehalten und die Tür für sie aufgehalten hast, dann wird es ihr nicht schwerfallen, sich dir hinzugeben und deine Leidenschaft zu erwidern, nachdem ihr im Schlafzimmer angekommen seid. Du wirst nicht nur sie befriedigen und ihren Bedürfnissen genügen, sondern auch *deine* Zufriedenheit wird größer sein.

Da Frauen in ihrem Geschlechtstrieb nicht wie Männer sind, nehmen viele Ehemänner irrtümlich an, ihre Frauen hätten überhaupt keinen Sexualtrieb. Doch das ist nicht wahr. Deine Frau möchte, daß du sie eroberst und anfachst! Sie genießt die Jagd! Sie freut sich auf die Intimität und das Vergnügen des Beischlafs, wenn du sie wie das besondere Geschöpf behandelst, zu dem Gott sie gemacht hat.

Was genau ist ein "Waschlappen"?

Es gibt zwei Arten von Waschlappen: den *dominierenden* Ehemann, der auf nichts hört, was seine Frau zu sagen hat, und den *dominierten* Ehemann, der alles tut, was seine Frau fordert. Die meisten Männer sehen in einem Ehemann einen Waschlappen, wenn er tut, was immer seine Frau will und wenn deren jegliches Begehren ihm Befehl ist. Doch es ist gleichermaßen marklos für einen Mann, weder Respekt zu haben noch Rücksicht zu nehmen auf die Meinungen, die Hinweise und den Rat seiner Frau. Gott spricht auch zu ihr!

Du zeigst ihr deine Liebe für sie dadurch, daß du Zeit mit ihr verbringst und dich *mit* ihr unterhältst - und nicht so tust, als ob du zuhören würdest und dann in den passenden Momenten grunzt oder nickst! Ganz wichtig: du zeigst ihr deine Liebe für sie, wenn du dich selbst mit ihr teilst. Eine Frau kann im Laufe der Zeit alle möglichen Härten freudig überwinden, wenn du dein Leben mit ihr teilst, anstatt sie jedesmal auszuschließen, wenn etwas los ist.

Manche Männer empfinden das Bedürfnis einer Frau, jeden Bereich seines Lebens mit ihm zu teilen, als erstickend. Dieses Empfinden erwächst jedoch aus ihrem eigenen Unwissen. In Wahrheit will eine reife christliche Frau ihren Ehemann nicht beherrschen oder dominieren. Sie wurde von Gott innerlich so geformt, daß sie ihn als das Haupt der Familie betrachtet. Wenn du deine gottgegebene Autorität benutzt, dann sorgst du damit für Sicherheit und Zuversicht. Es macht sie unsicher und vernichtet ihr Vertrauen in dich, wenn du sie ständig dazu zwingst, Entscheidungen zu treffen, die du zu treffen hast.

Das bedeutet nicht, daß deine Frau nicht am Entscheidungsprozess teilhaben will. Und ob du ihre Ansicht teilst oder deine Meinung nicht änderst, nachdem du ihren Standpunkt gehört hast, liegt natürlich bei dir. Die letzte Entscheidung liegt bei dir. In den meisten Ehen, in denen der Ehemann seine Anliegen unterbreitet und auf den Rat seiner Frau hört, hat die Frau kein Problem mit der Autorität ihres Mannes.

Deine Frau will dein Lebenspartner sein und nicht nur eine Schublade in deinem Leben bewohnen.

Sie will den Laden nicht leiten, sondern nur teilhaben am Entscheidungsprozess. Und ihr Verlangen danach, daß du ihr deine innersten Gedanken und Gefühle mitteilst, ist nichts Erdrückendes! So versorgt Gott dich mit emotionaler Freiheit. Sie ist dein bester Freund, diejenige, vor der du deine Seele bloßlegen kannst und nicht zu fürchten brauchst, daß die ganze Welt zusieht. Bedenke, sie ist deine Rippe, die verborgene Kraft und Stütze deines Lebens.

Ein Mann, der die emotionale Sicherheit einer völlig offenen und ehrlichen Beziehung zu seiner Frau hat, wird nie zum Waschlappen. Er ist das zuversichtliche und kühne Haupt seiner Familie. In keinem Bereich der Verantwortung, den er innerhalb oder außerhalb des Heimes innehat, empfindet er ein Bedürfnis, seine Männlichkeit unter Beweis stellen zu müssen. Seine Männlichkeit wurde durch seine Beziehung zum Herrn bereits *gefestigt* und wird in der Beziehung zu seiner Frau *bestätigt*.

Wer fängt an?

Ordnet euch einander unter in der Furcht Christi, die Frauen den eigenen Männern als dem Herrn!

Denn der Mann ist das Haupt der Frau, wie auch der Christus das Haupt der Gemeinde ist, er als des Leibes Heiland.

Wie nun die Gemeinde sich dem Christus unterordnet, so auch die Frauen den Männern in allem.

Ihr Männer, liebt eure Frauen, wie auch der Christus die Gemeinde geliebt und sich selbst für sie hingegeben hat.

Epheser 5, 21-25

Wenn man Vers 22 liest und dann Vers 25, erscheint es so, als ob die Frau sich zuerst dem Mann unterordnen solle, dann wird der Mann sie lieben. In Vers 23 heißt es jedoch, der Ehemann sei in derselben Weise das Haupt der Frau, wie Jesus das Haupt der Gemeinde ist, und Vers 25 sagt, daß der Mann die Frau so lieben soll, wie Jesus die Gemeinde liebt und sein Leben für sie gegeben hat.

Haben wir uns zuerst dem Herrn untergeordnet, oder hat er uns zuerst geliebt und sein Leben für uns hingegeben? "Wir lieben, weil er uns zuerst geliebt hat." (1. Johannes 4, 19). Deshalb soll der Ehemann die Frau zuerst lieben - er ist der Initiator -, und die Frau reagiert damit, daß sie sich seiner Liebe unterordnet.

Der Ehemann ist der Initiator; die Ehefrau die Reagierende.

Ich liebe den Herrn, weil er mich zuerst geliebt hat. Er ist der Handelnde in unserer Beziehung dadurch, daß er mich geliebt, versorgt, errettet und befreit hat. Darüber hinaus hat er all diese Dinge getan, als ich ihrer nicht würdig war. Ich war verloren in meinen Vergehungen und Sünden, getrennt von Gott und erfüllt von Dunkelheit. Dennoch hat er nicht fünfzig Prozent getan und erwartet, daß ich die restlichen fünfzig Prozent erledige. Er hat *all* meiner Not begegnet gemäß seinem Reichtum in Herrlichkeit (Philipper 4, 19; 2. Petrus 1, 3; Epheser 1, 3-14).

Alles, was er von mir verlangt, ist, daß ich auf sein Werk der Liebe dadurch reagiere, daß ich seinen Verheißungen glaube und mich seinem Willen für mein Leben unterordne. Jesus ist der Initiator in Liebe, Leiterschaft und Segen. Wir reagieren mit Unterordnung und erwidern seine Liebe in Lobpreis, Anbetung und Gehorsam.

Es ist interessant, daß hier in Epheser 5, 25 das griechische Wort für "Liebe" *agape* ist, Gottes aktive, bedingungslose Liebe. In Titus 2, 4 jedoch, wo das Wort Gottes davon spricht, daß die jüngeren Frauen von den älteren lernen sollen, ihre Männer zu lieben, ist das griechische Wort für "Liebe" *philia.*

Philia fügt der Bedeutung des Begriffes Liebe "Enge Beziehung" oder "Freundschaft" hinzu. Es ist unmöglich, jemanden mit *philia* zu lieben, der mit dir keine Beziehung eingehen will. Hier muß ein freundschaftlicher Austausch von Worten und Zuneigungsbezeugungen stattfinden. In diesem Sinne steht *philia* für eine erwidernde Liebe. Frauen werden gelehrt, wie sie die aktive, bedingungslose Liebe (*agape*) ihrer Männer erwidern (*phileo*) können.

Gleicherweise sollte der Ehemann in mehr Bereichen als nur beim Sex der Initiator sein. Er soll seine Frau tatkräftig lieben, für sie sorgen, sie wertschätzen und beschützen. Während er so sein Leben für sie gibt, fühlt sie sich sicher und ist frei, sich ihm als ihrem Herrn und Freund unterzuordnen.

Ihr Männer, liebt eure Frauen, wie auch der Christus die Gemeinde geliebt und sich selbst für sie hingegeben hat,

um sie zu heiligen, sie reinigend durch das Wasserbad im Wort,

damit er die Gemeinde sich selbst als verherrlicht darstellte, die nicht Flecken und Runzel oder etwas dergleichen habe, sondern daß sie heilig und tadellos sei.

So sind auch die Männer schuldig, ihre Frauen zu lieben wie ihre eigenen Leiber. Wer seine Frau liebt, der liebt sich selbst.

Epheser 5, 25-28

Ein Ehemann soll so lieben, wie Jesus liebt. Das bedeutet, er soll seine Frau lieben, beschützen und für sie sorgen - ob sie das Haus nun sauberhält oder nicht! Jesus begegnet all unserer Not, weil er ein gebendes Herz hat, nicht, weil wir zu jeder Zeit vollkommen sind.

Weiter wird in Vers 26 eine der wichtigsten Rollen erwähnt, die ein Ehemann zu Hause spielt: geistliche Leiterschaft. Wie auch in anderen Bereichen will Gott hier, daß er der Initiator ist. Der Ehemann sollte beim Bibelstudium, im Gebet und zu Zeiten der Anbetung die treibende Kraft sein, wie er auch beim Sex der Initiator ist!

In den meisten Ehen, die ich beobachtet habe, scheint es, daß die Frau geistlich reifer und in den Dingen Gottes enthusiastischer ist als der Mann. Es gibt jedoch Fälle, in denen der Ehemann frustriert ist, weil seine Frau nicht so geistlich gesinnt ist wie er.

Jesus ist das Vorbild des Mannes, und die Gemeinde, welche Jesus durch sein Wort reinigt und heiligt, ist nicht vollkommen. Es hat stets Gläubige gegeben, die nicht willens waren, sich heiligen und reinigen zu lassen. Dennoch fährt Jesus fort, uns zu lieben, zu schützen und in dem Maß zu unterweisen, in dem wir es ihm gestatten.

Wenn ein Ehemann seiner Frau das Wort Gottes voller Liebe und Wohlwollen mitteilt, dann macht er ihr den Entschluß leichter, seine geistliche Leiterschaft anzunehmen. Auch wenn sie nicht so feurig ist wie er, kann seine Liebe und Fürsorge ihr Herz anrühren und sie zum Wachstum im Herrn anregen.

Das Wort wird mit einem Felsen verglichen, auf dem wir zuversichtlich stehen sollen, und nicht mit einem Stein, mit dem wir uns gegenseitig bewerfen! Und hier in Epheser 5, 26, wo Gottes Wort mit Wasser verglichen wird, soll deine Frau nicht in dem reißenden Wildbach deiner Predigt ertränkt werden, sondern sie soll erfrischt und ihr Verlangen nach der Wahrheit soll erneuert werden.

Ausgehen, auch nach der Hochzeit

Wir haben festgestellt, daß das Umwerben der Frau, die du heiraten wirst, dir hilft, ihre Seele, ihre Gefühle, ihre Zuneigung und ihr Denken für dich zu gewinnen. Wenn ihr dann verheiratet seid, wird sie dir ihren Körper frei zur Verfügung stellen. Das bedeutet jedoch nicht, daß du dann endlich das große Los gezogen hast und ihre Seele nun vergessen kannst!

Ich habe dies bereits erwähnt, doch ich glaube, eine Wiederholung schadet nichts: Das Umwerben hört nicht auf, nachdem man verheiratet ist. Eigentlich sollte es sich intensivieren, denn man baut seine Ehe nicht auf Sex, genausowenig wie man heiratet, nur um Sex zu haben.

Eure Freundschaft ist das Fundament eurer Ehe.

Gott hat die Ehe so angelegt, daß die Intensität des Geschlechtslebens mit dem Alter nachläßt, Liebe und Zuneigung jedoch ohne Ende zunehmen. Männer, wenn ihr nur aufgrund des Aussehens und wegen Sex heiratet, werdet ihr unglücklich sein. Heirate sie, weil sie diejenige ist, die Gott zu dir gebracht hat, diejenige, mit der du dein Leben teilen willst. Dann wirst du größte Segnungen in deinen späteren Jahren ernten. Wenn du sie nur aufgrund von körperlichen Impulsen geheiratet hast: Es ist nie zu spät, mit dem Umwerben zu beginnen.

Jedes Jahr sollten die Liebe und das Verständnis zwischen dir und deiner Frau tiefer werden. Dann wird euch der Sex in zunehmendem Maß Vergnügen bereiten. Doch falls dir der sexuelle Aspekt der wichtigste war und du ihr im Laufe deiner Ehe nicht weiterhin den Hof gemacht hast, dann steht dir ein großer Schock bevor, wenn du älter wirst!

Eines Tages wirst du feststellen, daß dein sexuelles Verlangen abnimmt. Was wirst du dann mit ihr gemeinsam haben? Plötzlich seid ihr zwei Fremde, die sich ein Haus teilen. Anstatt ihre Gegenwart zu genießen, wendest du dich dem Golfsport, einer Wanderhütte oder dem Gemeindechor zu. Um die Leere in ihrem Leben zu füllen, wird sie Kaffeekränzchen abhalten und intensive Einkaufsbummel machen! (Da habt ihr's, Männer, wenn ihr den Kaufrausch verhindern wollt, dann geht mit euren Frauen aus!)

Das wichtigste, an das es sich zu erinnern gilt, ist, daß das Ausgehen und Hofieren, mit dem ihr sie überhaupt gewonnen habt, sie auch auf Dauer halten werden. Sie kennenzulernen ist ein fortwährendes Abenteuer!

Die Bundesbeziehung

Die Ehebeziehung ist eine Bundesbeziehung. Unser Ehebund ist unserem Bund mit Gott nachempfunden. Er gab uns durch das Kreuz und die Auferstehung alles, was er hatte, und wir empfangen alles, was er für uns hat, wenn wir alles, was wir haben, ihm geben.

In gleicher Weise unterhält der Ehemann nicht sein Konto und die Frau ihres; ihr Geld ist ihnen gemeinsam. Alles, was sein ist, gehört ihr, und alles, was sie besitzt, gehört ihm. Das eine Kind ist nicht sein Lieblingskind und ein anderes ihres; alle Kinder sind die des Paares.

Wir haben gesehen, daß die Macht des übereinstimmenden Gebets in Matthäus 18, 19, die uns gegeben ist, zwischen einem Ehemann und seiner Frau noch verstärkt wird. Doch so oft betet der Mann auf seinem Weg zur Arbeit für die Finanzen, während sie beim Wäschewaschen für die Kinder betet. In beiden Bereichen haben sie weiterhin Schwierigkeiten und erreichen nie den völligen Sieg.

Christliche Paare müssen erkennen, daß jedes Problem, das den einzelnen angeht, auch die Ehe betrifft. Nicht nur all eure Stärken sind von gemeinsamem Interesse, sondern auch eure Schwächen! Wenn Ehemann und -frau sich im Gebet *zusammenschließen* und gemeinsam für jedes Anliegen der Familie beten, dann wird ihre Einigkeit und ihr gemeinsamer Glaube gewaltige Resultate erzielen. Das ist, miteinander im Bund zu leben.

Männer, ihr werdet diese Art von Beziehung zu eurer Frau nicht erleben, wenn ihr euch nicht die Zeit nehmt, ihr Freund zu werden, Gemeinschaft mit ihr zu haben und mit ihr zu sprechen. Wenn sie außer dem Herrn die wichtigste Person in deinem Leben ist, wenn sie dir kostbarer ist als Korallen, wie schlimm kann es dann sein, etwas Zeit im Gespräch mit ihr zu verbringen!

Es ist für mich erstaunlich, daß Männer Stunden damit zubringen, ihre Gewehre zu reinigen oder ihre Pferde zu trainieren, ihre Ehe jedoch mehr wie Zuschauer angehen anstatt wie Teilnehmer. Sie schauen zu, wie die Frau den Haushalt führt und die Kinder erzieht und nehmen dabei nie aktiv am Familienleben teil. Ihr ganzes Leben dreht sich um ihre Arbeit und ihre persönlichen Interessen und wenn sie nach Hause kommen, dann erwarten sie, daß Frau und Kinder sie in Ruhe lassen und jedem ihrer Befehle gehorchen.

Ehemänner, die als Diktatoren und Zuschauer in ihren Ehen leben, gehen an den größten Segnungen und Freuden ihres Lebens vorbei. Den wertvollsten Besitz, den sie neben Jesus haben, ist ihre Frau, nicht ihr Auto oder ihr Fernseher.

Zeit mit ihr zu verbringen und sie kennenzulernen, bedeutet erwachsen zu werden und Verantwortung zu übernehmen. Sie zu ignorieren bedeutet, einen großen Teil seiner Lebensberufung zu ignorieren, was wiederum heißt, daß diese Männer ihrer Fähigkeit, auf allen Gebieten ihres Lebens zunehmendes Wohlergehen zu erfahren, selbst im Wege stehen.

Weil wir gerade dabei sind: Wenn du Kinder hast, verbringe auch mit ihnen Zeit allein. Lerne sie kennen. Erlebe, wie deine Frau ohnmächtig zu Boden sinkt, wenn du heimkommst und verkündigst, daß du einmal in der Woche "Papas Abend mit den Kindern" einführen willst, damit sie einen Abend ganz für sich allein hat.

Deine Kinder werden dich kennenlernen und nicht nur durch ihre Mutter von dir hören! Wenn dann deine Frau und du für eure Kinder beten, fühlst du dich nicht wie ein Außenseiter. Du weißt, was in deiner Familie vor sich geht - und es wird sehr viel einfacher sein, den Kindern zu erklären, was Sex ist, wenn die Zeit kommt!

Seid eines Sinnes, haltet Frieden, und der Gott der Liebe und des Friedens wird mit euch sein.

2. Korinther 13, 11

Eine Bundesbeziehung besteht aus mehr als nur daraus, sich alle Dinge zu teilen. Bundesbeziehung ist ein anderer Ausdruck für Einssein im Fleisch. Gott hat den Mann dazu vorgesehen, den Ehebund einzuleiten, genauso, wie er seinen Bund mit uns eingeleitet hat. Danach soll der Mann seine Frau weiterhin aktiv umwerben und lieben. Wenn er ihr alles, sich selbst und seinen Besitz, gibt, dann wird auch sie sich selbst und alles, was sie hat, ihm vorbehaltlos überlassen.

Wenn du den Ehebund dadurch wahrst, daß du deine Frau so liebst, wie Jesus die Gemeinde liebt, dann werdet ihr in Geist, Seele und Leib eins werden. Ehemänner, die Bibel verheißt, daß ihr in Frieden leben werdet, egal, welche Herausforderungen und Schwierigkeiten euch entgegentreten werden. Gott wird mit euch sein!

Kapitel 5

Ihr Frauen, ordnet euch unter

IRONISCHERWEISE KANN DIE LEIDENSCHAFT, die entsteht, wenn ein Mann und eine Frau erkennen, daß sie die Richtigen füreinander sind, nur dann stark bleiben und weiter wachsen, wenn sie ein gesundes Verständnis von Autorität und Unterordnung haben. Dieses Prinzip ist ein Schlüssel zum Verständnis dafür, wie sie miteinander umgehen sollen.

Die Bibel macht deutlich, daß der Mann das Haupt der Familie ist und die Frau sich ihm unterordnen soll. Doch wie geschieht dies? Aufgrund der Zirkulation feministischen Gedankengutes in der Gemeindewelt und des großen Mißbrauchs von "männlicher Dominanz", zucken die meisten weiblichen Gläubigen bei dem Wort "Unterordnung" zusammen.

Die landläufige Vorstellung von Unterordnung dem Ehemann gegenüber ist, einen Status der Minderwertigkeit akzeptieren zu müssen. Wenn eine Frau sich unterordne, dann erkläre sie damit, daß sie schlechter sei als ihr Ehemann, weniger intelligent und nicht so vielseitig. Als Resultat würde ihr gesamtes Leben und ihre Einzigartigkeit vom Leben des Ehemannes verschlungen werden.

Die entsprechende Vorstellung von der Autorität eines Ehemannes als dem Haupt der Familie ist die absolute Diktatur ohne intelligente Begründung oder eine Spur von Mitgefühl. Das Erscheinungsbild ist das des Macho-Mannes, nach dessen Pfeife jeder zu tanzen hat.

Doch die landläufige Vorstellung gründet sich nicht auf Gottes Wort!

Wir haben bereits gesehen, daß das Wort Gottes den Ehemännern befiehlt, ihre Frauen aktiv und aufopfernd zu lieben: Obwohl er das letzte Wort hat, dient er denen, die er führt. Jesus gab das

Vorbild, als er den Jüngern die Füße wusch und erklärte: Der oberste Befehlshaber ist der größte Diener.

Wir werden nun betrachten, wie die Frau in Unterordnung wandeln kann. Wenn sie versteht, was der Heilige Geist wirklich verlangt wenn er sagt: "Ihr Frauen, ordnet euch unter", und dann gehorcht, wird sie eine neue Ebene persönlicher Freiheit erreichen.

Gleichheit

Jesus ist Herr - ob uns das paßt oder nicht! Die Bibel sagt uns, jeder wird eines Tages bekennen, daß Jesus der Herr ist (Philipper 2, 11), selbst jene, die ihn abgelehnt haben und dazu verurteilt sind, die Ewigkeit getrennt von Gott zu verbringen. Doch einer der Gründe, warum Gläubige sich ihm aus freien Stücken und voller Dankbarkeit unterordnen, ist der, daß er uns mit sich an himmlische Orte versetzt hat (Epheser 2, 6). Er betrachtet uns als seinesgleichen, als Miterben (Römer 8, 17).

Obwohl der Mann das Haupt der Familie ist, ist er nicht mehr wert als seine Frau. Obwohl sich die Frau seinem letzten Wort unterordnet, ist sie nicht minderwertig. Sie sind gleichwertig.

Gott hat verordnet, daß das Prinzip der Autorität und Unterordnung nur dann richtig funktioniert, wenn beide, der Autoritäthabende und der Untergeordnete, das Prinzip der Gleichheit beachten. Sie sind in Gottes Augen gleich. Unterordnung ohne Gleichheit ist Sklaverei.

Denn der Mann ist nicht von der Frau, sondern die Frau vom Mann;

denn der Mann wurde auch nicht um der Frau willen geschaffen, sondern die Frau um des Mannes willen.

1. Korinther 11, 8-9

Der Mann hat Autorität über die Frau, weil die Frau aus dem Mann entnommen wurde. Doch der Teil der Frau, der aus der Rippe konstruiert wurde, war ihr *Körper*, nicht ihr *Geist*. Ihr Geist wurde von Gott in den Körper Adams gehaucht. Sie war ein von Adams Geist separates Wesen und bereits fertiggestellt, als sie in ihm war.

Es war für Eva nicht notwendig, durch Adam mit Gott zu kommunizieren.

Ehemänner haben in allen *natürlichen* Belangen Autorität über ihre Frauen und sind hierin das Haupt der Familie. In ihrem *geistlichen* Leben dagegen sind Ehefrauen dem Herrn Jesus Christus direkt verantwortlich. Der Mann kann der Frau nie ihre geistlichen Aktivitäten diktieren. Wenn er beispielsweise ihren Glauben an Jesus nicht teilt, dann kann er ihr nicht vorschreiben, nicht zur Gemeinde zu gehen, zu beten oder ihre Bibel zu lesen und zu studieren.

Eine Frau kann in dieser Situation in dem Wissen ruhen, daß sie nicht rebellisch oder außerhalb des Willens Gottes ist, wenn sie weiterhin zur Gemeinde geht, das Wort studiert und betet. Wenn ihr Ehefrauen jedoch ein starkes christliches Zeugnis für eure Männer sein wollt, ob diese nun Jesus angenommen haben oder nicht, dann sollte dies eure Einstellung sein: Euer Leben für Gott sollte das *Fundament* all dessen sein, was ihr für sie tut, es sollte eurerseits keine *Konflikte* hervorrufen. Wenn dann wegen eurer Hingabe zum Herrn irgendein Konflikt entsteht, dann liegt die Schuld dafür beim Gatten.

Mache dir, selbst wenn dein Mann errettet ist, nicht zur Gewohnheit, deine Verpflichtungen ihm und deiner Familie gegenüber zu vernachlässigen, um statt dessen deine Bibel zu lesen, Kassetten zu hören oder besondere Veranstaltungen zu besuchen. Dies kann in deiner Familie zu Ressentiments gegen Gott führen. Deine Zeit in Gebet und Studium sollte Ausgewogenheit in deine Aktivitäten bringen und dein Verlangen, anderen zu dienen, vergrößern. Beziehe Kraft und Weisheit vom Heiligen Geist und aus der Heiligen Schrift, um so die beste Ehefrau und Mutter zu sein, die du sein kannst. Wenn du dies tust, wird deine Familie deinen Glauben schätzen und respektieren.

Dennoch ist im Herrn weder die Frau ohne den Mann, noch der Mann ohne die Frau.

Denn wie die Frau vom Mann ist, so ist auch der Mann durch die Frau; alles aber von Gott.

1. Korinther 11, 11-12

Wenn Mann und Frau verstehen, was es bedeutet, in Christus zu sein, dann steht ihre Gleichheit in Ihm außer Frage. Sie verspüren keine Unsicherheiten bezüglich ihrer Wichtigkeit oder Individualität; diese beziehen sie ausschließlich von Gott. Sie "müssen es niemandem zeigen" oder irgendwem irgend etwas beweisen. Als Ergebnis fallen Autorität und Unterordnung in den natürlichen Dingen der Ehe leicht. Die Lehre Jesu veranlaßte Männer (und Frauen), Frauen als vor Gott gleichwertig mit Männern zu betrachten und zu behandeln, was eine der größten Kontroversen seines Dienstes war. Es gibt viele Passagen im Alten und Neuen Testament, die klarstellen, daß Gott Frauen und Männer geistlich gleich geschaffen hat, Galater 3, 28 ist jedoch die deutlichste:

Da ist nicht Mann und Frau; denn ihr seid alle einer in Christus Jesus.

Als ich das Thema Ehe in der Bibel studierte, schien es mir, daß es mehr Verse über die Frau als über den Mann gibt. Ich glaube, daß dafür ein sehr guter Grund existiert. In jeder Gesellschaft, in der christliche Prinzipien nicht das Fundament der Nation sind, werden Frauen nicht mit dem Respekt behandelt, den sie verdienen. Ihre Rolle in Familie, Kirche und Gesellschaft allgemein wird stark mißverstanden.

Die biblische Betrachtungsweise der Frau ist einer der dramatischsten Aspekte der Auswirkungen des Christentums auf die Gesellschaft. Von der Genesis bis zur Offenbarung erklärt die Bibel, daß die Frau geistlich und im Blick auf die Ewigkeit dem Mann ebenbürtig ist.

Unterordnung ist eine innere Einstellung

Alle paar Jahre entsteht eine falsche Lehre aus Epheser 5, 22: "Ihr Frauen, ordnet euch den eigenen Männern unter." Diese Lehre besagt, daß Frauen ihren Männern selbst bis zur Übertretung von Gottes Wort gehorchen sollen. Wenn der Mann will, daß seine Frau mit einem anderen Mann Ehebruch begeht, dann soll sie dies tun. Wenn er will, daß sie in eine Bar geht und sich mit ihm betrinkt, dann soll sie dies tun. Ihre Unterordnung gewinnt ihn angeblich für den Herrn.

Gott würde niemals verlangen, daß seine Kinder sündigen, um ihre innere Einstellung der Unterordnung ihm oder irgendeinem Mann gegenüber zu beweisen.

Alle falschen Definitionen von Unterordnung können durch das biblische Wissen und Verstehen ausgeräumt werden, daß es einen

Unterschied zwischen *Unterordnung* und *Gehorsam* gibt. *Unterordnung ist eine Einstellung; Gehorsam eine Tat.* Du solltest dich denen, die Autorität über dich haben, stets *unterordnen*, möglicherweise *gehorchst* du ihnen jedoch nicht immer. Wenn eine Autoritätsperson von dir verlangt, etwas zu tun, das im Widerspruch zu Gottes Wort steht, dann solltest du dich *in aller Unterordnung* weigern.

In Apostelgeschichte, Kapitel 5, finden wir ein biblisches Beispiel, in dem die Jünger vor den Sanhedrin gebracht wurden, weil sie das Evangelium predigten und die Kranken heilten. Sie rebellierten nicht gegen die jüdischen Ältesten oder bekämpften sie, als sie festgenommen wurden, noch beleidigten sie sie oder sprachen ungebührlich mit ihnen. Sie behielten eine Einstellung der Unterordnung bei.

Als der Sanhedrin ihnen jedoch befahl, das Evangelium nicht mehr zu predigen, noch den Namen Jesu zu gebrauchen, sagten Petrus und die anderen Jünger:

Man muß Gott mehr gehorchen als Menschen.

Apostelgeschichte 5, 29

Wann immer der Gehorsam gegenüber Autoritätspersonen verlangen würde, das Wort Gottes zu übertreten, sollte sich ein Gläubiger respektvoll weigern. *Obwohl du nie das Recht hast zu rebellieren, erklärt Gott, daß du demütig den Gehorsam verweigern darfst, um nicht gegen ihn zu sündigen.*

Im wesentlichen ist Unterordnung Demut. Demut bedeutet nicht, sich schlecht zu machen, sondern schlicht, anderen Vorrang zu gewähren. Wenn Eva sich zuerst in Demut an Adam und den Herrn gewandt hätte, dann wäre sie im Garten Eden nicht betrogen worden. Weil sie unabhängig von ihnen handelte, glaubte sie der Lüge, daß sie sein könne "wie Gott" (1. Mose 3, 5).

Die Wahrheit ist, daß Gott und Adam sie bereits zu einer Königin gemacht hatten. Es war deren Autorität, die sie in eine erhabene Position gebracht hatte. Adam versäumte jedoch, sie zu lehren, was Gott in 1. Mose 2, 16-17 zu ihm gesagt hatte. Mit diesem ungenügenden Verständnis von Gottes Wort glaubte sie der Lüge der Schlange und machte sich selbst durch das Essen der verbotenen Frucht zur Sklavin Satans

Wahre Freiheit

Eva war betrogen worden, als sie von dem Baum der Erkenntnis des Guten und Bösen aß. Sie glaubte tatsächlich, daß sie zur Göttin der Erde werden würde. Adam andererseits wußte genau, was er tat. Er rebellierte offen gegen Gott, als er von dem verbotenen Baum aß. Da Adam das Oberhaupt der Familie war und ihm die Herrschaft über die Erde gegeben worden war, hat Gott ihn für alle Sünde zur Rechenschaft gezogen.

Darum, wie durch einen Menschen die Sünde in die Welt gekommen ist und durch die Sünde der Tod und so der Tod zu allen Menschen durchgedrungen ist, weil sie alle gesündigt haben ...

Römer 5, 12

Die Natur der Sünde wurde von Adam an alle Männer und Frauen weitergegeben. Darum sandte Gott Jesus, um für diese Sünde zu bezahlen und so dem Menschen einen Weg zurück zum Leben in der Gegenwart Gottes zu eröffnen.

Denn wie durch des einen Menschen Ungehorsam die vielen in die Stellung von Sündern gesetzt worden sind, so werden auch durch den Gehorsam des einen die vielen in die Stellung von Gerechten gesetzt werden.

Römer 5, 19

Die Sünde Adams und all ihre Konsequenzen, die an uns weitergegeben wurden, können ausgelöscht werden, wenn wir Jesus Christus als unseren Herrn und Erlöser annehmen. Er bezahlte für die Schuld unserer Sünde am Kreuz und wurde von den Toten auferweckt, um uns einen neuen Geist zu geben, der erfüllt ist von Gottes Heiligem Geist. Anstatt unserer fleischlichen Natur zu entsprechen, können wir nun gemäß Gottes Wesen und in Gemeinschaft mit ihm leben.

Doch wie hat sich die Rolle Evas im Sündenfall auf die nachfolgenden Generationen von Frauen ausgewirkt? Die Sünde der Rebellion, die Eva an alle Frauen weitergegeben hat, wird von Gott in 1. Mose 3, 16 angesprochen. In diesem Vers teilt Gott Eva genau mit, was auf sie und alle Frauen nach ihr zukommen wird, weil sie unabhängig von seiner Autorität und der ihres Mannes gehandelt hatte:

> **Zu der Frau sprach er: ... Nach deinem Mann wird dein Verlangen sein, er aber wird über dich herrschen!**

Das hebräische Wort für "Verlangen" steht für mehr als Lust oder Leidenschaft. Es bedeutet "überdecken" oder "überrennen". Damit soll angedeutet werden, daß Frauen danach trachten werden, ihre Männer zu manipulieren und zu beherrschen. Sie werden dazu neigen zu glauben, daß sie besser darin seien, Entscheidungen zu treffen oder die Familie zu leiten, deshalb werden sie mit ihren Männern über alles streiten.

Im letzten Teil dieses Verses erinnert Gott Eva daran, daß er seine Meinung über die Ordnung in der Familie nicht geändert hat: Ihr Mann ist immer noch das Haupt. Dies bedeutet, daß Frauen, obwohl sie danach trachten werden, ihre Männer zu dominieren - und einige möglicherweise sogar Erfolg darin haben werden -, nie fähig sein werden, die gottgegebene Autorität ihrer Männer abzuschaffen.

Adam und Eva, die durch den Fall geistlich von Gott getrennt waren, verloren ihr Gefühl der Einzigartigkeit und Gleichheit vor ihrem Schöpfer. Als Folge davon wurde Unterordnung etwas, was die Frau ablehnte. Sie trauerte um den Verlust ihrer königlichen Stellung und um die aktive, bedingungslose Liebe, mit der Adam sie bewundert hatte.

Adams Autorität mutierte zum diktatorischen Herrschaftsstil eines unsicheren Mannes. Dieser Mann, der noch am Tage zuvor in der Kühle des Tages mit Gott gewandelt war und mit ihm gesprochen hatte, schob nun seiner Frau die Schuld für alles zu. Anstatt seine Sicherheit und Wichtigkeit in Gott zu finden, versuchte er sich dadurch Selbstbestätigung zu verschaffen, daß er die Autorität mißbrauchte, die Gott ihm über seine Frau gegeben hatte. Adam war der erste Waschlappen der Welt!

Eva hat zwei Trugschlüsse an alle Frauen weitervererbt: Erstens, daß Frauen über ihre Männer herrschen können und zweitens, daß Frauen sich darum bemühen müssen, ihre Gleichheit mit Männern unter Beweis zu stellen. Dieses Erbe ist die Wurzel der Frauenbewegungen aller Zeiten. Die Antwort liegt jedoch nicht in einer Bewegung, sondern in der Person Jesu Christi.

Wenn wir uns Jesus als unserem persönlichen Herrn und Erlöser unterordnen, dann gibt er uns einen neuen Geist, der mit Gott direkt kommunizieren kann. Anstatt danach zu trachten, andere zu beherrschen oder zu übertreffen, um unsere Wichtigkeit und unseren Wert zu beweisen, erhalten wir unsere Wertschätzung und die bedingungslose Liebe, nach der wir verlangen, von ihm.

Wir sind frei in Jesus Christus - frei, andere zu lieben und ihnen aus dem unerschöpflichen Vorrat an Gottes Liebe in unserem Herzen zu dienen.

Da die wahre Befreiung der Frauen nur durch die Unterordnung ihres Lebens unter Jesus Christus bewirkt wird, könnte man sagen, daß die wahre Emanzipationsbewegung mit dem Dienst Jesu begann. Einige seiner größten Unterstützer waren Frauen: Maria und Martha, Maria Magdalena, die Frau am Brunnen und Maria, seine eigene Mutter.

Man kann einen Schritt weiter gehen und sagen, daß wahre Freiheit für eine Ehefrau durch Unterordnung unter ihren Mann entsteht.

Unglücklicherweise ist das Bild, das die moderne Frauenbewegung von der demütigen Ehefrau gezeichnet hat, das Bild eines Wesens, das ohne eigene Gedanken ist, über keinerlei Persönlichkeit oder Individualität verfügt und völlig von ihrem Ehemann dominiert und unterdrückt wird. Sie hat kein Gefühl dafür, wer sie ist; sie ist lediglich die Ehefrau ihres Gatten. Im Extremfall kann sie im Schlafzimmer vergewaltigt und in der Küche geschlagen werden, da sie sich von der "traditionellen" Sicht der Ehefrau gefangen halten läßt.

Es ist wahr, daß im Laufe der Geschichte viele Männer ihre Frau mißbraucht haben. Es ist jedoch auch wahr, daß Mißhandlung sich dann einstellt, wenn Gottes Wahrheit über Ehe nicht bekannt ist und nicht angewendet wird! Das biblische Bild einer sich unterordnenden Frau unterscheidet sich sehr von dem der traditionellen Ehefrau der Emanzipationsbewegung.

Ordnet euch einander unter in der Furcht Christi,

die Frauen den eigenen Männern als dem Herrn!

Denn der Mann ist das Haupt der Frau, wie auch der Christus das Haupt der Gemeinde ist, er als des Leibes Heiland.

Wie nun die Gemeinde sich dem Christus unterordnet, so auch die Frauen den Männern in allem.

Epheser 5, 21-24

Das Reich Gottes ist das genaue Gegenteil von Satans Reich. Dort ist die Selbsterhöhung das, was dir Erfüllung bringen soll, und dein eigener Gott zu sein, soll dir Glück verschaffen. Doch in Gottes Reich ist Gott dein Allversorger. Wenn du dich demütigst, wird er dich zur rechten Zeit erhöhen (1. Petrus 5, 6).

In Satans Welt konzentriert man sich auf sich selbst und ignoriert die Tatsache der obersten Autorität Gottes. Man steigt auf oder fällt gemäß der eigenen Fähigkeiten und Talente und vertraut auf den eigenen Verstand. In Gottes Reich blickst du auf Jesus, seine Liebe richtet dich auf und erfüllt dich, du ordnest dich ihm freudig unter und vertraust seinem Willen. Erfolg wird gemessen an deinem Gehorsam ihm gegenüber, andere zu segnen.

Wer sein Leben findet, wird es verlieren, und wer sein Leben verliert um meinetwillen, wird es finden.

Matthäus 10, 39

Die wahre Freiheit, nach der Frauen (und Männer) verlangen, wird nur dadurch erlangt, daß man sich an Jesus Christus verliert und als Folge davon entdeckt, wer man wirklich ist.

Die Freiheit einer Frau wird durch die Unterordnung unter ihren Mann sowie unter den Herrn Jesus Christus vergrößert. Sie gewinnt zweifachen Schutz und Segen. Gott würde sie nicht um ein größeres Maß an Unterordnung bitten, ohne ihr eine größere Belohnung dafür zu geben. Dies ist ein übernatürliches Gesetz! Deshalb wird der Frau, die sich unterordnet, die Freiheit, bedingungslos lieben zu können, in vergrößertem Maß zuteil werden.

Unterordnung birgt Macht

Gott hat in der Ehe dem Mann *Autorität* und der Frau *Macht* gegeben. Diese Macht entspringt ihrer Einstellung der Unterordnung unter ihren Mann. Wenn eine Frau ihren Mann mit einer Haltung der Demut, der Ehre und des Respekts behandelt, wenn ihr einziges Verlangen in ihrer Beziehung ist, ihm in jeder ihr möglichen Weise zu gefallen, dann kann er zu Wachs in ihren Händen werden!

Ehefrauen sollte der Unterschied zwischen *Einfluß* und *Manipulation* bewußt sein, um den Mißbrauch dieser Macht zu vermeiden. Der Unterschied liegt in der Motivation ihres Herzens. Wenn eine Frau nach außen hin gehorcht oder Ratschläge erteilt, um ihn zu manipulieren, dann mißbraucht sie ihre gottgegebene weibliche Macht über ihren Mann. Wenn sie sich innerlich unterordnet und ihn beeinflußt, dann übergibt sie ihren Mann Gott. Nun kann der Heilige Geist im Leben ihres Mannes frei wirken.

Frauen, wenn ihr euch euren Männern unterordnet, dann tritt die Kraft Gottes in Aktion, um eure Gebete zu beantworten!

Ebenso ihr Frauen, ordnet euch den eigenen Männern unter, damit sie, wenn auch einige dem Wort nicht gehorchen, ohne Wort durch den Wandel der Frauen gewonnen werden,

indem sie euren in Furcht reinen Wandel angeschaut haben.

1. Petrus 3, 1-2

"Ebenso" bedeutet, daß der Heilige Geist das Thema des vorhergehenden Kapitels nicht gewechselt hat. Dort ermahnte Petrus die Gläubigen, sich den Autoritäten in ihrem Leben unterzuordnen, ob diese sich nun fair oder unfair verhalten. In derselben Weise, wie du an deinem Arbeitsplatz Salz und Licht bist, bist du auch zu Hause ein Zeugnis. Genauso, wie du dich der Autorität deines Arbeitgebers unterordnen sollst, der vielleicht unvernünftig und ungerecht ist, sollst du dich der Autorität deines Mannes unterordnen.

So wie Jesus sich dem Vater anvertraut hat, wenn er mit unvernünftigen Menschen zu tun hatte, sollten Ehefrauen sich Gott hingeben, ihm vertrauen und ein gottgefälliges Leben vor ihren Ehemännern führen. Wenn sie dies tun, wirkt der Heilige Geist mit unbeschreiblicher, übernatürlicher Kraft durch ihr Leben. In der Unterordnung liegt gewaltige Kraft!

Bevor ich weitergehe, möchte ich etwas zu der Gefahr anmerken, die entsteht, wenn man mit diesem Vers ins Extrem verfällt. In vielen Fällen der körperlichen Mißhandlung benutzt eine christliche Ehefrau diese und andere Verse dazu, die körperlichen Schläge ihres Mannes zu rechtfertigen. Sie erträgt die Prügel, die ihr Mann ihr verabreicht, und denkt, daß sie ihm dadurch ein Zeugnis für die Kraft von Gottes Liebe gibt.

Sie glaubt, daß er durch ihre Unterordnung unter seine Mißhandlung dazu kommen wird, dem Wort Gottes gehorsam zu werden. Das ist nicht die Aussage dieser Verse! Es ist nie Gottes Wille für dich, von deinem Ehemann körperlich mißhandelt zu werden. Wir werden auf dieses Thema in Kapitel 8 noch genauer eingehen.

Für eine Frau ist es zum größten Teil leicht, sich dem Herrn unterzuordnen, denn er ist vollkommen, langmütig und absolut vertrauenswürdig. Es ist schwieriger, sich einem unvollkommenen menschlichen Wesen unterzuordnen, ganz gleich ob es sich dabei um deinen Chef oder deinen Mann handelt! Gottes Wort befiehlt dies jedoch und verheißt dir ausreichend Gnade dafür.

Wenn du im Glauben irgendeine Situation angehst und weißt, daß du im Willen Gottes bist, kannst du in dem Frieden und in der Zuversicht leben, daß er dich belohnen und segnen wird. Wenn eine Frau sich ihrem Mann im Glauben unterordnet, dann ehrt sie Gott. Und die Bibel verheißt, daß Gott die, welche ihn dadurch ehren, daß sie ihm im Glauben gehorchen, wieder ehren wird. (1. Samuel 2, 30).

1. Petrus 3, 1 befiehlt einer Frau, sich ihrem Ehemann unterzuordnen, selbst wenn dieser dem Wort nicht gehorcht. Obwohl sich dies auf einen ungläubigen Ehemann bezieht, kann die in diesen Versen präsentierte Weisheit auch auf einen christlichen Mann angewandt werden, wenn dieser vom Herrn abgefallen oder fleischlich ist. Die Möglichkeit, daß eine Frau ihren Mann dazu beeinflussen kann, dem Wort zu gehorchen, liegt in ihrem Wandel, ihrem Lebensstil.

Wir müssen bedenken, daß unsere Taten sprechen. Wir kommunizieren nicht nur mit unseren Worten, sondern die Weise, wie wir unser Leben führen, spricht ebenfalls zu anderen. Wir legen durch Wort und Tat Zeugnis für den Herrn ab (Kolosser 3, 17).

Der Heilige Geist wurde uns gegeben, damit wir Zeugen *seien*, nicht, um Zeugnis zu *geben* (Apostelgeschichte 1, 8). Dieses selbe Prinzip trifft auch auf die Ehe zu: Dein Ehemann wird viel leichter durch deine Haltung der Unterordnung und entsprechende Taten gewonnen werden als durch Nörgeln und Predigen.

Oft macht die Frau in ihrem geistlichen Leben Fortschritte und verliert darüber den Respekt für ihren gläubigen Ehemann, weil er nicht so intensiv für den Herrn zu leben scheint wie sie. Dieser Vers richtet sich jedoch gegen diese Haltung der Respektlosigkeit.

Eine Frau soll ihren Gatten respektieren und sich ihm unterordnen, weil er ihr Ehemann, ihr Gnadengeschenk von Gott ist, nicht weil er geistlich dort ist, wo sie ihn haben will.

Eine Haltung der Unterordnung ist etwas Gewaltiges, denn du zeigst deinem Mann dadurch in der besten Weise die bedingungslose Liebe des Vaters. Unabhängig von seiner Einstellung zu dir, ungeachtet seiner Fehler, behandelst du ihn mit Ehre und Respekt.

Beachte, daß Vers 2 von 1. Petrus, Kapitel 3, sagt, daß dein Mann dich und deinen Lebenswandel beobachtet. Er benimmt sich vielleicht so, daß es scheint, als ignoriere er dich, und sagt vielleicht, ihm fiele nichts besonders auf, doch der Heilige Geist sagt, daß er dich beobachtet! Es ist sein Stolz, der ihn dazu veranlaßt, das zu verleugnen.

Dein Respekt für ihn als das Haupt der Familie berührt ihn. Er beobachtet, wie der Herr dir hilft und dich in schwierigen Situationen trägt. Er sieht die Freude und den inneren Frieden, den dein Glaube dir bringt, und die unleugbare Ehrwürdigkeit und Kraft, die Gott dir gibt, während du dich ihm unterordnest.

Wenn eine Frau eine rebellische, aufmüpfige Haltung ihrem Ehemann gegenüber hat, dann nimmt sie die Dinge in ihre eigenen Hände und schließt das Wirken des Heiligen Geistes in ihrer Ehe aus. Wenn sie sich andererseits ihrem Mann unterordnet, dann werden sich sein Herz und sein Sinn für den Heiligen Geist öffnen. Dann kann Gott sich mit ihm über sein Leben auseinandersetzen. Ob er errettet werden muß, der Erfüllung mit dem Heiligen Geist bedarf, abgefallen ist oder einen Bereich der Fleischlichkeit zu überwinden hat - eine demütige Frau setzt Gottes Kraft im Leben ihres Mannes frei.

Göttliche Ordnung im Heim

Die Kraft Gottes kann in der Abwesenheit göttlicher Ordnung nicht fließen. Alles, was Gott tut, ist gut und reflektiert seine vollkommene, geordnete Denkweise. Seine Wege und Gedanken sind nicht planlos und wirr, sondern strukturiert und voller Bedeutung. Deshalb, um Verwirrung und jedes böse Werk zu vermeiden, organisierte er eine Kommandostruktur, als er mehr als einen Menschen auf die Erde setzte.

Die Bibel sagt, daß er Regierungen über Nationen setzte (1. Petrus 2, 13-14), und daß er Ebenen der Autorität auch in die Familie gelegt hat. Er hat diese Autoritäten verordnet, um uns in etwa derselben Weise vor Chaos und Schaden zu bewahren, wie Polizisten auf unseren Straßen für Ordnung sorgen.

Wenn es angewandt wird, dann erlaubt uns das Prinzip der Autorität und Unterordnung, unser Leben in Freiheit und Sicherheit zu führen.

Geistlich gesehen sind wir alle gleich. In natürlichen Dingen andererseits hat Gott in Regierungen (Römer 13, 1-6), in die universelle Gemeinde (Epheser 4, 11-12), die Ortsgemeinde (Hebräer 13, 1;17) und die Familie (1. Korinther 11, 3) Leiterschaftsstrukturen gesetzt. Er tat dies in seiner Weisheit, um Ordnung aufrecht zu erhalten und für Schutz und Sicherheit zu sorgen.

Die erste Hälfte des Epheserbriefes beispielsweise behandelt eingehend unsere Position in Christus und stellt fest, daß wir alle vor Gott gleich sind. Die zweite Hälfte des Briefes beleuchtet Autorität und Unterordnung in jedem Verhältnis, von der Regierungs- und Bürgerebene bis hinab zu Ehemann und Ehefrau. Diese Prinzipien dienen nicht dazu, eine Person unter eine andere zu unterjochen, sondern sollen auf allen Ebenen der Gesellschaft für Ordnung und Schutz sorgen.

Gott hat auch in die Familie eine Kommandostruktur gelegt. Der Mann wurde anfangs von Gott geschaffen, dann wurde die Frau aus dem Mann entnommen, und Kinder, männliche eingeschlossen, werden von der Frau geboren (Siehe 1. Korinther 11, 11-12). Ein Junge lernt Autorität zuerst dadurch kennen, daß er sich seiner Mutter unterordnet. Wie ein Junge seine Mutter zu behandeln lernt, entscheidet, wie er seine Frau behandeln wird.

Es ist sehr wichtig für eine Mutter, ihren Sohn zu einem Gentleman zu erziehen, bevor er alt genug wird und seine Kraft mißbräuchlich einsetzen kann. Sie muß ihn lehren, seine Energie und Stärke in die richtige Richtung zu lenken, und ihn dazu erziehen, sie zu respektieren. Dann wird er alle Frauen respektieren.

Sie lehrt ihn, daß eine reife Frau in einem Mann nicht Muskeln, ein teures Auto oder eine gehobene Position in der Gesellschaft sucht. Diese Dinge sind schön und segensreich, doch sie stehen nicht ganz oben auf ihrer Liste! Sie sucht nach einem Gentleman.

Sie will jemanden, der ihr die Tür aufhält, den Stuhl für sie zurechtrückt und sie wie ein wertvolles Gut behandelt. Da Gott sich mit ihr mehr Zeit gelassen hat als mit dem Mann und sie auf völlig andere Weise geschaffen hat als jedes andere Wesen, will sie einen Mann, der weiß, daß sie einzigartig, daß sie etwas Besonderes ist.

Ein Junge muß auch vom Beispiel seines Vaters lernen. Der Junge mag mit ihm Sport treiben und sehen, wie er einen Fußball über das Haus schießt. Er weiß, daß sein Vater einfach jeden hochheben und über die Straße werfen könnte, wenn er wollte. Doch wenn sein Vater nach Hause kommt, dann legt er, anstatt seine Kraft gegen seine Mutter einzusetzen, seine Arme um sie, zeigt ihr seine Liebe und beschützt sie.

Dasselbe Prinzip gilt auch für intellektuelle Kraft. Sein Vater mag hochintelligent sein und einen scharfen Verstand besitzen, doch er sieht, wie sein Vater seinen Verstand dazu einsetzt, seiner Frau nützlich zu sein, sie zu ermutigen, ihr beim Lösen von Problemen zu helfen und sie zum Lachen zu bringen, anstatt sie vorschnell zu kritisieren und niederzumachen.

Der Junge erkennt, daß Kraft - körperlich wie intellektuell - nicht nur dazu da ist, den Lebensunterhalt zu verdienen, sondern daß sie auch zum Schutz der Familie dient. Er beobachtet auch, wie das ganze Wesen seines Vaters aufgrund eines oder zweier Worte seiner Mutter dahinschmilzt! Er beginnt die Macht zu erkennen, die Gott der Frau über den Mann gegeben hat und respektiert seine Mutter dafür, daß sie ihre Weisheit zum Nutzen seines Vaters einsetzt. Und das wichtigste: er sieht die große Liebe, die seine Eltern füreinander haben.

Genauso wie der Sohn von seinem Vater und seiner Mutter lernt, wie er seine Frau lieben soll, lernt eine Tochter, wie sie sich ihrem Ehemann unterordnen soll. Wenn sie sieht, wie ihre Mutter mit Respekt und Ehrerbietung auf die Liebe ihres Vaters reagiert, wird sie Freude darin finden, eines Tages selbst Ehefrau zu sein. Sie erkennt die Macht, die sie über ihren Ehemann haben wird und wird diese Macht nicht mißbrauchen.

Da sie die bedingungslose, tatkräftige Liebe ihres Vaters zu ihrer Mutter gesehen hat, wird sie sich nicht an Jungen hängen oder sexuell freizügig sein. Eines der Hauptsymptome dafür, daß Mann-

Frau-Beziehungen aus den Fugen geraten sind, ist, daß Frauen Männer jagen. Dies geschieht grundsätzlich nicht, wenn ein Mädchen heranwächst und dabei beobachtet, wie ihr Vater der Urheber von Liebe, Schutz und Versorgung ist. Sie wird nicht davon getrieben, einen Mann zu finden und ihn in die Falle zu locken, sondern wird es zufrieden sein zu warten, bis Gott den Richtigen bringt. In ihrem Herzen weiß sie, daß ein Mann, den man erobern muß, nicht wert ist, daß man ihn hat!

Das Zuhause dient als Klassenzimmer und Labor, in dem Kinder aufwachsen und erfolgreiche oder erfolglose Ehemänner und -frauen werden. Wenn ein Junge sieht, wie sein Vater seine Mutter verbal oder körperlich mißhandelt, und Worte hört wie: "Vertraue nie einer Frau", dann werden in ihm Unsicherheit und Verwirrung gestiftet. Ein Junge, der einer solchen Erziehung ausgesetzt wird, kann darin enden, daß er in der Schule und später, im Berufsleben, im Büro Unzucht treibt, es sei denn, Jesus Christus verändert ihn. Er wird seine Frau betrügen, falls er je heiraten wird, und sie wahrscheinlich auch mißhandeln.

Ein heranwachsendes Mädchen, das sieht und hört, wie ihre Mutter ihren Vater dominiert, ihn niedermacht, an ihm herumnörgelt und ihn manipuliert, wird ihren Ehemann genauso behandeln, es sei denn, daß Jesus Christus sie verändert. Sie wird in ihrer Ehe nicht einen einzigen friedlichen Tag erleben und wahrscheinlich viele Male heiraten - oder diese Institution völlig aufgeben, um eine Reihe von "Beziehungen" einzugehen.

Wir verwenden soviel Zeit und Geld darauf, unseren Kindern Dinge zu kaufen, daß wir oft das wertvollste Gut übersehen, das Eltern geben können: das tagtägliche Vorbild einer gottgefälligen Ehe. Wenn dein Kind dann den richtigen Partner findet und sein Zuhause verläßt, kannst du Frieden und Zuversicht haben, daß auch das junge Paar eine großartige Ehe führen wird.

Die göttliche Ordnung natürlicher Dinge, die Gott in die Familie gelegt hat, beginnt in der Beziehung zwischen Ehemann und Ehefrau, er ist das Haupt, sie sein gleichwertiger Partner, jedoch als Zweite in der Rangfolge. Kinder lernen von ihren Eltern Autorität und Unterordnung. Bis ein Kind nicht gelernt hat, sich seinen Eltern unterzuordnen, wird es auch nicht wissen, was es bedeutet, Autorität auszuüben.

Demütigt euch nun unter die mächtige Hand Gottes, damit er euch erhöhe zur rechten Zeit.

1. Petrus 5, 6

Die besten Führer sind die folgsamsten Untergebenen. Wie hoch willst du aufsteigen? *Wie weit unten bist du willig zu dienen?* Kinder lernen Demut indem sie von ihren Eltern entsprechend erzogen werden und dadurch, daß sie lernen, sich deren Autorität unterzuordnen.

Konfliktbewältigung

Wenn Kinder Uneinigkeit zwischen ihren Eltern erkennen, dann werden sie versuchen, diese auszunutzen, um ihren Willen durchzusetzen. Ein Kind geht beispielsweise zu Mama und bittet um einen Keks, doch Mama sagt: "Nein, es ist kurz vor dem Abendessen." Also geht das Kind zu Papa, bittet ihn um dasselbe, und Papa sagt: "In Ordnung! Hol dir einen."

Ein paar Minuten später sieht Mama das Kind mit dem Keks in der Hand im Garten, und als sie es deshalb hereinruft, erwidert das Kind: "Papa hat's erlaubt." Es ist an der Zeit, daß Papa ein Familientreffen einberuft! Er sagt: "Kinder, ihr dürft nie Mama und Papa gegeneinander ausspielen. Ich ändere meine Antwort in 'Nein', weil Mama zu Anfang 'Nein' gesagt hat."

In diesem Beispiel hat der Mann als Haupt der Familie die Verantwortung für die Situation übernommen, den Rat seiner Frau beachtet und eine Entscheidung getroffen, die in Übereinstimmung mit der ihren war. Wenn er sich jedoch dazu entschieden hätte, das "Nein" seiner Frau an die Kindern zu übergehen, was hätte sie tun sollen?

Wenn er das Wort Gottes nicht übertritt oder sie zur Sünde veranlaßt, muß es bei seiner Entscheidung bleiben. Ihre demütige und vergebende Haltung liefern ihn völlig dem Heiligen Geist aus, und der Heilige Geist hat seine eigene Methode, jemandes Meinung zu ändern, auch wenn keine andere Person durchkommt! Darüber hinaus zeigt sie den Kindern, was man tut, wenn "es nicht fair" ist, aber keine Übertretung von Gottes Wort vorliegt, die Protest oder Ungehorsam fordert.

Wenn er sich im Widerspruch mit der Heiligen Schrift befindet, dann muß sie sagen: "Georg, ich liebe dich, und du bist ein guter

Mann, doch die Bibel sagt, daß ich dies nicht tun kann." Georg mag sich zwar etwas aufregen, doch weil ihre Einstellung sowohl ihn als auch Gott ehrt, wird er künftig eher dazu neigen, auf den Heiligen Geist zu hören.

Wo göttliche Ordnung herrscht, ist göttliche Kraft.

Wenn ihr in etwas nicht einer Meinung seid oder eine "hitzige Diskussion" zu entstehen droht, dann ist es weise, sich hierfür zurückzuziehen. Wenn ihr euch jedoch vor euren Kindern über etwas auseinandersetzt, dann vergewissert euch, daß sie sehen, wie ihr den Konflikt unter Zuneigung und Vergebung löst. (Ihr werdet euer Fleisch ein wenig kreuzigen müssen!)

Selbst in Fällen, in denen Mann und Frau keine Einigung erzielen können, sollten die Kinder sehen, daß man unterschiedlicher Meinung sein kann, ohne "miesepetrig" zu werden. Dies lehrt sie die biblische Weise, mit Konflikten und Auseinandersetzungen in ihrem eigenen Leben umzugehen. Es nimmt ihnen auch die Angst davor, Konflikte und Probleme in ihrem späteren Erwachsenenleben anzugehen.

Wo göttliche Ordnung herrscht, dort herrscht Sicherheit.

Wenn Kinder wissen, daß ihre Eltern eins sind, daß Papa das Kommando hat, aber Mama seine Hauptratgeberin ist, dann herrscht zu Hause Frieden. Doch dies ist unmöglich, wenn die Mutter eine rebellische Haltung dem Vater gegenüber hat. Wenn sie die Autorität ihres Mannes an sich reißt, werden die Kinder dasselbe mit ihr versuchen. Viele Fälle der Rebellion in Jugendlichen können auf den Mangel an Respekt der Mutter gegenüber dem Vater zurückgeführt werden.

Selbst in Situationen, in denen der Vater seine Frau nicht so liebt, wie die Schrift es fordert, oder ungläubig ist, kann die Ordnung Gottes aufrechterhalten werden, wenn die Mutter eine Haltung der Unterordnung und des Respekts ihrem Mann gegenüber behält. (Siehe 1. Korinther 7, 14). Dies ist eine schwierige Situation für eine Frau, doch Gott gibt uns Gnade und Kraft für Herausforderungen!

Wie oft hören wir Eltern sagen: "Ich möchte, daß mein Kind in einer besseren Welt lebt." Es ist jedoch so, daß wir für unsere Kinder keine bessere Welt schaffen können. Jesus sagte, daß sich die Lage der Welt verschlimmern würde (Matthäus 24, 4-8). Wir können lediglich der Welt bessere Kinder geben, und ein Heim, in dem göttliche Ordnung herrscht, spielt hierbei eine wesentliche Rolle.

Männliche Aggression verstehen

Genauso wie ich etliches über Frauen lernen mußte, um meine Frau lieben zu können, gab es einige Dinge in bezug auf Männer, die Loretta verstehen mußte. Gott hat uns in erheblichem Umfang verschieden geschaffen!

Eines der größten "Aha"-Erlebnisse für eine Frau ist, wenn sie feststellt, daß ihr Mann aggressiv ist. Gott hat ihn zum Erobern und Unterwerfen geschaffen, Erfolg zu haben und voranzuschreiten. Auf gottgefällige Weise eingesetzt, ermöglichen ihm diese Qualitäten, seine gottgegebene Autorität zu ergreifen und auszuüben, um für Schutz und Wohlstand zu sorgen.

Frauen lieben es, wenn die Aggressivität und Initiative ihres Mannes Sicherheit und Wohlstand ins Heim bringen, doch sie haben oft Schwierigkeiten, wenn sich dieser Trieb mit ihnen zu Bett begibt! Energiegeladene Männer haben einen starken Sexualtrieb. Es ist sogar so, daß ein großer Teil des Lebens eines Mannes durch die Augen seines Sexualtriebes betrachtet wird. Eine der größten Herausforderungen im Leben eines christlichen Mannes ist, seine sexuellen Neigungen zu kontrollieren und rein zu bleiben. Selbst in der Ehe muß er sich davor hüten, seine Autorität zu gebrauchen, um seine Frau sexuell zu benutzen.

Die Herausforderung für die Frau ist, den Sexualtrieb ihres Mannes zu verstehen und sich ihm hinzugeben. Manche Frauen kommen zu mir und klagen, daß ihre Ehemänner pervers oder sexsüchtig seien, weil sie jeden Abend mit ihnen schlafen wollen. Sie müssen wissen, daß ein Mann in der gleichen Weise tägliche Erfüllung in der intimen Beziehung mit seiner Frau sucht, wie er dies in seinem Beruf anstrebt oder in allem anderen, dem er sich wirklich widmet.

Das beste, was eine Frau für *sich selbst* tun kann, ist, ihren Mann sexuell zufriedenzustellen. Ein sexuell befriedigter Mann ist gewöhnlich ein guter Versorger. Er sorgt für seine Frau und will ihr gefallen, weil er sie schätzt, nicht weil es seine Pflicht ist. Er ist weniger versucht, Gelüste nach anderen Frauen zu hegen, da sich seine Gedanken mit ihr beschäftigen.

Das wesentliche Element zum Verständnis des Mannes ist sein Ego, welches das *American College Lexikon* mit "dem 'Ich' oder Selbst einer Person" definiert. Gott hat uns dieses Ego, oder Bewußtsein des Selbst, gegeben. Es ist also nichts Böses, es sei denn, wir erlauben ihm, sich stolz aufzublasen und unabhängig von Gott zu werden. Ein frommes Ego oder Bewußtsein des Selbst hat ständig vor Augen, daß seine Identität und seine Wichtigkeit vom Verhältnis zu seinem Schöpfer abhängig sind.

Männer sind kleine Jungs in großen Körpern, und ihr Ego ist ihr empfindlichster Bereich. Im Kern ihres Egos liegt das Bewußtsein ihrer Männlichkeit. Die Männlichkeit des Ehemannes sollte zunächst seiner Beziehung mit dem Herrn Jesus Christus entspringen. In der Ehebeziehung sollte seine Frau seine Männlichkeit bestätigen und nicht niedermachen.

Eine Frau bestätigt die Männlichkeit ihres Gatten dadurch, daß sie ihm zeigt, daß sie hinter ihm steht, daß sie ihn respektiert und schätzt und daß sie es genießt, wenn er mit ihr schläft. Sie freut sich und plant sogar Zeiten, in denen sie miteinander intim sein können. Ein Mann ist lediglich ein großer Junge, der den Respekt und die gottgegebene Leidenschaft der Frau sucht, die er liebt!

Wenn sich eine Frau ihrem Mann regelmäßig sexuell verweigert und immer wieder Ausreden findet, dann beginnt er sich inadäquat zu fühlen. Sein empfundenes Versagen auf diesem Gebiet wird sich auf andere Bereiche seines Lebens ausweiten, da die fortgesetzte Ablehnung durch seine Frau sein Selbstbewußtsein schädigen kann. Nur ein starkes Verhältnis zum Herrn kann seine Männlichkeit intakt halten, wenn sich seine Frau beständig weigert, mit ihm zu schlafen.

Wenn seine Frau nur aus einem Gefühl von Pflicht und Schuldigkeit heraus mit ihm schläft, dann arbeitet sie nicht an der Beziehung des Einsseins im Fleisch (*proskollao*), sondern hat lediglich Sex (*kollao*) mit ihm. Ihr Mann kann ein Selbstbild entwickeln, in dem er kein ganzer Mann mehr ist, jemand, in dem das Ebenbild Gottes verblaßt. Er fühlt sich zum Tier reduziert.

Wenn seine Frau ihn jedoch wissen läßt, wie sehr sie seine Initiative begrüßt und es genießt, ihn zu lieben, dann stärkt dies sein Ego und gibt ihm die Zuversicht, daß er seine Lebensziele erreichen wird. Die Kommunikationskanäle zu seiner Frau sind frei und offen. Ihre Intimität wird mit den Jahren immer stärker.

So viele Frauen glauben, daß die wichtigen Dinge der Ehe sind, das Haus sauber zu halten, gutes Essen zu kochen, sich um die Kinder zu kümmern und dafür zu sorgen, daß im Haus alles glattläuft. Sie verwenden unbeschreibliche Energie auf diese Gebiete und haben keine mehr übrig, wenn es Zeit ist, sich ins Bett zu begeben. Als Folge davon bringen sie ihren Mann um den Sex, was für ihn einer der wichtigsten Bereiche ihrer Beziehung ist.

Dies bedeutet nicht, daß du ein schlampiges Haus dadurch rechtfertigen kannst, daß du deinem Mann nie den Geschlechtsverkehr verweigerst! Arrangiere deine Aktivitäten so, daß du zur Bettzeit nicht völlig erschöpft bist. Denke daran, deinem Ehemann wird das Geschirr in der Spüle eine Nacht lang nichts ausmachen, wenn das bedeutet, daß er eine reagierende, leidenschaftliche Frau lieben kann!

Ewige Schönheit

Alle Frauen möchten schön sein, und alle Frauen möchten in den Augen ihres Mannes schön sein. Christliche Frauen gehen einen Schritt weiter und wollen in den Augen Jesu schön sein. Doch was macht eine Frau wirklich schön?

Ich will nun, daß die Männer an jedem Ort beten, indem sie heilige Hände aufheben, ohne Zorn und zweifelnde Überlegung,

ebenso, daß die Frauen sich in würdiger Haltung mit Schamhaftigkeit und Sittsamkeit schmücken, nicht mit Haarflechten und Gold oder Perlen oder kostbarer Kleidung.

1. Timotheus 2, 8-9

Ehemänner sollten der Heiligung gemäß leben, ihr Herz sollte mit Glauben erfüllt und frei von Unversöhnlichkeit sein, denn die Welt sieht zu. "Ebenso", oder in gleicher Weise, wie die Männer ein sichtbares Leben der Heiligkeit führen, sollen die Frauen "sich in würdiger Haltung mit Schamhaftigkeit und Sittsamkeit schmükken."

Frauen wissen seit Jahrhunderten, was ihre Kleidung ausdrückt. Sie waren schon immer modebewußter als Männer, und die Anzahl der Frauenboutiquen im Einkaufszentrum ist der Beweis dafür. Eine Frau sollte daran denken, daß die Art und Weise, wie sie sich kleidet, eine Aussage über Jesus trifft. Des weiteren spiegelt die Kleidung einer Ehefrau ihren Mann wieder.

"Schamhaft und sittsam" bedeutet schlicht "anständig", nicht Sacktuch und Asche! Schamhaft und sittsam ist alles, was zu dir paßt. Es ist nichts Falsches daran, sich modebewußt zu geben, solange nicht zuviel sichtbar wird. Du kannst gut aussehen ohne Körperteile zu zeigen, die für die Augen deines Mannes gedacht sind.

Als jemand, der in Gemeindekreisen aufgewachsen ist, habe ich beide Extreme beobachtet. Ich erinnere mich an Frauen, die sich so schlicht gekleidet haben, daß sie Aufmerksamkeit erregten, weil sie älter aussahen, als sie waren. Ich habe auch Frauen gesehen, deren Kleider solche Einblicke gewährten, daß sie dadurch die Unzufriedenheit mit ihren Männern klar zum Ausdruck brachten und die falschen Signale aussandten.

Wir sollen keine Aufmerksamkeit auf uns selbst lenken, sondern auf den Herrn Jesus Christus. Wenn du ledig bist und dich kleidest, um Aufmerksamkeit dadurch zu erregen, daß du zuviel zeigst, dann wirst du die falsche Art von Person anziehen! Du lenkst das Augenmerk des Betreffenden auf deinen Körper, nicht auf das wahre Du. Diese Person wird mehr daran interessiert sein, dich ins Bett zu bekommen, als daran, an einer Beziehung zu arbeiten.

Frauen sollen sich anständig kleiden: "... mit Schamhaftigkeit und Sittsamkeit, nicht mit Haarflechten und Gold oder Perlen oder kostbarer Kleidung." Dies bedeutet nicht, daß du stets mit einem finsteren Ausdruck auf dem Gesicht herumlaufen sollst, ernst sein mußt und nie weder dein Haar flechten, noch teure Kleider noch Schmuck tragen darfst!

Diese Worte können besser übersetzt werden: "Schmückt euch mit inneren Dingen wie Zurückhaltung und Diskretion, nicht nur mit äußeren Dingen wie Kleidern, Schmuck und eurem Haarschnitt." Kleidung und Erscheinungsbild sind wichtig, doch Gott hat einen Schönheitsplan für die gläubige Frau, von dem keine Parfümerie oder Kosmetikfirma je geträumt hat!

Euer Schmuck sei nicht der äußerliche durch Flechten der Haare und Umhängen von Gold oder Anziehen von Kleidern,

sondern der verborgene Mensch des Herzens im unvergänglichen Schmuck des sanften und stillen Geistes, der vor Gott sehr köstlich ist.

1. Petrus 3, 3-4

Es ist die innere Einstellung der Frau, die sie für beide schön macht, für ihren Mann und den Herrn.

Der innere Schmuck, der verborgene Mensch des Herzens, ist unvergänglich und daher zeitlos, Schmuck und Kleider dagegen sind vergänglich. Wenn du in zwanzig Jahren dasselbe Kleid wie heute trägst - völlig egal, ob es 1.000 DM gekostet hat und aus dem besten Material hergestellt ist -, wird es nicht den Bruchteil seines ursprünglichen Preises wert sein.

Wenn du dich darauf konzentrierst, in deinem Herzen an Erkenntnis und Weisheit zuzunehmen, dann wird deine innere Schönheit äußerlich sichtbar sein und weiter zunehmen und im Laufe der Jahre immer atemberaubender werden. Diese Schriftstelle sagt der Frau, daß ein sanftmütiger (belehrbarer) und stiller (gebetserfüllter) Geist für Gott und deinen Mann ein schöner *Schmuck* ist.

Schmuck ist etwas, was wir zur Schau stellen, etwas Besonderes, das wir allen zeigen möchten. Wenn eine Frau sich Gott und ihrem Mann unterordnet und sich auf die Entwicklung ihres Herzens und Sinnes konzentriert, dann schmückt ihr sanftmütiger und stiller Geist sie. Ihre Haltung der Gnade und Weisheit werden auffälliger als ihre Kleidung, ihr Haarschnitt oder ihr Schmuck. Lange nachdem die äußere Schönheit verblüht ist, ist ihr Herz ein Zierstück der Liebe Gottes vor den Augen der Welt.

Sara nannte Abraham "Herr" - im Glauben!

Warst du schon einmal mit einem Ehepaar zusammen, als der Mann etwas erzählte und seine Frau ihn unterbrach, um ihn zu korrigieren? Normalerweise schaltet sie sich ein und sagt etwas wie: "Nein, so ist es nicht passiert. Das war nach unserem Urlaub, nicht davor."

Er erwidert: "Entschuldigung, aber es war vor unserem Urlaub", und bevor man sich's versieht, debattieren sie hitzig über etwas völlig Nebensächliches. Wenn die Frau eisern dabei bleibt, daß sie recht hat, wird sich der Ehemann ihrer Meinung beugen, um endlich mit seiner Geschichte fortfahren zu können.

Wenn eine Frau ihren Mann beständig dominiert und Autorität über ihn einnimmt, dann wird er in den meisten Fällen nachgeben, nur um "seine Ruhe zu haben". Viele dominante Frauen erkennen nicht, daß eine Haltung mangelnder Unterordnung die Schwachheit ihres Mannes fördert.

Eine dominierende Frau ordnet sich ihrem Mann nie unter und erlaubt ihm nie, das Haupt der Familie zu sein, *weil sie fürchtet, daß er die falschen Entscheidungen treffen wird.* Die Bibel gibt uns in 1. Petrus, Kapitel 3, ein Beispiel davon:

Denn so schmückten sich auch einst die heiligen Frauen, die ihre Hoffnung auf Gott setzten und sich ihren Männern unterordneten:

wie Sara dem Abraham gehorchte und ihn Herr nannte, deren Kinder ihr geworden seid, indem ihr Gutes tut und keinerlei Schrecken fürchtet.

1. Petrus 3, 5-6

"Denn so" bezieht sich auf die ersten vier Verse dieses Kapitels, in denen Petrus feststellt, daß die Herzenshaltung, nicht die äußere Erscheinung, letztendlich das Herz und die Seele des Ehemannes gewinnt. Dann fährt er fort und spricht über Sara, die Abraham ihren "Herrn" nannte.

Die Bibel sagt uns, daß Sara körperlich sehr schön war - so schön, daß Abraham ihr zu zwei Gelegenheiten auftrug, sich als seine Schwester auszugeben, damit niemand ihn töten würde, um an sie zu kommen! (Dies zeigt uns, was für ein weichlicher Charakter Abraham war.) Saras körperliche Schönheit hat sie nicht besonders glücklich gemacht!

Sara wurde ursprünglich Sarai genannt, der Name bedeutet "Zank". Wir würden heute das Wort "nörgeln" benutzen. Sarai trug mit ihrem ständigen Gejammer zu Abrahams Schwachheit bei. Sprüche 27, 15 teilt Ehefrauen grundlegende, praktische Weisheit zum Thema Nörgeln mit:

Ein tropfendes Dach, das einen vertreibt am Tag des Regengusses, und eine zänkische Frau gleichen sich.

Eine Frau, die ihren Ehemann annörgelt, ist wie ein beständig tropfendes Dach an einem Regentag - tropf, tropf, tropf -, bis man schließlich die Nerven verliert. Frauen, auf diese Weise seid ihr nicht die Freunde eurer Männer oder tragt zu ihrer Veränderung bei! Alles, was Nörgeln ausrichtet, ist, daß er zornig wird, euch ignoriert und fortfährt, das zu tun, was euch irritiert.

Wenn er sich aufgrund eurer Eindringlichkeit ändert, dann wird er dies unwillig tun. Die Wurzel des Problems ist, daß eure Beziehung auf dem Kopf steht. Du bist durch dein Nörgeln zum Aggressor geworden und er zum Reagierenden, indem er sich deinen Forderungen beugt. Zum Schluß wird er sich nicht wie ein Mann fühlen und du dich nicht wie eine Frau.

Sarai war nie glücklich und zufrieden, da sie Abraham ständig korrigierte und vermutlich in allem versucht hat, die Autorität ihres Mannes an sich zu nehmen. Erst nachdem Sarai neunzig Jahre alt war, sechzig Jahre lang mit Abraham verheiratet war und ihre äußere Schönheit verblaßt war, wurde aus "Sarai, der Zänkischen" "Sara, die Prinzessin".

An diesem Tag beschloß sie, Abraham "Herr" zu nennen, sich ihm unterzuordnen - und verliebte sich ganz neu in ihn. Sie ging nicht nur mit ihrem Ehemann eine neue und aufregende Beziehung ein, sondern empfing auch auf wunderbare Weise Isaak, das Kind, das Gott ihnen viele Jahre zuvor verheißen hatte. Ich glaube, daß in manchen Fällen, in denen eine Frau Gott im Gebet vertraut, die Erfüllung der Verheißung solange auf sich warten läßt, bis sie ihren Mann als "Herrn" anerkennt.

Frauen, ihr seid die Töchter Saras, "solange ihr Gutes tut und keinerlei Schrecken fürchtet." Dies bedeutet, ein gottgefälliges Leben zu führen und keine Angst zu haben. Wie ich zuvor schon sagte, sich Jesus unterzuordnen ist leicht, denn er ist vollkommen. Unterordnung unter einen unvollkommenen Ehemann jedoch kann in einer Frau Angst hervorrufen. Dieser Vers befiehlt Frauen, so zu sein wie Sara, sich im Glauben zu erheben und ihren Ehemann kühn "Herrn" zu nennen, anstatt der Angst zu erlauben, sie zu beherrschen.

Unterordnung wird durch den Glauben wirksam.

Wenn eine Frau ihre Furcht aufgibt und wie Sara den Glauben an Gott ergreift, wird innerer Friede in ihr Herz einziehen. Ihr ist bewußt, daß sie vor Gott mit ihrem Ehemann gleichwertig ist. Sie kann sich ihrem Mann demütig als dem Herrn unterordnen - im Glauben. Sie respektiert die Rolle des "Hauptes der Familie" in der gleichen Weise, wie sie das "Haupt der Gemeinde" ehrt.

Eine Frau erlebt in ihrem Leben Freiheit, Freude und Erfüllung, wenn sie sich dem Herrn Jesus Christus unterordnet. Eine Frau erlebt in ihrer Ehe Freiheit, Freude und Erfüllung, wenn sie sich ihrem Mann unterordnet. Auf diese Weise macht sie die Übertretung Evas gänzlich rückgängig. Anstatt sich selbst zu ihrem Gott zu machen, unabhängig vom Herrn und ihrem Ehemann, ordnet sie sich demütig unter.

Wenn eine Frau sich ihrem Mann unterordnet, dann, sagt die Bibel, wird sie zu seiner Herrlichkeit (1. Korinther 11, 7), "... was vor Gott sehr köstlich ist" (1. Petrus 3, 4). Die Belohnungen, die sie in der Ewigkeit empfängt, übertreffen das, was sie gegeben hat, bei weitem. Die Unterordnung der Ehefrau ist eine tapfere Tat des Glaubens und ein Akt der Anbetung Gottes!

Kapitel 6

Sind Ledige innerlich komplett?

WANN IMMER ICH ÜBER DAS EHEVERHÄLTNIS lehre, kommen Ledige auf den Gedanken, daß sie verheiratet sein müssen, um innerlich komplett zu sein. Doch Gottes Wort verdeutlicht, daß dies nicht der Fall ist. Während du ledig bist, füllt der Herr die Lücke in deinem Leben aus. Er wird dir genügen.

Es ist des weiteren sehr wichtig, daß Verheiratete die ledige Person ehren und respektieren. Verheiratete sollten Ledige nicht zum Heiraten drängen oder sie behandeln, als ob etwas mit ihnen nicht stimmen würde. "Du bist wie alt? Und immer noch ledig?!"

Eines der größten Geschenke, die der Heilige Geist den Gläubigen in bestimmten Bereichen ihres Lebens zuteil werden läßt, ist die *Privatsphäre*. Verheiratet oder ledig zu sein ist eine private Angelegenheit zwischen einem Gläubigen und Gott. Wenn ein Lediger darauf wartet, daß der Herr den oder die Richtige bringt, dann sind Verheiratete, die Geistlichkeit daran beurteilen, ob man einen Partner hat oder nicht, das letzte, was sie brauchen können. Wenn jemand es vorzieht, ledig zu bleiben, um dem Dienst an Gott mehr Aufmerksamkeit schenken zu können, dann stecke deine Nase nicht in dessen Angelegenheiten!

Einige der größten Männer und Frauen der Bibel waren ledig, inklusive Jesus selbst. Ich glaube nicht, daß jemand behaupten kann, daß Jesus, der Apostel Paulus oder Timotheus ihren Dienst nicht erfüllen konnten, weil sie ledig waren.

Biblische Richtlinien für Rendezvous

Eine der Fragen, die Ledige mir am häufigsten stellen ist: "Was sagt die Bibel über Verabredungen, und was sind die Richtlinien?" Wir können mit 1. Korinther 7, 1 beginnen:

Was aber das betrifft, wovon ihr mir geschrieben habt, so ist es gut für einen Menschen, keine Frau zu berühren.

Dies ist ganz offensichtlich eine Schriftstelle für ledige Leute! Wenn man sie nimmt, wie sie dasteht, könnte man annehmen, der Heilige Geist würde sagen: "Wenn du nicht mit ihr verheiratet bist, dann berühre sie nicht!" Die wörtliche Übersetzung dieses Verses ist jedoch: "Es ist nicht gut für einen Mann, eine *Flamme* in einer Frau zu *entfachen.*"

Wir haben in Sprüche 6, 27-28 gesehen - wo David Salomo unterweist und fragt: "Kann man Feuer wohl tragen in seinem Gewandbausch, ohne daß einem die Kleider verbrennen?" -, daß die Flamme sexuelle Leidenschaft symbolisiert. Diese Verse erklären, daß du dich verbrennen wirst, wenn du außerhalb der Ehe die Flamme entfachst!

1. Korinther 7, 1 macht ganz klar den Mann für den physischen Kontakt während einer Verabredung verantwortlich.

"Es ist gut für einen Menschen, keine Frau zu berühren." Im Klartext, er soll nichts tun, was ihren sexuellen Appetit anregen würde. Das Buch der Sprüche vergleicht die Frau mit einem unbewegten, ruhigen Wasserbrunnen. Es braucht seine Zeit, bis sich Erregung bei ihr einstellt. Während ein Mann durch den Anblick angeregt wird, wird eine Frau durch zärtliche Worte und sanfte Berührung stimuliert. Wenn ein Mann eine Frau berührt, um in ihr eine Flamme zu wecken, dann befindet er sich außerhalb von Gottes Willen!

Gleichzeitig sollte eine Frau sich nie einem Mann hingeben, weil sie dazu gedrängt wird oder weil sie fürchtet, ihn zu verlieren. Wenn er so wenig von ihr hält, daß er ihre Tugend kompromittieren würde, um seine fleischlichen Gelüste zu befriedigen, dann ist er sowieso nichts wert! Wenn er sie wirklich respektiert, dann wird er von vornherein nicht versuchen, ihr sexuelles Verlangen zu entfachen. Falls es doch geschieht und sie gebietet ihm Einhalt, dann wird er sie dafür respektieren und sollte sie um Verzeihung dafür bitten, daß er zu weit gegangen ist.

Wenn ich über Ehe lehre, dann weise ich die jüngeren Männer in der Versammlung an, sich den Eltern des Mädchens, das sie auszuführen gedenken, vorzustellen und von vornherein ein Vertrauensverhältnis mit ihnen aufzubauen. Teile ihnen mit, wann du sie nach Hause bringen wirst und daß du anrufst, falls ihr euch verspäten solltet. Dann bereite ich sie darauf vor, daß sie den Vater oder die Mutter vom Boden aufheben werden müssen, weil das Verhalten eines Gentleman in unserer Gesellschaft, besonders unter jungen Männern, so rar ist!

Wenn ein Junge ein Mädchen zu einer Verabredung abholt, muß ihm bewußt sein, daß er für die Zeit, die er mit ihr verbringt, der Wächter ihrer Seele und der Schutz ihres Körpers ist. In der letzten Instanz ist er nicht ihren Eltern, sondern Gott Rechenschaft schuldig. Eltern sollten den Jungen kennen, mit dem ihre Tochter ausgeht oder das Mädchen, mit dem ihr Sohn ausgeht.

Dieselben Richtlinien gelten auch für ältere Männer und Frauen. Der Mann muß sich vielleicht nicht vor den Eltern der mit ihm Verabredeten verantworten, er ist jedoch noch immer Gott Rechenschaft für ihre Behandlung schuldig. Ich rate Ledigen stets, jemanden vom anderen Geschlecht in einer Gruppensituation kennenzulernen, bei Freunden oder in der Familie, bevor sie Zeit mit ihnen allein verbringen. Sei dir sicher, daß ihre Werte dieselben wie die deinen sind, selbst wenn du sie nur als Freunde betrachtest. Und wenn ihr Zeit allein verbringt, dann vergewissere dich, daß es in einer Umgebung ist, die wenig Gelegenheit zu sexueller Aktivität bietet.

Obwohl es in diesem Vers nicht ausdrücklich erwähnt wird, trägt auch die Frau eine Verantwortung, den Mann nicht in Wallung zu bringen. Erinnere dich daran, daß die Bibel den Mann mit einer Quelle vergleicht. Schon der Anblick einer Frau kann ihn in Aufruhr versetzen! Selbst wenn eine Frau sich anständig kleidet, wenn sie verführerisch spricht und handelt, wird ihr Verabredungspartner sich auf ihren Körper konzentrieren und nicht ihren Sinn und ihr Herz! Wenn er ein frommer Mann ist, sollte er sie fallen lassen wie eine heiße Kartoffel! Wenn er kein frommer Mann ist, wird er aggressiv die körperliche Beziehung suchen, da sie ihm alle Signale ihres Einverständnisses gibt.

Aber um der Unzucht willen habe jeder seine eigene Frau, und jede habe ihren eigenen Mann.

1. Korinther 7, 2

Das Wort "eigen" stellt das Fundament für das Sexualverhalten einer ledigen Person dar. In der Ehe werdet ihr einander *gehören* und niemandem sonst. Die Ehe ist ein Symbol für den Zusammenschluß von Jesus und der Gemeinde. In Christus gehören wir nicht uns selbst, wir gehören ihm. In derselben Weise gehörst du, wenn du verheiratet bist, jemand anderem und bist nicht länger dein eigen. Du sollst deinen Partner in demselben Geist lieben und zu gefallen trachten, wie du den Herrn liebst und ihm gefällst.

Deshalb ist es so wichtig, keine "Flamme anzufachen", solange ihr ausgeht. Du gehörst nur deinem Gatten. Wenn der Richtige kommt, dann wirst du sehr froh sein, daß du das Feuer innerlich ausgelöscht und euer Verhältnis vor dem Verbrennen bewahrt hast. Du willst an deinem Hochzeitstag nicht nach Rauch riechen!

"Um der Unzucht willen" zeigt einen weiteren Aspekt des Ausgehens auf. Je länger ihr ausgeht, desto schwieriger wird es, sexuell nicht aktiv zu werden. Ich glaube nicht, daß es Gottes Wille ist, daß ein Paar jahrelang miteinander geht. Wenn ihr genug Zeit gehabt habt zu erkennen, daß es Gott war, der euch zueinander geführt hat, und lange genug miteinander ausgegangen seid, um euch kennenzulernen, dann heiratet! Wenn du nicht mit der richtigen Person ausgehst und dich körperlich auch nur ein wenig angezogen fühlst, dann brich die Beziehung jetzt ab. Höre auf, mit dem Feuer zu spielen!

Ein Feuer, das unkontrolliert brennt, wird Schaden und Zerstörung anrichten, doch ein Feuer, das sich in festen Grenzen befindet, ist ein Segen. Ein Waldbrand läßt im Land eine Verwüstung zurück, doch ein Feuer im Kamin spendet Wärme. In derselben Weise wurde die Flamme der Leidenschaft zwar von Gott in uns hineingelegt, sie muß jedoch auf die Grenzen der Ehe beschränkt werden, um zum Segen zu werden.

Wann immer jemand versucht, mich auf bestimmte Regeln in bezug auf physischen Kontakt festzunageln, entgegne ich: "Fache das Feuer nicht an." Bei den meisten Paaren ist nicht allzuviel körperlicher Kontakt nötig, um das Feuer anzufachen. Es gibt solche, die einander ansehen und sich kaum davon zurückhalten können, miteinander ins Bett zu springen. Andere küssen sich und gehen auseinander - voller Selbstbeherrschung!

Es läuft grundsätzlich auf zwei Dinge hinaus: erstens, sei ehrlich zu dir selbst in bezug auf deine Schwächen und bewahre dich vor Situationen, die dich in Versuchung führen könnten. Zweitens, denke stets daran, daß dein Körper deinem zukünftigen Partner gehört. Tue nichts während einer Verabredung, das du deinem späteren Ehemann oder deiner späteren Ehefrau nicht ohne Schwierigkeiten mitteilen könntest!

Die Frage, die du schon immer einmal stellen wolltest

Es gibt eine Frage, die mir in Briefen oft, im persönlichen Gespräch jedoch sehr selten gestellt wird: "Was sagt die Bibel über Masturbation?" Die meisten christlichen Bücher geben an, daß Gott nichts dazu zu sagen habe, doch das stimmt nicht.

> **Die Frau verfügt nicht über ihren eigenen Leib, sondern der Mann; ebenso aber verfügt auch der Mann nicht über seinen eigenen Leib, sondern die Frau.**
>
> **1. Korinther 7, 4**

Unsere Gesellschaft lehrt, daß Masturbation ein normales Ventil für sexuellen Druck sei. Es sei eine Möglichkeit, deine eigene Sexualität zu entdecken und herauszufinden, was dir gefällt und was sich gut anfühlt. Doch Gott besteht darauf, daß dies das exklusive Recht deines Ehepartners ist. Männer, ihr habt in Sachen Sexualität keine Autorität über euren eigenen Leib, sondern eure Frauen. Frauen, ihr habt in Sachen Sexualität keine Autorität über euren eigenen Leib, sondern euer Mann.

Ledige, wenn ihr beschließt, eines Tages zu heiraten, dann hat euer Ehepartner in Sachen Sex Autorität über euren Körper. Ihr sollt eure Gedanken auf den Herrn konzentrieren und euch bis zur Ehe rein halten. Nach der Hochzeit wird sich euer Sexualtrieb darauf ausrichten, euren Mann oder eure Frau zu lieben und ihm bzw. ihr zu gefallen, nicht euch selbst. Wenn du vorziehst, ledig zu bleiben, dann gibt dir Gott die Gnade, sexuell rein zu bleiben, während du all deine Energie und dein Denken dem Dienst an ihm widmest.

Masturbation ist eine selbstsüchtige Handlung zur augenblicklichen Befriedigung deines Fleisches und wird vom Wort Gottes nicht geduldet. Du weidest damit dein Fleisch. Je mehr du dein Fleisch weidest, desto mehr wirst du dem Fleisch gemäß denken, reden und handeln. In sehr kurzer Zeit wirst du den Geist Gottes in deinem Leben gedämpft haben. Dies öffnet die Tür für alle möglichen Trugschlüsse und Probleme. Deshalb lehrt die Heilige Schrift deutlich, daß Gott alles sexuelle Vergnügen für die Ein-Fleisch-Beziehung der Ehe bestimmt hat.

Der Zweck von Verabredungen

Die Person, nicht den Körper, kennenzulernen, ist der einzige Zweck von Rendezvous.

Wenn du mit jemandem ausgehst, dann lernst du kennen, wie der Betreffende denkt, du entdeckst seine Persönlichkeit, beobachtest, wie er auf gute und schlechte Situationen reagiert und, das wichtigste, du erkennst seine geistliche Reife. Selbst wenn du weißt, daß du die Person, mit der ausgehst, heiraten wirst, sollte es eine Zeit des Sich-verabredens geben. Wenn deine Ehe beginnt, dann willst du nicht allzu viele Überraschungen erleben!

Die Zukunft muß stets auf etwas Dauerhaftes und vergängliche Dinge müssen auf etwas Überdauerndes gebaut werden. Sex - etwas Vergängliches - muß auf eine Beziehung, auf Liebe und Ehe aufgebaut werden. Es kann nicht anders herum geschehen.

Du wirst mit deinem Mann oder deiner Frau nie ein erfülltes Sexualleben entwickeln, wenn du nicht zuerst eine gute Beziehung mit ihm oder ihr aufgebaut hast.

Die Beziehung zwischen euren Seelen ist das Fundament der Beziehung zwischen euren Körpern. Je stärker deshalb das Fundament ist, desto mehr Vergnügen wird Sex bereiten.

Wen und wann man nicht heiraten soll

Adam mag sein Bedürfnis nach einer Ehefrau erkannt haben, bevor er die Benennung aller Geschöpfe auf Erden abgeschlossen hatte. Er tat jedoch trotzdem weiterhin, wozu Gott ihn berufen hatte. Zur richtigen Zeit brachte dieser Eva zu ihm. Dieses Prinzip gilt für alle Ledigen, Männer wie Frauen, die gerne heiraten möchten.

Wenn ein Lediger ständig ans Heiraten denkt, dann wird er frustriert und unglücklich und kann sogar unberechtigterweise auf Gott zornig werden, wenn sein Zeitplan nicht eingehalten wird. Mit dieser Einstellung begibt man sich in eine Position, in der man die Segnungen des Herrn nicht empfangen kann. So wird sogar das Werk behindert, zu dem der Betreffende vom Herrn berufen ist.

Wenn du das Bedürfnis hast zu heiraten, dann lege dieses Verlangen in die Hände des Herrn, erfreue dich an ihm und vertraue ihm. Entwickle ein Herz der Dankbarkeit. Anstatt dich über das zu beschweren, was du nicht hast, gewöhne dir an, Gott für all das zu danken, was du hast.

Die Hauptsache im Leben einer ledigen Person sollte sein, Gott zu gefallen, und nicht, nach einem Partner Ausschau zu halten.

Im folgenden finden sich weitere biblische Richtlinien, die einem Ledigen helfen zu vermeiden, den oder die Falsche zu heiraten. Wenn du jemanden heiraten willst und weißt, daß du gegen eines dieser Prinzipien verstößt, dann hat Gott noch nicht den Richtigen zu dir gebracht!

1. *Heirate keinen Ungläubigen.* Wenn du gläubig bist, dann wird Gott dir keinen Ungläubigen zum Heiraten bringen. Gehe also nicht mit Ungläubigen aus.

Haben wir etwa kein Recht, eine Schwester als Frau mitzunehmen wie die übrigen Apostel und die Brüder des Herrn und Kephas?

1. Korinther 9, 5

Paulus sagt, deine Frau sollte auch deine Schwester in Christus sein.

Geht nicht unter fremdartigem Joch mit Ungläubigen! Denn welche Verbindung haben Gerechtigkeit und Gesetzlosigkeit? Oder welche Gemeinschaft Licht mit Finsternis?

2. Korinther 6, 14

Dieser berühmte Vers braucht keine Erklärung!

2. *Sei nicht eilig bestrebt, endlich verheiratet zu sein, sondern erlaube allem, zu Gottes Zeit zu geschehen.* Ich ermutige vor allem Teenager, mit dem Heiraten zu warten, bis sie älter und weiser sind. Je reifer du bist, desto besser. Du wirst nicht alt und grau sein, wenn du wartest, bis du in deinen Zwanzigern bist. Das wichtigste in jedem Alter ist, sich selbst Zeit zu geben, um sicher zu sein, daß man zueinander paßt, sich kennt und eine stabile Beziehung aufgebaut hat.

3. *Heirate nicht aufgrund einer Welle sexueller Leidenschaft.* Während du heranwächst und selbst wenn du älter wirst, gibt es

Zeiten intensiven sexuellen Verlangens. Dies ist nicht die Zeit, eine Heirat zu erwägen. Laß die Welle vorüberrollen und denke mit deinem Kopf, nicht mit deinen Sexualorganen!

4. *Verwechsle Liebe nie mit Sex - das ist nicht dasselbe!* Sex ist eine Ausdrucksform der Liebe, nicht umgekehrt. Sex bringt nur in einer Ehe Erfüllung, die auf der Liebesbeziehung zweier Menschen basiert. Denke daran, Geschlechtlichkeit ist physisch und vergänglich, sie muß auf etwas Überdauerndes, eine geistlich fundierte Beziehung, gegründet werden.

5. *Heirate nicht, um deine Probleme zu lösen, oder du wirst nur eine Art von Problemen gegen eine andere austauschen.* Du verstehst dich zum Beispiel nicht mit deinen Eltern, und sie drängen dich dazu, endlich zu heiraten. Gott wird dir entweder die Gnade geben zu warten, bis die richtige Person kommt, oder du solltest dir eine Arbeit suchen und ausziehen! Empfindest du, daß du zu alt wirst? Einige der besten Ehen entstehen, wenn Menschen älter sind. Es ist wichtig, sich auf allen Gebieten des Lebens vom Heiligen Geist führen zu lassen und nicht von seinen Problemen. Heirate nicht, um etwas zu entfliehen. Heirate, weil der Heilige Geist dir Frieden hierüber gegeben hat.

6. *Weil wir gerade dabei sind: Erwarte nicht, daß eine Heirat dich glücklich macht.* Wenn du jetzt unglücklich bist, dann besteht die große Wahrscheinlichkeit, daß du deinen Ehepartner lediglich in deine Misere mit hineinziehst! Finde Gottes Willen für dein Leben heraus, studiere seine Verheißungen und bitte den Heiligen Geist, dich zu unterweisen, wie du gegenwärtig Zufriedenheit erlangen kannst. Paulus schrieb, daß er lernen mußte, wie man sich in dem begnügt, worin man ist. (Philipper 4, 11).

Glück, das aus Umständen erwächst, ist temporär, doch wenn es aus der Zufriedenheit mit Gott entspringt, ist es ein dauerhafter Zustand. Nachdem du Glück und Erfüllung gefunden hast, kannst du dich darauf freuen, es mit jemandem zu teilen, anstatt zu versuchen, jemanden zu finden, der dich glücklich macht.

7. *Heirate keinen Statusträger oder ein Vorbild.* Eines der gefährlichsten Dinge, die du tun kannst, ist, einen Statusträger zu heiraten, jemanden, der viel Geld oder eine gute Arbeitsstelle hat. Geld und soziale Position sind weder die wichtigsten Zutaten für eine gute Ehe, noch werden sie, in sich selbst, dich glücklich ma-

chen. Einige der unglücklichsten Menschen sind wohlhabend, berühmt und einflußreich - selbst im Leib Christi!

Ein ähnlicher Fehler wäre, ein Vorbild zu heiraten. Das mag die Klassensprecherin oder der Kapitän der Fußballmannschaft sein, oder jemand, den du wegen seines Aussehens und seiner Popularität bewunderst. Als ich aufwuchs, gingen die Cheerleaders stets mit den Footballspielern aus. Wir anderen standen abseits, seufzten und fragten uns, wie es wohl wäre, wie sie zu sein. Doch Gott schuf eine großartige Medizin gegen solches Denken, als er das zehnjährige Jubiläumsklassentreffen einrichtete. Welch eine augenöffnende Veranstaltung!

Der Mannschaftskapitän hatte eine Glatze, und die erste Cheerleaderin erkannte ich überhaupt nicht mehr, weil sie so übergewichtig war. Er war Lastwagenfahrer und sie Bedienung. Darüber hinaus fand ich heraus, daß die Schüler, die in der Schule ein "Niemand" waren, nun Bankpräsidenten, Besitzer einer Restaurantkette - oder sogar Pastor einer großartigen Gemeinde waren! Heirate also niemanden wegen seiner Stellung oder seines Vorbildcharakters. Selbst sie werden älter und müssen den Realitäten des Lebens ins Auge sehen!

8. *Heirate niemanden, der verspricht, sich nach der Hochzeit zu ändern.* Wenn er jetzt nicht mit zur Gemeinde kommt, dann erwarte nicht, daß er mit dir geht, nachdem ihr verheiratet seid. Du willst sicher sein, daß die etwaigen Veränderungen, die er in seinem Leben vornimmt, ernstgemeint und von Dauer sind. Veränderungen sollten aufgrund der Beziehung zum Herrn geschehen und nicht, um dich zu manipulieren.

9. *Heirate niemanden, der extrem eifersüchtig ist.* Fromme Eifersucht ist etwas Gutes. Sie ist eine Schutzgrenze um eure Ehebeziehung. Wenn beispielsweise ein Mann mit meiner Frau zu flirten beginnen und sie es scheinbar genießen würde, dann darfst du darauf wetten, daß ich sie zur Seite nehmen und ihr sagen würde, daß mir das nicht gefällt! Ihr würde meine eifersüchtige Reaktion gefallen und sie wüßte, daß ich sie und unsere Ehe beschützen will.

Doch extreme Eifersucht gründet sich auf Mißtrauen. Dein Partner stellt sich ständig vor, daß du ihn betrügst, also wird er jeden deiner Schritte und alle deine Handlungen überwachen. Er vertraut dir nicht und weiß vermutlich nicht, wie man überhaupt jemandem vertraut. Letztendlich wird die Eifersucht eure Liebe töten.

Ein biblisches Beispiel für die zerstörerische Natur der Eifersucht ist der Bericht von Saul und David. In diesem Fall führte Sauls unversöhnliche Eifersucht zu Gewalt und Mordversuchen. Extreme Eifersucht ist etwas sehr Gefährliches!

10. *Abschließend: Heirate niemanden, der dich auf ein Podest hebt oder dich mit unerfüllbaren Maßstäben mißt.* So jemand sagt dir: "Oh, du bist so vollkommen. Ich liebe dich, weil du nie einen Fehler machst." Die Wahrheit ist, wenn diese Person dich nicht mit deinen Schwächen und Fehlern annehmen kann, dann kann sie dich nicht annehmen. Sie sucht nach jemandem, der perfekt ist, weil in ihr selbst irgendein großer Mangel herrscht. Der Betreffende ist zu faul oder zu furchtsam, sich mit seinen Problemen auseinanderzusetzen, deshalb betrachtet er dich, anstatt Gott, als seine Antwort.

Ist Gott gegen gemischtrassige Ehen?

Viele Leute lesen Schriftstellen wie 1. Könige 11, 1-3, 2. Mose 34, 16 und 5. Mose 7, 3, in denen Gott den Kindern Israel verbietet, jemanden von außerhalb ihres eigenen Volkes zu heiraten, und schließen daraus, daß Gott gegen gemischtrassige Ehen ist. Nichts könnte der Wahrheit ferner sein!

Was Gott untersagte, war die Heirat mit jemandem, der nicht an ihn glaubte und ihn nicht anbetete, nicht die Heirat mit jemandem, dessen Hautfarbe eine andere war. Er wollte nicht, daß das Volk Israel sich mit heidnischen Völkern vermischte, die Götzen anbeteten. Gott gestattete die Heirat, wenn die Menschen dieser Völker an ihn gläubig wurden.

Gott ging es stets darum, daß ein Gläubiger keinen Ungläubigen heiratet; Rasse oder Nationalität waren nicht das Problem.

Ein ausgezeichnetes Beispiel war Rahab, die eine Hetiterin und obendrein Prostituierte in Jericho war, jedoch zum Glauben an den Gott Israels fand. Als Josua und die Armee Israels auf ihre Stadt zumarschierten, versteckte sie deren Spione unter der Bedingung, daß sie und ihre Familie verschont bliebe, wenn Israel die Stadt einnahm. Interessanterweise befindet sie sich auch in dem Geschlechtsregister des Herrn Jesus!

Eine andere Heidin, die zum Herrn kam, war Ruth. Sie war eine Moabiterin, und die Moabiter waren bittere Feinde Israels und Gottes. Sie wurde dennoch an den Gott Israels gläubig und heiratete einen Mann namens Boas. Die beiden wurden König Davids Urgroßeltern und erscheinen ebenfalls im Geschlechtsregister des Herrn Jesus. Andere, die sich mit Ausländerinnen vermählten, waren Joseph, der eine Ägypterin heiratete und Mose, der eine Äthiopierin zur Frau nahm.

Bei der Partnerwahl geht es Gott um die Reinheit des Herzens, nicht die der Rasse. Ihm geht es stets um unseren geistlichen Zustand, nicht unsere Rassenzugehörigkeit.

Es gibt jedoch einige wichtige Dinge in bezug auf gemischtrassige Ehen, die erwähnt werden sollten. In einer solchen Ehe können zusätzliche Schwierigkeiten auftreten. Es ist schwierig genug, ein gottgefälliges, glückliches Familienleben zu führen, ohne auch noch die Kulturunterschiede zwischen zwei Rassen überbrücken zu müssen.

Ich habe gemischtrassige Paare, vor allem schwarz und weiß, nach ihren Erfahrungen gefragt. Ohne Ausnahme haben alle erklärt, daß sie die Schwierigkeiten, auf die sie nach der Heirat stießen, zuvor völlig unterschätzt hatten. Und das wichtigste daran: diese Schwierigkeiten lösen sich nie auf.

Anfängliches Erschrecken, Mangel an Annahme und die Vorurteile anderer Leute vergehen nicht nach einer bestimmten Anzahl von Jahren. Das gemischtrassige Paar kann als alles mögliche betrachtet werden, von ungewöhnlich bis pervers. Noch schwerer zu tragen ist, daß ihre Kinder vor der zusätzlichen Herausforderung stehen, als Vertreter von zwei verschiedenen Menschengruppen aufzuwachsen. Traurigerweise werden sie oft genug weder von der einen noch von der anderen akzeptiert. Diese Kinder können gewaltige Identitätsprobleme entwickeln, während sie versuchen zu akzeptieren wer sie sind.

Obwohl derartige Probleme in verschiedenen Ländern und Gegenden unterschiedlich heftig zutage treten, existieren sie doch überall. Das Paar mag denken, daß die Vorurteile der Leute durch Wegziehen eliminiert werden, doch es gibt selbst in der Gemeindewelt Menschen, die ihre Rassenvorurteile nie ablegen werden.

Die Antwort auf die vielfachen Herausforderungen und Schwierigkeiten einer gemischtrassigen Ehe ist dieselbe wie auf jedes andere Problem im Leben: Jesus Christus. Es gibt nichts, was das Wort Gottes und der Heilige Geist nicht bewältigen können. All die negativen Aspekte, die oben erwähnt wurden, können sich zum Positiven wenden, wenn wir uns den "größten und kostbaren Verheißungen" zuwenden.

Wenn unsere Mitarbeiter ein verlobtes Paar mit verschiedenem Rassenhintergrund beraten, stellen wir ihnen dieselben Fragen, mit denen wir alle verlobten Paare konfrontieren: "Seid ihr sicher, daß dies Gottes Wille für euch ist? Habt ihr völligen Frieden darüber?" Wenn sie sich der Führung Gottes nicht absolut sicher sind, dann raten wir ihnen eindringlich, wie allen anderen auch, nicht zu heiraten. Sich gegen seinen Plan für ihr Leben zu stellen, wird ganz offensichtlich nur Herzeleid verursachen, doch in einer gemischtrassigen Ehe verstärkt sich dieses noch.

Wenn sie den Frieden des Heiligen Geistes darin haben, jemanden von einer anderen Rasse zu heiraten, dann bestärken wir sie hierin. Wir weisen sie nüchtern auf die zusätzlichen Probleme hin, die auftreten werden, damit sie gut vorbereitet sind und sich vom Feind nicht aus der Fassung bringen lassen. Dann erinnern wir sie daran, daß Gottes Wort und seine Macht sie stärken und erhalten werden, während sie sich den Herausforderungen stellen.

Wen und wann man heiraten soll

Heirate jemanden wegen geistlicher Dinge, die überdauern werden, nicht aufgrund verlockender natürlicher Dinge.

Du kannst eine Ehe nicht auf natürliche Dinge gründen. Als ich Loretta heiratete, hatte sie ein großartiges Auto, und ich liebe Autos. Doch ich bin so froh, daß ich sie nicht wegen ihres Autos geheiratet habe, denn wir verkauften es zwei Monate nach der Hochzeit!

Euer gemeinsames Leben muß sich auf mehr gründen als darauf, wie ihr ausseht, welche Arbeitsstelle ihr habt, wieviel Geld ihr verdient und ähnliches. Mit zunehmendem Alter wird das gute Aussehen abnehmen, ihr werdet in Rente gehen, und für Geld kann man sich auch nur soundso viel im Leben kaufen.

Denn der Herr sieht nicht auf das, worauf der Mensch sieht. Denn der Mensch sieht auf das, was vor Augen ist, aber der Herr sieht auf das Herz.

1. Samuel 16, 7

Nur Gott kann dir sagen, ob jemand zu dir paßt oder nicht.

Du magst mit jemandem ausgehen, der dir vollkommen erscheint, doch dein Geist sagt: "Nein." Oder dir mag jemand begegnen, der dir vom Natürlichen her zunächst nicht gefällt, doch dein Geist ermutigt dich: "Das ist die Person." Auf jeden Fall wird der Heilige Geist dir klar machen, ob die Person die richtige ist, und die Funken werden beginnen zu fliegen - wenn es nicht schon gefunkt hat!

Ich glaube nicht an "Liebe auf den ersten Blick", doch ich glaube, daß christliche Paare sehr bald wissen können, ob sie richtig füreinander sind. Echte Liebe und göttliche Leidenschaft werden von dem Augenblick an zunehmen. Denke immer daran, daß nur der Heilige Geist das Herz einer Person kennt!

Die Bibel spricht auch davon, wie der Heilige Geist uns führt und leitet - durch inneren Frieden. Dies ist ein übernatürlicher Friede, der alle menschliche Vernunft übersteigt und nicht verleugnet werden kann.

Denn in Freuden werdet ihr ausziehen und in Frieden geleitet werden.

Jesaja 55, 12

Laßt uns nun dem nachstreben, was des Friedens ist.

Römer 14, 19

Du wirst wissen, daß du die Person getroffen hast, die Gott für dich hat, denn du wirst in bezug auf sie in deinem Geist Frieden haben.

Du wirst ein Gefühl haben, den Rest deines Lebens nicht ohne den Betreffenden verbringen zu wollen. Du wirst erkennen, daß sein Leben, sein Ruf, seine Begabungen, seine Persönlichkeit - *ebenso wie seine Schwächen und Fehler, die deinen Glauben herausfordern werden* - dazu bestimmt sind, ein Teil deines Lebens zu sein. (Erinnere dich: nur Jesus ist vollkommen!)

Wenn eure Beziehung sich den biblischen Regeln anpaßt, und der Heilige Geist deinem Geist Zeugnis gibt, daß ihr zueinandergehört, dann gibt es noch eine weitere wichtige Erwägung: Was sagen Freunde, die euer Vertrauen genießen, eure Eltern und Ältesten im Herrn dazu? Wenn euer Pastor, eure Eltern oder ein reifer und respektierter christlicher Freund ernsthafte Zweifel über eure Heiratsabsichten zum Ausdruck bringt, dann laßt euch alles noch einmal ganz genau durch den Kopf gehen! (Siehe Hebräer 13, 7-17).

Gott wird seinen Willen für dein Leben stets durch Menschen bestätigen, die du im Glauben respektierst und zu denen du aufsiehst.

Der Fokus des ledigen Lebens - Prioritäten setzen

Ob du planst, eines Tages zu heiraten, oder nicht - gottgefällige Prioritäten setzen ist eines der wichtigsten Dinge, die du tun kannst, während du ledig bist. In dieser Zeit richtet man jene Gewohnheiten ein, die man für den Rest seines Lebens beibehalten will. Wenn du heiratest, werden deine Gedanken sich mit anderen Dingen beschäftigen!

Die erste Priorität in deinem Leben ist deine Beziehung zu Gott. Du solltest ihm jeden Tag Zeit einräumen, in der er deine ungeteilte Aufmerksamkeit genießt - Qualitätszeit mit Gott! Denke daran, er gibt dir täglich seine 24 besten Stunden, damit auch du dir leisten kannst, ihm deine beste Zeit zu geben, ob dies nun morgens ist, in deiner Mittagspause oder abends, bevor du zu Bett gehst.

Dies ist eine Zeit des Studium von Gottes Wort, des Nachdenkens über seine Verheißungen und des Gebets. Deine Liebe und Abhängigkeit von Gott werden zunehmen, und Reife wird sich einstellen. Der Heilige Geist wird dir Richtungsweisung für den Augenblick oder für Tage im voraus geben. Und, wenn du dich als Lediger dazu erziehst, Zeit mit ihm zu verbringen, dann wird sich die Beständigkeit und Stabilität, die deiner täglichen Zeit mit ihm entspringt, in deine Ehe übertragen.

Behalte des weiteren den ganzen Tag über eine innere Haltung des Gebets bei. Dies bedeutet nichts weiter, als den Kommunikationskanal mit dem Heiligen Geist offenzuhalten und sich stets seiner Gegenwart bewußt zu sein. Du magst ihm danken, ihn preisen, ihn anbeten, Buße tun, seine Weisheit in einer Angelegenheit suchen oder ihn um die Erfüllung bestimmter Bedürfnisse oder Verlangen in deinem Leben bitten. Dies ist, "mit allem Gebet und Flehen zu jeder Zeit im Geist zu beten" (Epheser 6, 18).

Wenn deine geistlichen Prioritäten feststehen, dann wird sich auch dein natürliches Leben leichter fügen. Arbeit, Dienst, Freizeit, Studium, gesellschaftliches Leben, usw., werden leichter zu managen sein, wenn deine Beziehung zum Herrn stark ist. Und es erübrigt sich zu sagen: du wirst deinen Partner leichter erkennen, wenn er oder sie in dein Leben tritt, wenn du mit dem Geist Gottes in Verbindung stehst!

Prioritäten, die man früh im Leben setzt, werden es leichter machen, eine erfolgreiche Ehe zu führen. Wenn dein Leben geistlich in Ordnung ist, wirst du emotional und mental stark und stabil sein sowie grundsätzlich physisch fit sein. Du wirst von deinem Partner weniger fordern, daß er dich glücklich macht, und statt dessen mehr von dir selbst geben können, um ihn glücklich zu machen.

Falls du andererseits nie heiraten solltest, dann werden dich richtig gesetzte und eingehaltene Prioritäten an Geist, Seele und Körper stark erhalten. Du wirst in allen Dingen zufrieden sein, wie Paulus es war. Und auch du wirst frei und fähig sein, anderen etwas zu geben, je nach dem, wie der Herr dich führt.

Ledig und glücklich - kann das sein?

Dies aber sage ich als Zugeständnis, nicht als Befehl.

Ich wünschte aber, alle Menschen wären wie ich; doch jeder hat seine Gnadengabe von Gott, der eine so, der andere so.

1. Korinther 7, 6-7

Paulus war als Lediger nicht nur erfolgreich, sondern auch glücklich! Er war so glücklich, daß er wünschte, jeder könnte so zufrieden sein. Er hat ganz sicher nicht ausdrücken wollen, daß jedermann unverheiratet bleiben sollte, sonst würde die ganze Menschheit bald aufhören zu existieren! Er sagte, ledig oder verheiratet zu sein macht dich nicht glücklich; deine Beziehung zum Herrn macht dich glücklich.

Das Wort "Zugeständnis" bedeutet wörtlich auch "gemeinsame Meinung". Paulus gibt hier keinen Befehl, sondern äußert eine gemeinsame Meinung. Er sagt: "Dies ist nicht nur meine, sondern auch Gottes Meinung."

In Vers 7 spricht er von zwei Gaben, der Gabe des Ledigseins und der Gabe des Verheiratetseins. Beide sind Gaben Gottes und die eine steht nicht über oder unter der anderen. Jede Gabe bringt ihren eigenen Lebensstil und ihre eigenen Vor- und Nachteile mit sich. Gott hat jedoch für jede Situation Vorsorge getroffen. Ob verheiratet oder ledig, er stellt all die Kraft, die Gaben, die Weisheit und das Wissen zur Verfügung - alles, was du brauchst, um ein erfolgreiches Leben führen zu können!

Wenn du dazu berufen bist, ledig zu bleiben, dann wirst du die Gaben und Fähigkeiten empfangen, die dazu nötig sind, eine erfolgreiche und erfüllte ledige Person zu sein.

Es bleibt zu bedenken, daß ledig oder verheiratet zu sein die Aktionsweise des Teufels dir gegenüber nicht beeinflußt! Nur weil du beschlossen hast, ledig zu bleiben, bedeutet dies nicht, daß du nicht mit Versuchung zu tun haben wirst, und nur weil du heiratest, bedeutet dies nicht, daß du nicht mit diesen selben Versuchungen konfrontiert wirst!

Wenn Ledige ihre Augen vom Herrn abwenden und ihr Studium des Wortes Gottes vernachlässigen, beginnen sie sich einsam zu fühlen, und wünschen sich, sie wären verheiratet. Sie denken: "Wenn ich verheiratet wäre, würde ich nicht alleine in der Gemeinde oder im Restaurant sitzen." Doch auch wenn Verheiratete ihre Augen vom Herrn und seinen Verheißungen abwenden, fühlen sie sich einsam! Ein Verheirateter kann mit seinem Partner und den Kindern zu Mittag essen und dennoch empfinden, daß etwas Entscheidendes in seinem Leben fehlt.

Die verheiratete und die ledige Person können im selben Restaurant sitzen, einander ansehen und denken, daß der andere glücklich ist. Das Gras erscheint auf der anderen Seite immer grüner, wenn man einsam ist. Doch beide haben dasselbe Problem! Sie haben sich von dem Einzigen abgewandt, der sie innerlich vervollständigen kann.

Beide, der Ledige wie der Verheiratete, hat Jesu Worte vergessen, daß er ihn weder verlassen noch versäumen wird (Hebräer 13,

5). Sie vermögen alles durch ihn (Philipper 4, 13), und es ist sein Wunsch, daß sie voller Freude sind (Johannes 15, 11).

Wenn du dich einsam fühlst, verbringe Zeit mit Jesus durch das Studium seines Wortes und im Gebet.

Deshalb ist es so wichtig, daß du dir Prioritäten setzt. Zeit mit dem Herrn zu verbringen muß an erster Stelle stehen. Jedesmal wenn sich *irgendein* Christ einsam, frustriert, gelangweilt oder unruhig fühlt, dann sind dies Anzeichen dafür, daß er nicht genug Zeit im Gebet und in Gottes Wort verbringt.

Ich möchte Ledigen noch etwas mitteilen: Wir sollen "... unser Zusammenkommen nicht versäumen" (Hebräer 10, 25). Es ist schwer, einsam zu sein, wenn du jedesmal in die Gemeinde kommst, wenn die Türen offen sind und dort in einem Bereich des Dienstes mitarbeitest. Alle Mitglieder einer Gemeinde sollten in irgendeiner Form mitarbeiten, Ledige jedoch ganz besonders.

All diese Dinge sind Teil der Gnade, die Gott dir vorsorglich gibt, damit du ein erfolgreiches Leben als Lediger führen kannst.

Jesus muß an erster Stelle stehen - immer

Jesus präsentiert uns in Lukas 14, 16-24 die Geschichte eines Mannes, der ein großes Fest veranstaltete und seinen Diener aussandte, um seine Freunde einzuladen, zu ihm zu kommen. Der Diener kehrte zurück und berichtete, daß jeder seiner Freunde eine Entschuldigung dafür habe, nicht zu kommen. Einer hatte ein Stück Land gekauft, das er besichtigen mußte, ein anderer hatte ein neues Gespann Ochsen gekauft, das er eingewöhnen mußte, und ein weiterer hatte gerade geheiratet und wollte seine Frau nicht alleine lassen.

Er präsentiert uns die Pointe dieser Geschichte in Vers 26:

> **Wenn jemand zu mir kommt und haßt nicht seinen Vater und seine Mutter und seine Frau und seine Kinder und seine Brüder und Schwestern, dazu aber auch sein eigenes Leben, so kann er nicht mein Jünger sein.**

Jesus sagt uns nicht, daß wir jeden, den wir kennen, hassen müssen, um seine Jünger zu sein! Er sagt ganz einfach, daß er in unseren Leben in beiden Fällen an erster Stelle kommen muß, bevor *und nachdem* wir natürliche Segnungen erlangt haben.

Zweifellos waren diese Männer regelmäßig Gäste an seinem Tisch, während sie Gott für ein Feld, Ochsen oder eine Frau glaubten. Doch wie so viele Gläubige vergaßen sie die Dinge Gottes, nachdem ihr Verlangen einmal gestillt worden war.

Denn wer unter euch, der einen Turm bauen will, setzt sich nicht zuvor hin und berechnet die Kosten, ob er das Nötige zur Ausführung habe?

Lukas 14, 28

Im Zusammenhang mit der Geschichte betrachtet, die Jesus gerade geschildert hat, hat diese Aussage großen Tiefgang. Er sagt damit: wenn du zum Fest seines Wortes kommst, um eine Frau zu empfangen und nach der Heirat sein Wort verläßt, dann hast du die Kosten nicht berechnet. Eine erfolgreiche Ehe bedarf des geistlichen Fundamentes der Gemeinschaft mit Gott und anderen Gläubigen.

Wenn du alleinstehend bist und deine Beziehung zum Herrn und zur Gemeinde nicht als eine lebenslange Angelegenheit betrachtest, sondern lediglich "mitspielst", um an einen Partner zu gelangen, dann steht dir ein abgrundtiefer Sturz bevor! Du hast die Kosten nicht überschlagen.

Wenn du jedoch während du ledig bist beschließt, daß du und dein zukünftiger Partner regelmäßige Gäste auf Gottes Fest sein werden, in der Ortsgemeinde, in seinem Wort und im Gebet, dann sind die Kosten berechnet, und du kannst eine erfolgreiche Ehe führen.

Dies aber sage ich, Brüder: Die Zeit ist begrenzt: daß künftig die, die Frauen haben, seien als hätten sie keine.

1. Korinther 7, 29

Paulus bringt hier zum Ausdruck, daß die Zeit vor der Wiederkunft des Herrn weniger wird. Wenn nun Paulus die Zeit für begrenzt hielt, als er dies schrieb, um wieviel kürzer ist sie dann heute? Selbst die Ungläubigen fühlen, daß etwas Unbeschreibliches bevorsteht.

Er fährt fort: "... daß künftig die, die Frauen haben, seien als hätten sie keine", was nicht bedeutet, daß Männer ihre Frauen ignorieren sollen! Dies ist eine weitere Herausforderung an unsere

Prioritäten. Unsere Beziehung zum Herrn und unsere Hingabe an ihn sollte uns, wenn wir verheiratet sind, genauso wichtig sein wie damals, als wir ledig waren.

... und die Weinenden, als weinten sie nicht, und die sich Freuenden, als freuten sie sich nicht, und die Kaufenden, als behielten sie es nicht.

1. Korinther 7, 30

Ob du eine gute oder eine schlechte Ehe führst - eine, die dir Freude macht oder dich zum Weinen bringt -, der Herr sollte immer noch an erster Stelle stehen. Ob du genug Geld hast oder nicht, der Herr muß die oberste Priorität in deinem Leben sein!

Gläubige folgen dem Herrn oft, wenn sie geringen Wohlstand genießen und verlassen ihn, wenn die Finanzen mehr werden. Falls sie später in finanzielle Schwierigkeiten oder Eheprobleme geraten, tauchen sie wieder in der Gemeinde auf und suchen Rat.

Prioritäten sollten sich nicht aufgrund von Umständen oder Besitzständen ändern (Philipper 4, 11).

Während du ledig bist und mehr Zeit hast, die du ihm zur Verfügung stellen kannst, ist die Zeit, eine lebenslange Liebe und Hingabe an den Herrn zu entwickeln. Dies ist der Abschnitt deines Lebens, in dem du das Wort Gottes genau kennenlernst und mit dem Heiligen Geist Gemeinschaft hast. Errichte ein starkes Fundament aus Studium, Gebet und gottgefälligen Beziehungen innerhalb deiner Gemeinde. Dies wird dich in schwierigen Zeiten tragen. Später, wenn du heiratest, wird dieses Fundament deine Ehe stützen.

... und die die Welt Nutzenden, als benutzten sie sie nicht; denn die Gestalt dieser Welt vergeht.

1. Korinther 7, 31

Dieser Schriftvers richtet sich an die, die sich nicht im vollzeitlichen Dienst befinden, sondern einem Beruf in der Welt nachgehen. Wenn du in die Welt hinaustrittst, um deinen Lebensunterhalt zu verdienen, dann sollst du dies auf legale und ethisch einwandfreie Weise tun. Doch Paulus warnt dich, dich nicht an dein Geschäft zu verlieren und den Herrn darüber zu vergessen.

Sich zu sehr mit einem Geschäft oder einem Beruf zu beschäftigen ist eine weitverbreitete Versuchung für Ledige. Da sie weder auf Frau noch auf Familie Rücksicht nehmen müssen, richten sie all ihre Energie und Aufmerksamkeit auf ihren Beruf, und werden so leicht von den Dingen Gottes und der Gemeinde abgelenkt.

Stabilität und Freude werden nicht in deinem Beruf oder Geschäft erworben, sondern durch Gemeinschaft mit dem Herrn und seiner Gemeinde.

Die nationale Wirtschaft bewegt sich in Zyklen, an der Wall Street gibt es Höhen und Tiefen, und die Weltmärkte fluktuieren. Darüber hinaus verändert sich die Welt ständig. Man kann zur Universität gehen und sich auf einen Beruf vorbereiten, den es zehn Jahre später nicht mehr gibt! Wenn auch dein Arbeitsplatz möglicherweise abgebaut wird - Jesus wird nie abgebaut.

Darüber hinaus versorgt dein Geschäft nicht nur dich mit Finanzen für den Lebensunterhalt, sondern auch den Dienst. Du stehst aus zwei Gründen im Berufsleben: Gott befähigt dich, deine Arbeit gut zu tun, und deine Fähigkeit und Stabilität dienen zum Zeugnis, um deine Kollegen zum Herrn zu führen.

Der Geber der Fähigkeit oder des Geschäftes allein ist es, auf den du dich verlassen kannst, nicht die Fähigkeit oder das Geschäft selbst.

Ich will aber, daß ihr ohne Sorge seid. Der Unverheiratete ist für die Sache des Herrn besorgt, wie er dem Herrn gefallen möge.

1. Korinther 7, 32

Paulus erklärt den Ledigen: "Sorgt euch um nichts, denn Jesus ist euer Anteil auf jedem Gebiet eures Lebens." Ob du nun beabsichtigst, nur gegenwärtig oder für immer ledig zu bleiben, du bist durch deine Beziehung zu ihm innerlich komplett. Während du danach strebst, ihm zu gefallen, wird er dein Leben ausgefüllt gestalten.

Paulus entschied sich, ledig zu bleiben

Wahrscheinlich war es so, daß überall, wo Paulus diente, Paare ihn zum Essen einluden, sich über den Tisch lehnten und ihn fragten: "Sag, Paulus, wann wirst du heiraten?"

Manchmal ist es für ein glücklich verheiratetes Paar schwer verständlich, daß ein Lediger in Christus ausgeglichen und erfüllt sein kann und daß all die Liebe, die er normalerweise seinem Partner hätte zuteilwerden lassen, nun dem Herrn, der Familie, Freunden und denjenigen, denen er dient, zugewandt wird. *Das Leben mit Jesus als Lediger kann genauso erfüllend sein wie ein Leben mit Jesus als Verheirateter.*

Haben wir etwa kein Recht, eine Schwester als Frau mitzunehmen wie die übrigen Apostel und die Brüder des Herrn und Kephas?

1. Korinther 9, 5

Ich zitiere diese Schriftstelle noch einmal, um die Tatsache hervorzuheben, daß Paulus erklärt, er habe das Recht, eine Frau zu nehmen, wie die anderen Apostel auch. Er zog jedoch vor, dies nicht zu tun - vermutlich weil er das Ausmaß seines Rufes kannte. Er wollte fähig sein zu gehen, wann der Herr ihm auftrug zu gehen, ohne auf eine Frau Rücksicht nehmen zu müssen. Ich bin mir sicher, daß er mit seiner Kenntnis des Wortes Gottes und seiner Entschlossenheit, danach zu leben, einen großartigen Ehemann abgegeben hätte. Doch seine erste Priorität wurde die allumfassende Leidenschaft seines Lebens.

Der Verheiratete aber ist um die Dinge der Welt besorgt, wie er der Frau gefallen möge, und so ist er geteilt.

1. Korinther 7, 33

Der größte Vorzug des Lebens als Lediger ist, daß man mehr Zeit für den Herrn hat. Was Paulus beschloß, durch Nichtheiraten aus seinem Leben zu eliminieren, war die Sorge um die Dinge dieser Welt. Ich möchte jedoch betonen, daß die Bibel nicht sagt, daß es eine Sünde sei, sich um die praktischen, alltäglichen Notwendigkeiten des Lebens zu kümmern. Dadurch sorgst du für deine Angehörigen.

Ein Ehemann muß beispielsweise bedenken, wie er seine Frau und seine Familie versorgen wird, wo sie leben werden, wo die Kinder zur Schule gehen sollen und was das Familienleben sonst noch so mit sich bringt. In 1. Timotheus 5, 8 heißt es sogar, wenn er dies nicht tut, ist er schlimmer als ein Ungläubiger.

Wenn aber jemand für die Seinen und besonders für die Hausgenossen nicht sorgt, so hat er den Glauben verleugnet und ist schlechter als ein Ungläubiger.

Darüber hinaus, daß er für seine Frau und seine Familie sorgt, trachtet der verheiratete Mann danach, seiner Frau zu gefallen. Er will sie glücklich machen! Man kann sehen, daß das Verheiratetsein viele weitere Ablenkungen mit sich bringt und daß es schwieriger wird, Zeit mit dem Herrn zu verbringen. Deshalb ist es so wichtig, eine starke Beziehung mit ihm aufzubauen, solange man ledig ist.

Paulus spricht im nächsten Vers über dieselben Erwägungen aus der Sicht der Frau:

Die unverheiratete Frau und die Jungfrau ist für die Sache des Herrn besorgt, damit sie heilig sei an Leib und Geist; die Verheiratete aber ist für die Sache der Welt besorgt, wie sie dem Mann gefallen möge.

1. Korinther 7, 34

Die unverheiratete Frau kann all ihre Aufmerksamkeit darauf richten, wie sie dem Herrn gefällt, daß sie im Wort Gottes wächst und reift und als einen Akt der Anbetung ihre sexuelle Reinheit vor ihm bewahrt. Sollte sie heiraten, wird sie die zusätzlichen Pflichten haben, ihrem Ehemann zu gefallen, einen Haushalt zu führen und eventuell für die Kinder zu sorgen.

Die Hauptaussage von 1. Korinther 7, 29-34 ist: Denke nach, bevor du heiratest.

Stürze dich nicht Hals über Kopf in eine Ehe, ohne sie vorher zu durchdenken, darüber zu beten und Frieden von Gott zu haben. Im Glauben zu wandeln bedeutet nicht, daß du das Überschlagen der Kosten und das Planen für morgen vergessen kannst. Egal wie lange du ledig warst, eine Heirat wird dein Leben grundlegend verändern!

Wir leben in einer Gesellschaft, die propagiert: "Wenn es sich gut anfühlt, dann tu' es", von Fast Food, Mikrowellenherden und Instantkaffee. Niemand muß mehr denken. Wir leben außerdem in einer sexbesessenen Gesellschaft. Zusammengenommen ergeben diese Umstände katastrophale Voraussetzungen für eine Ehe.

Es ist sehr wichtig für ledige Gläubige, daß sie ihre Zeit allein ausnutzen, um sich selbst in den Prinzipien Gottes zu gründen. Zu denken lernen, wie Gott denkt, und Dinge so zu tun, wie Gott sie tut, wird sich in Krisenzeiten auszahlen. Wenn sie dann heiraten und ihre Welt sich völlig verändert, wird dieses solide Lebensfundament sie durchtragen.

Abschließend sagt Paulus:

Dies aber sage ich zu eurem eigenen Nutzen, nicht um euch eine Schlinge überzuwerfen, sondern damit ihr ehrbar und beständig ohne Ablenkung beim Herrn bleibt.

1. Korinther 7, 35

Der Heilige Geist hat all diese Verse nicht schreiben lassen, um uns von der Ehe abzuschrecken, sondern damit wir wissen, was wir zu erwarten haben. Weil wir nun eine gute Vorstellung davon haben, wie sich unser Leben durch eine Ehe verändert, werden wir nicht durch Gedanken wie "Ich frage mich, wie es wohl wäre?" abgelenkt. Statt dessen können wir uns leichter auf den Herrn konzentrieren und wissen, daß unsere Jahre des Ledigseins eine besondere Zeit des Reifens sind.

Diese Verse vermitteln *allen* Gläubigen neue Wertschätzung für das Ledigsein. Nach ihrer Lektüre fühlen wir uns alle dazu inspiriert, Jesus noch ernsthafter zum Zentrum unseres Lebens zu machen. Für Ledige sind sie jedoch von besonderer Aussagekraft. Wenn ein Lediger die Wahrheit annimmt und danach lebt, wird wie bei Paulus der Tag kommen, an dem der Zustand seiner Seele Philipper 4, 11 entspricht:

Ich habe gelernt, mich darin zu begnügen, worin ich bin.

Kapitel 7
Das Werk der Liebe

MAN SAGT OFT, DASS DIE DINGE, die wir im Leben am schwersten erlangen, die kostbarsten für uns sind. Als Christ glaube ich, daß dies wahr ist. Jesus hat im Vertrauen darauf, daß ich eines Tages seine Liebe erwidern und sein Diener und Freund werden würde, einen unbeschreiblichen Preis für meine Freiheit bezahlt. Das Opfer, das er gebracht hat, um eine Beziehung zu mir herzustellen, macht meine Beziehung zu ihm um so kostbarer. Sie ist erste Priorität in meinem Leben.

Doch ich kann dasselbe auch über meine Beziehung zu Loretta sagen. Sie ist meine Frau, meine Geliebte und neben Jesus mein bester Freund. Die Opfer, die sie bringt, währenddem sie ungeteilten Herzens bei mir bleibt, mich liebt und für mich sorgt - selbst in Zeiten, in denen ich ihr Schmerz verursache - werden von mir nicht übersehen. Die Bibel drückt es am besten aus: Ihr Wert geht mir weit über Korallen (Sprüche 31, 10).

Des weiteren sind einige der schwierigsten Momente meines Lebens ein Resultat meiner Verpflichtungen Loretta gegenüber. Auch ich muß Opfer bringen und mich Veränderungen unterziehen, die ich lieber vermeiden würde! Es gibt Zeiten, in denen ich die Zähne zusammenbeiße und mich dazu zwinge, das Richtige zu tun oder mich zu verändern, um sie so zu lieben und für sie zu sorgen, wie es das Wort Gottes befiehlt.

Wir leben in einer Gesellschaft, deren moralischer Standard geworden ist: "Was für mich richtig ist, ist richtig." Das Konzept der Aufopferung wurde mit "Identitätsverlust" oder "Verhinderung der Selbstverwirklichung" gleichgesetzt. Dies steht in direkter Opposition zu den biblischen Prinzipien, die erklären, daß *persönliches Opfer im Gehorsam gegen Gott dir deine Herzenswünsche erfüllen und nicht vorenthalten wird.*

Wer sein Leben findet (festhält), wird es verlieren, und wer sein Leben verliert um meinetwillen, der wird es finden.

Matthäus 10, 39

Dennoch gibt es Zeiten, in denen sich selbst der geistlichste Christ, wenn er gerade für seinen Partner "sein Leben hingibt", fragt: "Ist es das alles wert?" Absolut! Genauso wie Jesus es für wert geachtet hat, den Preis für eine Beziehung mit uns zu bezahlen, haben Loretta und ich es für wert erachtet, den Preis für unsere Ehe zu bezahlen. Und die Segnungen, die wir als ein Resultat unserer Treue und unseres Durchhaltens erfahren, sind weitaus größer als alles, was wir uns je hätten vorstellen können. Wir haben unser Leben wahrlich "gefunden"!

Im ersten Kapitel dieses Buches haben wir eine Schriftstelle aus der Feder Salomos betrachtet, in der er beobachtete, wie Männer, die ihrer einen Frau treu blieben, großen Segen und Wohlstand erlebten - selbst wenn sie Gott nicht kannten ("... alle Tage deiner Nichtigkeit").

Genieße das Leben mit der Frau, die du liebst, alle Tage deines nichtigen Lebens, das er dir unter der Sonne gegeben hat, all deine nichtigen Tage hindurch! Denn das ist dein Anteil am Leben und an deinem Mühen, womit du dich abmühst unter der Sonne.

Prediger 9, 9

Der letzte Satz dieses Verses ist das Thema dieses Kapitels: "...an deinem Mühen, womit du dich abmühst unter der Sonne." Hier wird uns eine nüchterne Tatsache präsentiert: ja, eine gute Ehe ist für jeden zu haben, doch sie kostet einige Anstrengung.

Wenn du die Segnungen der Ehe erleben willst, dann wirst du um ein gewisses Maß an harter Arbeit nicht herumkommen!

Die Herausforderung in Korinth

Keiner Gruppe von Leuten wurde dieses Prinzip mehr bewußt als den Korinthern. Korinth war das Las Vegas seiner Zeit, als das Evangelium dorthin gelangte. Dort war *alles* legal, und sexuelle Sünde entsprach dem akzeptierten Lebensstil.

Korinth war auch eine der intellektuellsten Städte des alten Griechenland. Historisch betrachtet versinken Städte und Nationen, die sich ohne Kenntnis geistlicher Wahrheit auf den menschlichen Verstand konzentrieren, in schlimmer Unmoral.

Prostitution war in Korinth nicht nur legal, sie war auch Teil der Anbetung der griechischen Götter. Man betete Venus, die Göttin der Liebe, dadurch an, daß man in dem ihr zu Ehren errichteten Tempel mit den Priesterinnen und Priestern Geschlechtsverkehr hatte. Die allgemeine Ansicht in Korinth war, daß Sex, der Spaß macht, außerhalb der Ehe vollzogen wurde. Der einzige Grund für den Geschlechtsakt innerhalb der Ehe war, um Kinder zu zeugen.

Darüber hinaus war die Stadt Korinth in Stämme aufgeteilt, und es entsprach der Tradition, die Stämme rein zu bewahren und getrennt voneinander zu halten. Deshalb wurden Ehen von den Eltern innerhalb der Stämme festgelegt, lange bevor die Kinder erwachsen waren. Es war strikt verboten, Kinder außerhalb des Eheverhältnisses zu zeugen.

Junge Leute wurden bei der Auswahl ihrer Partner nicht gefragt, noch hatten sie viel Kontakt mit ihnen, nachdem sie verheiratet waren. Es war die Aufgabe der Frau, Kinder zu bekommen und den Haushalt zu besorgen, während der Mann seinen Geschäften nachging. Sie schliefen nur miteinander, um Kinder zu zeugen. Die übrige Zeit gingen beide zur sexuellen Befriedigung in den Tempel. Da des weiteren Homosexualität legal und weit verbreitet war, praktizierten viele Männer und Frauen auch dies im Tempel.

Nahezu jedes Prinzip des Wortes Gottes stand im Widerspruch zu der heidnischen Religion Korinths! So bestand die Aufgabe von Paulus im 1. Korintherbrief darin, ein grundlegendes Fundament der Moral, der Lehre und des Verhaltens in der Gemeinde zu erstellen.

Die Korinther glaubten nicht an die Auferstehung, also besprach er in Kapitel 15 die Notwendigkeit und die Kraft der Auferstehung Jesu. Sie mißbrauchten die Geistesgaben so schlimm, daß er drei Kapitel, 12 bis 14, darauf verwandte, über die Einfachheit der Manifestation der Geistesgaben zu lehren.

Ihnen fehlte das richtige Verständnis über das Abendmahl - sie verwandelten es in ein wildes Trinkgelage. Paulus weist sie deshalb in Kapitel 11 an, sich beim Abendmahl nicht zu betrinken, und informiert sie über die Heiligkeit dieser Handlung.

Nachdem Paulus Korinth verlassen hatte, erkannten die jungen Gläubigen, daß Gott nicht wollte, daß sie Geschlechtsverkehr außerhalb der Ehe hatten, daß die Vereinigung von Ehemann und Ehefrau sowohl dem sexuellen Vergnügen, als auch dem Zeugen von Kindern diente. Das ganze Konzept der Treue zum Gatten war ihrem früheren Leben und Denken völlig fremd.

Sie gerieten so sehr in Aufruhr, daß sie einen Brief an Paulus sandten und ihn baten, die Angelegenheit zu klären. Paulus bespricht dieses Thema im siebten Kapitel:

Was aber das betrifft, wovon ihr mir geschrieben habt, so ist es gut für einen Menschen, keine Frau zu berühren.

Aber um der Unzucht willen habe jeder seine eigene Frau, und jede habe ihren eigenen Mann.

1. Korinther 7, 1-2

Da alles, was Vergnügen bereitete, in Korinth legal war, schokkierten diese schlichten Aussagen aus der Feder des Paulus die dortigen Neubekehrten. Wie viele neue Christen mußten sie gelehrt werden, was Gott als Sünde betrachtet. In ihrer Unwissenheit brachten sie sexuelle Perversion in die Gemeinde.

Im ersten Vers sagt Paulus, daß sie weder vor noch außerhalb der Ehe Geschlechtsverkehr haben sollten. Die Ledigen riefen nun: "Soll das bedeuten, daß ich warten muß, bis ich verheiratet bin, um Sex zu haben?" In Vers 2 fährt er fort und sagt, Gott hat verordnet, daß ein Mann eine einzige Frau haben soll und daß sich das sexuelle Vergnügen auf die Ehe beschränken muß. Zweifellos ließ jeder Verheiratete in der Versammlung das Gesicht hängen und drehte sich um, um seinem Partner einen genauen, prüfenden Blick zu widmen! Ihr gesamter Lebensstil wurde umgekrempelt.

Es gab vermutlich viele Christen in Korinth, die mit ungläubigen Partnern, unzüchtigen Gatten oder Homosexuellen verheiratet waren. Noch schlimmer: viele Neubekehrte waren selbst an das Leben in sexueller Sünde gewöhnt! Jeder nur mögliche Grund für Scheidung lag vor. Trotzdem erklärte Paulus ihnen: "Gott wird euch helfen, eure Probleme in den Griff zu bekommen!"

Gnade für das Unmögliche

Oft kommt ein Paar zur vorehelichen Beratung in mein Büro und verkündet, daß Gott sie zusammengebracht habe. Glühend erklären sie, daß sie genau zueinander passen und nie irgendwelche Probleme haben werden. Ich weiß sofort, daß sie wohl wissen mögen, wie man den richtigen Partner *findet*, daß sie jedoch noch keine Ahnung haben, wie man mit diesem richtigen Partner *lebt*!

Gott vereint in der Ehe Herzen miteinander. Im Geist wirst du vervollständigt, und das ist wunderbar. Doch es ist das Zusammenfügen des Fleisches, was Schwierigkeiten bereitet! Ich beziehe mich nicht nur auf den sexuellen Aspekt, sondern auch auf die kleinen Dinge, die Mann und Frau im Alltagsleben begegnen. Dies sind unscheinbare Dinge, die zu großen Anliegen werden können und letztlich auch die sexuelle Beziehung beeinflussen werden.

Ich habe mich beispielsweise oft gefragt, ob alle Frauen in der Mitte auf die Zahnpastatube drücken. Ich wurde gelehrt, daß man sie, höchst effizient, von unten her ausdrückt und nach oben rollt, doch Loretta ergriff sie in der Mitte und verunstaltete mein schönes Kunstwerk! Wie haben wir dieses Problem schließlich gelöst? Habe ich sie zu meiner Denkweise bekehrt? Habe ich zum Schluß nachgegeben und ihre Art der Tubenbehandlung toleriert? Nein - wir kauften zwei Tuben Zahnpasta!

Wir wollen auch das herbe Erwachen am Morgen nach der Hochzeitsnacht nicht vergessen. Ihr Make-up ist nicht nur über ihr Gesicht verschmiert, sondern auch über dein ganzes Kissen. Du lehnst dich hinüber und sagst zärtlich: "Hallo", und sie windet sich aus Ekel vor deinem Atem.

Nachdem die Flitterwochen vorbei sind, stellst du fest, daß sie ihren Kuchen nicht so bäckt wie deine Mutter. Genaugenommen kocht sie gar nichts so, wie du es gerne hättest. Ihre saubere, ordentliche Welt erhält einen Knacks, als sie Bartstoppeln im Waschbecken findet. Der Toilettensitz ist ständig nach oben geklappt, und deine Unterwäsche ziert den Fußboden des Schlafzimmers. Deine Mutter hat schließlich immer hinter dir her aufgeräumt!

Wenige Ehen zerbrechen an etwas Monumentalem, sie scheitern meist an den kleinen Dingen, die sich Tag für Tag ansammeln und schwelen, bis sie zu einem echten Problem werden. Solche Probleme sind jedoch nichts im Vergleich zu denen der Korinther. Wenn sie eine glückliche Ehe führen konnten, dann ist die deine ein Klacks!

Unbeeindruckt dringt Paulus zum Kern der Sache vor, zu dem, was die Bibel hier "eheliche Pflicht" nennt.

Der Mann leiste der Frau die eheliche Pflicht, ebenso aber auch die Frau dem Mann.

1. Korinther 7, 3

Das Wort "leisten" bedeutet geben, doch "Pflicht" deutet an, daß es sich um etwas handelt, was wir einander *schulden*. "Leisten" heißt, daß du die Wahl hast, ob du geben willst oder nicht, "Pflicht" bedeutet jedoch, daß du von Gott dazu angehalten wirst, zu geben.

Meine Gemeindeangestellten sind beispielsweise von Gott zu ihren Positionen berufen, und sie alle tun ihre Arbeit als Dienst vor dem Herrn. Doch am Ende eines jeden Monats erwarten sie ihr Gehalt! Einmal im Monat *entscheide* ich mich dazu, ihnen das zu geben, was ich ihnen *schulde*. In gleicher Weise kann dein Mann oder deine Frau erwarten, daß du deiner "Pflicht" nachkommst.

Das Wort "Pflicht" läßt oft unangenehme Bilder vor unserem inneren Auge entstehen, doch es ist im Grunde ein sehr schönes griechisches Wort, *eunoia*, ein Kompositum. *Eu* bedeutet "gut" und *noia* heißt "Verstand". Dies bedeutet nicht, daß du deinem Partner ordentlich die Meinung sagen sollst!

Eunoia bedeutet, daß du deinem Ehepartner schuldest, Gedanken der Güte und der Gnade zu denken. Du schuldest ihm "Gnadendenken". Die Extra-Höflichkeit während der Zeit des Ausgehens hört mit der Hochzeit nicht auf. Was in der Ehe geschuldet wird, ist nicht in erster Linie Sex, sondern *Rücksichtnahme*. Liebende Gedanken und zärtliche Zuneigung werden einander *geschuldet*. Das beste Sexualorgan, über das du verfügst, befindet sich nicht zwischen deinen Beinen, sondern zwischen den Ohren!

Männer, wenn ihr bei eurer Frau im Bett mehr Erfolg haben wollt, dann hört auf, sie zu betatschen, wenn ihr von der Arbeit kommt und sprecht statt dessen mit ihr. Sex ist mehr als nur ein Mittel, den Streß eines harten Tages abzubauen. Sex soll von *beiden* genossen werden. Widme deiner Frau nette Worte und etwas Aufmerksamkeit für ihren anstrengenden Tag. Höre ihr aufmerksam zu, wenn sie über die Kinder, ihre Freunde oder ihre eigene Arbeit außerhalb des Hauses spricht. Du *schuldest* ihr das. Dann sieh nach, ob sich eure Liebesnächte nicht zum Besseren wenden!

Frauen, überrumpelt euren Mann nicht, wenn er nach Hause kommt. Erwartet nicht, daß er sich sofort eurem Fluß der Dinge anpaßt. Findet heraus, wie er den Übergang von Arbeit zu Familie am besten bewerkstelligt und erlaubt ihm, sich innerlich anzupassen. Entschließe dich, ihm mit Liebe und Verständnis entgegenzutreten, und dann sieh nach, ob er dich nicht mit größerer Rücksichtnahme behandelt.

"Eheliche Pflicht" oder "Gnadendenken" bedeutet, die Einstellung zu deinem Partner anzunehmen, die Gott dir gegenüber hat.

Gottes Liebe ist bedingungslos. Er ist langmütig uns gegenüber. Anstatt deinen Partner wegen seiner Fehler zu tadeln, betrachte deine eigenen. Hält Gott dir deine Fehler dauernd vor? Gott behandelt dich so, wie ihr euch behandelt habt, als ihr miteinander ausgegangen seid! Das Umwerben und die Höflichkeit sollten keinesfalls aufhören, wenn die Ehe beginnt. Der Lohn dafür ist zu wertvoll, als daß sie vernachlässigt werden könnten.

Männer sind wegen ihrer breiten Schultern, großen Muskeln, lockigen Haare und ihres schönen Autos noch lange keine großartigen Liebhaber. Innere Stärke und ein dienendes Herz sind für eine weise Frau begehrenswerter als äußere Stärke oder finanzielle Ressourcen. Auch eine Frau ist wegen ihrer phantastischen Figur und ihres schönen Gesichts noch keine gute Liebhaberin. Innere Schönheit und ein sanftes Herz sind für einen reifen Mann viel begehrenswerter als ein attraktives Äußeres.

Ich habe gesehen, wie ein Mann seine gutaussehende Ehefrau zu Gunsten einer nicht so hübschen Frau fallen ließ, aus dem einzigen Grund, weil ihm seine Frau nie das Gefühl vermittelte, er wäre ihrer würdig. Die "andere Frau" behandelte ihn mit Respekt und praktizierte "Gnadendenken". Ich habe auch gesehen, wie eine Frau ihren solariumgebräunten, muskulösen Macho-Ehemann wegen eines Mannes mit Glatze und großen Ohren verlassen hat. Sie ging zu dem, der gut zu ihr war und sie zu einer wichtigen Priorität in seinem Leben machte. Ihr Adonis von einem Mann stand da und verstand die Welt nicht mehr.

Gutes Aussehen vergeht, doch eine innere Einstellung des Gnade-gewährens wird überdauern und eine Beziehung erhalten.

In der Zeit, in der ihr miteinander ausgegangen seid, habt ihr die Gedanken und das Herz des anderen gewonnen. Jeder hat versucht, dem anderen mehr zu geben und ihn mehr zu lieben. Nun, da ihr verheiratet seid, schuldet ihr einander dieselbe Rücksichtnahme. Es ist nicht Gottes Wille für euch, zu heiraten und nun abzustumpfen und dem anderen keine Beachtung mehr zu schenken!

Liebe ist eine Herzenshaltung.

Einer der wichtigsten Aspekte des "Gnadendenkens" ist dieser: Selbst wenn dein Partner nichts unternommen hat, um dir zu gefallen, trachtest du danach, ihm zu gefallen. Die Gnade sagt nicht: "Ich mag dich, wenn du mich magst", sondern: "Ich werde gut zu dir sein, ob du mich nun richtig behandelst oder nicht." Wenn beide, der Mann und die Frau, diese Einstellung haben, dann wird diese Ehe nie zerbrechen, und die Beziehung gewinnt täglich an Freude.

Wie oft sollten wir denn nun Sex haben?

Dies ist gewöhnlich die Frage, die die Frau stellt! Ich bin jedoch sicher, daß auch die Korinther großes Interesse daran hatten, dies zu erfahren, während sie verzweifelt versuchten, ihr neues Leben in Christus auch sexuell in den Griff zu bekommen!

> **Die Frau verfügt nicht über ihren eigenen Leib, sondern der Mann; ebenso aber verfügt auch der Mann nicht über seinen eigenen Leib, sondern die Frau.**
>
> **Entzieht euch einander nicht, es sei denn nach Übereinkunft eine Zeitlang, damit ihr euch dem Gebet widmet und dann wieder zusammen seid, damit der Satan euch nicht versuche, weil ihr euch nicht enthalten könnt.**
>
> **1. Korinther 7, 4-5**

Dein Leib gehört deinem Partner, und der Leib deines Partners gehört dir. Die Frau besitzt buchstäblich den Körper ihres Mannes, und er besitzt ihren. Wie auch in deiner Beziehung zu Jesus gehörst du nicht mehr dir selbst. In der Ehe gehörst du deinem Gatten. Dies wird jedoch nur dann keine Probleme hervorrufen, wenn ihr beide euch einander gebt und Gedanken der Gnade füreinander hegt.

Erwarte nicht, daß die Segnungen Gottes dein Leben erfüllen, wenn du Schriftstellen zitierst, um deinen Partner in selbstsüchtiger Weise sexuell auszunutzen.

Die Ausdrucksweise, mit der Paulus fortfährt, ist sehr unmißverständlich. Eine andere Übersetzung sagt: "Beraubt einander nicht!" Du solltest nicht einmal daran denken, "Nein" zu sagen, wenn dein Mann oder deine Frau dich sexuell begehrt, es sei denn, es gibt einen berechtigten physischen Grund dafür. Die einzige Zeit, in der ihr euch enthaltet, ist, wenn ihr euch beide darüber einig seid, eine Zeitlang zu beten.

Dieser Vers teilt uns mit, wie wichtig der eheliche Liebesakt ist. Verheiratete Paare sollten regelmäßig körperliche Intimität pflegen. Gott befiehlt dies, weil es die Beziehung gesund und stark erhält. Eines der Zeichen, daß deine Prioritäten nicht mehr in Ordnung sind oder sich Schwierigkeiten in eure Beziehung eingeschlichen haben, ist ein Mangel an sexueller Intimität und Lust auf Sex.

Wir sehen hier wiederum eine Parallele zu deiner Beziehung zum Herrn. Wenn deine Prioritäten in Ordnung sind und du dein Herz vor ihm rein hältst, dann hast du kein Problem damit, den Herrn von Angesicht zu Angesicht anzubeten. Doch du weißt, daß dein Leben nicht ausgeglichen ist oder du der Sünde Raum gegeben hast, wenn es dir schwer fällt, Jesus in die Augen zu sehen und ihm zu sagen, daß du ihn liebst.

In gleicher Weise sind viel Spaß und große Lust an der sexuellen Liebe mit deinem Partner das Resultat von "Gnadendenken". Wenn du etwas gegen deinen Partner hast, wenn Streit und Uneinigkeit zwischen euch getreten ist, dann kann es schwierig sein, einander von Angesicht zu Angesicht zu lieben. Nur wenn du dir eine innere Haltung der Vergebungsbereitschaft und der Barmherzigkeit aneignest, wirst du den Beischlaf mit deinem Partner wieder wirklich genießen, denn er ist eine Zeit der Bestätigung von Liebe und Vertrauen.

Hingegeben den Herrn zu loben und zu preisen bringt Kraft und Stabilität in dein Leben und dient als Richtschnur, um dich auf dem rechten Weg zu halten. In gleicher Weise bringt die Intimität der Liebe Stärke und Stabilität in eure Ehe und ist ein sicheres Zeichen dafür, daß eure Beziehung in den richtigen Bahnen verläuft.

Die unterschätzte Macht des Gebets

In 1. Korinther 7, 5 finden wir auch einen der wichtigsten Schlüssel zu einer guten Ehe: *Gebet*. Der Vers teilt uns zunächst mit, daß "Übereinkunft" bestehen muß, wenn auf sexuellen Verkehr eine Zeitlang verzichtet werden soll. "Übereinstimmung" deutet auf Kommunikation und Zustimmung hin. Bedenke weiter, *warum* Mann und Frau sich dazu entschließen könnten, sich zu enthalten. Möglicherweise nehmen sie sich Zeit, um einer Familienkrise oder einer drückenden Not in ihrer Gemeinde im Gebet entgegenzutreten, oder weil sie Richtungsweisung brauchen.

Wenn deine Ehe vor einem Problem steht oder ihr eine schwierige Entscheidung zu treffen habt, dann solltet ihr euch stets als erstes dem Gebet widmen. In anderen Worten, unterbrecht alle natürlichen Aktivitäten und übergebt euch der übernatürlichen Weisheit und Kraft Gottes. Der beste Ratgeber ist der Heilige Geist. Er kennt die Antwort auf jede Situation und die Lösung zu jedem Konflikt, in dem du dich befinden magst.

Falls die Angelegenheit zwischen euch so explosiv geworden ist, daß ihr nicht mehr miteinander beten könnt, dann solltet ihr einen Gemeindeseelsorger aufsuchen. Unglücklicherweise kommen viele Christen zur Seelsorge, um sich hier jemanden zu suchen, der sich mit ihnen gegen ihren Partner wendet. Sie sind nicht wirklich daran interessiert, sich selbst zu ändern, sondern nur ihren Partner. Doch wenn sie beide kommen, um zu lernen und nicht, um ihre Sicht der Dinge zu verteidigen, dann kann ihre Ehe genesen.

Wenn Eheleute täglich zwischen fünfzehn und dreißig Minuten miteinander Hand in Hand beten, jedes Anliegen und jeden Streitpunkt vor den Herrn bringen und ihn um seine Weisheit bitten, dann garantiere ich, daß Gott ihnen antworten und all ihrer Not begegnen wird. Gemeinsames Gebet ist einer der Schlüssel zu einer erfolgreichen, erfüllenden Ehe.

Diese Schriftstelle enthält den Hinweis, daß eine der subtilsten Arten, wie eine Ehe in Schwierigkeiten geraten kann, die ist, daß man sich langsam von der Priorität des Gebets entfernt. Oft ändern Ehepaare ihre Prioritäten, nachdem sie verheiratet sind, und das sollten sie nicht. Wenn du heiratest, dann fügst du deinem Leben einen neuen Verantwortungsbereich hinzu, doch deine geistlichen Prioritäten sollten gleich bleiben.

Ehepaare sollten auch eine Zeit des Bibelstudiums pflegen, in der es um ihre Ehe geht. Eines der gewaltigsten Kapitel, die ich zum Studium empfehlen kann, ist 1. Korinther 13. Jedes verheiratete Paar, das sich dazu verpflichtet, dieses Kapitel zu leben, kann eine phantastische Ehe führen.

Probleme lösen

Ich habe etliche Dinge gelernt, die zur Lösung von Eheproblemen beitragen. *Erstens, betone* ***deine*** *Fehler und Schwächen, nicht die deines Partners.* Wir alle tendieren dazu, unsere eigenen Fehler zu verniedlichen und zu rechtfertigen und die Fehler unseres Partners übergroß darzustellen. Wenn wir auf unsere eigenen Fehler sehen und an ihnen arbeiten, können wir nicht nur Streit mit unserem Partner vermeiden, sondern werden dadurch auch geistlich wachsen und heranreifen. Du kannst dich nicht ändern, ohne dein Fleisch zu kreuzigen! Und wenn du dir angewöhnst, den Finger auf dich selbst zu richten anstatt auf deinen Partner, dann wirst du wesentlich mehr Barmherzigkeit und Geduld für ihn aufbringen!

Zweitens, übe dich im Zuhören anstatt im Reden - und das Wort "übe" ist hierbei der Schlüssel. Zuhören ist eine Kunst, die man durch Übung erwirbt. Hast du schon einmal versucht, jemandem etwas mitzuteilen, und derjenige unterbrach dich, bevor du deinen Satz beenden konntest? Und was er sagte, hat dir gezeigt, daß er kein Wort von dem, was du soeben sagtest, gehört hat? Wir alle tun dies gelegentlich, weil wir die Kunst des Zuhörens noch nicht erlernt haben.

Diese ersten beiden Punkte waren für mich persönlich schwierig. Als meine Frau und ich die Scheidung erwogen und uns dann dazu entschlossen haben, an unserer Ehe zu arbeiten, dachte ich, alles würde sich innerhalb einer Woche erledigen. Doch selbst nach etlichen Monaten hatten wir noch immense Probleme. Die meisten waren auf mangelnde Kommunikation und Stolz zurückzuführen. Ich wollte, daß sie meine Seite hört und zur Kenntnis nimmt, und sie wollte dasselbe von mir.

Schließlich bat ich sie, mir noch einmal vorzutragen, was ihre Beschwerden wären, und ich unternahm die ultimative Anstrengung, diese aufzuschreiben. Ich erwartete, etliche Stunden mit Schreiben zu verbringen. Gemessen an der Häufigkeit, die sie mit mir darüber gesprochen hatte, war ich mir sicher, daß es mindestens einhundert geben mußte. Zu meiner Überraschung hatte sie nur sieben oder acht! Du siehst, ich hatte ihr nicht zugehört. Wann immer sie mich darauf ansprach, nahm ich an, daß sie nur wieder meine vielen Fehler herunterrasseln würde, und habe einfach weggehört.

Jetzt, während sie mir jede Beschwerde einzeln vortrug, wollte ich jedesmal etwas nach ihr werfen, doch ich zügelte mein Temperament und brachte ihren Punkt zu Papier. Als sie fertig war, sagte sie: "Ich behaupte nicht, daß du voller Fehler bist. Es ist nur, daß manche von ihnen deine guten Seiten aufheben."

Als ich zu meinem nächsten Predigttermin fuhr, nahm ich die Liste mit. Während ich von allem weit weg war, betete ich und bat den Herrn, mir zu zeigen, ob sie recht oder unrecht hatte. Ich sagte: "Herr, wenn sie unrecht hat, dann will ich in Liebe auf sie zugehen. Zeige mir, wie ich ihr die Meinung sagen soll."

Der Herr unterbrach mein selbstloses Gebet und sagte: "Was willst du? Sie hat in allem recht!" Es dauerte anderthalb Tage, bis er mich überzeugt hatte. Am ersten Tag zeigte er mir alles auf, was sie aufgezählt hatte. Den nächsten halben Tag versuchte ich ihm alles auszureden! Erst als ich schließlich erkannte, daß all dies wirklich von Gott war, rief ich Loretta an und besprach alles mit ihr.

Dieser Telefonanruf bewirkte einen der größten Durchbrüche in unserer Ehe. Die Festungen der mangelnden Kommunikation und der Selbstsucht waren aufgedeckt worden. Langsam aber sicher ersetzten wir sie mit guten Kommunikationsgewohnheiten und Ehrlichkeit.

Wenn es dir möglich ist, deinen Stolz abzulegen, dich genau so zu sehen, wie du bist, und dir deine Fassaden, Ängste und Schwachheiten einzugestehen, dann kann dein Partner sich wirklich mit dir auseinandersetzen.

Als ich mich für Loretta öffnete und anfing, meine Fehler in den Griff zu bekommen, begann auch sie sich mir gegenüber zu öffnen. Nachdem ich meine Seele vor ihr bloßgelegt hatte, vertraute sie mir hinreichend, um ihre eigenen Fehler, Ängste und Schwächen zu diskutieren. Zum ersten Mal seit langer Zeit unterhielten wir uns wirklich und hörten einander zu. Unsere Freundschaft war wieder intakt.

Drittens, nachdem das Problem klar formuliert und verstanden wurde, diskutiert Lösungen und Antworten. In Markus 11, 24 heißt es nicht: "Alles, worüber ihr euch beklagt ..." Wenn ihr bei dem Problem verweilt, werdet ihr den Schmerz und die Verwirrung am Leben erhalten und sogar noch weitere Probleme entstehen lassen. In dieser Atmosphäre kann euch der Heilige Geist keine Antworten mitteilen. Formuliert im Gebet euer Verlangen, in diesem Fall die Antworten auf eure Probleme.

Gott kennt das Problem, du mußt es also nicht ständig zur Sprache bringen. Was du beten sollst, ist die Antwort, ist sein Wille für euer Leben. Das Arbeiten an Lösungen, nicht das Verweilen bei Problemen, verschafft dir den Glauben für die Gnade, die du brauchst. Dann kannst du alle Situationen überwinden.

Abschließend erinnere dich daran, daß Liebe kein Gefühl ist; Liebe ist ein Entschluß. Die Bibel sagt, daß der Glaube durch die Liebe wirksam wird, doch man könnte auch umgekehrt sagen, daß Liebe durch Glauben wirksam wird. Es gibt Zeiten, in denen du dich dazu entschließen mußt, deinen Partner zu lieben, und darauf vertraust, daß sich die Gefühle später einstellen werden.

Es wird Momente geben, in denen du die Zähne zusammenbeißt, ein ermutigendes Wort aus deinem Mund herausquälst und dich dazu zwingst, zärtlich zu sein. Doch die Belohnungen dafür, das Richtige getan zu haben, sind immer großartig. Da du deine Handlungen auf das Wort Gottes gründest und nicht auf deine Gefühle, garantiere ich, daß es nicht lange dauern wird, bis der Funke der Liebe wieder glüht!

Es gibt im Wort Gottes ein übernatürliches Gesetz, das besagt, daß ein Mann so ist, wie er in seinem Herzen denkt (Sprüche 23, 7), daß also das, was du in deinem Herzen zu glauben beschließt, deinen Lebensweg bestimmen wird (Markus 11, 23-24). Es mag einige Zeit dauern, bis sich die Manifestation im Natürlichen einstellt, doch von dem Moment an, an dem du dein Herz und deinen Sinn darauf richtest zu glauben, beginnt die Sache in deinem Leben Gestalt anzunehmen.

Zu diesem allen aber zieht die Liebe an, die das Band der Vollkommenheit ist.

Kolosser 3, 14

Wenn du dein Herz und deinen Sinn darauf richtest und dich dazu entscheidest, deinen Mann oder deine Frau zu lieben, was ja mit dem Wort Gottes in Einklang steht, dann wird die Zeit kommen, in der du sie oder ihn leidenschaftlich lieben wirst. Weil sich deine Liebe auf das Wort Gottes gründet und nicht deiner eigenen Kraft entspringt, wirst du sie oder ihn sogar mehr lieben, als du dir je hast träumen lassen.

Schwiegereltern

Da wir uns mit dem Thema "Konflikte und Probleme in der Ehe" beschäftigen, wollen wir auch eine Schriftstelle betrachten, die das Thema "Schwiegereltern" anschneidet!

Darum wird ein Mann seinen Vater und seine Mutter verlassen und seiner Frau anhangen, und sie werden zu einem Fleisch werden.

1. Mose 2, 24

Das Verlassen der Schwiegereltern wurde befohlen, bevor es je Schwiegereltern gab!

Das Loslassen des mütterlichen Rockzipfels ist notwendig für den Erfolg jeder Ehe. Eine der Hauptursachen für Scheidung sind Schwiegereltern, die sich einmischen, die sich nicht aus den Angelegenheiten ihrer Kinder heraushalten können - oder Kinder, die heiraten und sich weigern, erwachsen zu werden und selbst Verantwortung für ihr Leben zu übernehmen. Wann immer irgendeine Herausforderung, Unannehmlichkeit oder eine schmerzliche Situation eintritt, laufen sie geradewegs heim zu Mama oder Papa, anstatt gemeinsam mit ihrem Partner die Kraft und Weisheit Gottes in Anspruch zu nehmen, um die Angelegenheit zu bewältigen.

Das Wort "verlassen" bedeutet nicht, daß du Mutter und Vater nie mehr sehen sollst; es bedeutet "die Autorität deiner Eltern verlassen". Sobald du verheiratet bist, üben deine Eltern nicht länger Autorität über dein Leben aus. Du wirst sie immer *ehren* (2. Mose 20, 12; Epheser 6, 2), also eine Haltung des Respekts und der Dankbarkeit bewahren. Du blickst jedoch nicht länger so zu ihnen auf, wie du es früher getan hast. Du wirst "zu einem Fleisch" mit deinem Partner, wenn du erkennst und akzeptierst, daß dein hauptsächlicher Ratgeber nicht länger deine Eltern sind, sondern dein Mann oder deine Frau.

Viele Eltern sagen: "Nun, ich will ihnen ja nur helfen, Fehler zu vermeiden." Laß sie ihre eigenen Fehler machen! Dies ist eine Art und Weise, wie wir erwachsen werden, und manchmal lernen wir durch unsere Fehler die wertvollsten Lektionen. Oder sie sagen: "Nun, wir wollen nicht, daß sie dieselben Fehler machen wie wir." Hier zahlt es sich aus, "den Knaben seinem Weg gemäß erzogen zu haben" (Sprüche 22, 6).

Während du deine Kinder erziehst und wenn sie alt genug sind, um zu verstehen, teile ihnen deine Fehler mit. Laß sie wissen, wie du gelitten hast, als du Gott hier nicht gehorcht oder dort rebelliert hast. Wenn sie dann verheiratet sind, vertraue der Wahrheit, die du in sie gelegt hast und laß sie ziehen! Stelle dich nur dann zur Verfügung, wenn sie dich wirklich brauchen.

Wenn Eltern und Kinder die Verbindungen ganz klar trennen und die neue Ehe wirklich respektieren, dann können Schwiegereltern ein wunderbarer Segen sein. Die Eltern eines verheirateten Paares können sich während der Jahre als eine großartige Unterstützung und Quelle der Weisheit erweisen.

Die Kraft der Heiligung

Als Paulus sich in Kapitel 7, Vers 10, an die Korinther wandte, richtete er sich an jene Ehen, in denen beide Partner Gläubige waren. Nun, in Vers 12, spricht er zu Gläubigen, die mit Ungläubigen verheiratet sind. Er nennt sie "die Übrigen".

Den Übrigen aber sage ich, nicht der Herr: Wenn ein Bruder eine ungläubige Frau hat und sie willigt ein, bei ihm zu wohnen, so entlasse er sie nicht.

Und eine Frau, die einen ungläubigen Mann hat, und er willigt ein, bei ihr zu wohnen, entlasse den Mann nicht.

1. Korinther 7, 12-13

Es gibt zwei Möglichkeiten, wie man in einer Ehe unter ungleichem Joch gehen kann. Entweder hast du entgegen dem Wort Gottes einen Ungläubigen geheiratet, oder du bist erst von neuem geboren worden, nachdem ihr geheiratet habt. Was sollst du in diesen beiden Fällen tun, wenn du, ein Gläubiger, mit einem Ungläubigen verheiratet bist? In den Versen 12 und 13 sagt Paulus, wenn du mit einem Ungläubigen verheiratet bist und dieser dich noch immer liebt und mit dir leben will, dann sollst du dich nicht von ihm scheiden lassen.

Nur weil dein Partner ein Ungläubiger ist, hast du kein Recht, dich scheiden zu lassen.

Beachte, daß Paulus sagt: "Den übrigen sage ich, nicht der Herr ..." Paulus relativiert seine Aussage, weil Jesus in seinem öffentlichen Dienst nie über die Ehe zwischen einem Gläubigen und einem Ungläubigen gelehrt hat. Deshalb mußte sich Paulus für diese Situation um Weisheit vom Heiligen Geist bemühen.

Unter dem Neuen Bund ist es so: Falls du verheiratet bist, wenn du Jesus annimmst, und dein Partner lehnt zwar den Herrn ab, aber dich nicht, dann sollst du mit ihm verheiratet bleiben. Es ist mir unerklärlich, wie jemand Jesus als Herrn und Heiland annehmen und sich dann von seinem ungläubigen Partner scheiden lassen kann und alle Gelübde ihm gegenüber auflösen will. Wenn Gott wollte, daß du alle Versprechen auflöst, die du vor deiner Errettung gemacht hast, dann bräuchtest du auch deine Rechnungen nicht mehr zu bezahlen oder auf die Arbeit zu gehen.

Jesus zu kennen sollte dich dazu bewegen, diese Versprechen noch ernster zu nehmen, nicht, sie aufzugeben. Darüber hinaus sollte dir die Tatsache, daß du Jesus kennst, das Verlangen geben, deinen Partner gerettet zu sehen. Sich scheiden zu lassen ist nicht gerade ein großes Zeugnis!

Bevor wir in dieser Schriftstelle fortfahren, möchte ich einige Verse aus Matthäus, Kapitel 5, hinzuziehen, die davon handeln, daß wir für die Ungläubigen Salz und Licht sein sollen.

> **Ihr seid das Salz der Erde; wenn aber das Salz kraftlos geworden ist, womit soll es gesalzen werden? Es taugt zu nichts mehr, als hinausgeworfen und von den Menschen zertreten zu werden.**
>
> **Matthäus 5, 13**

Wenn Jesus sagt, daß wir das Salz der *Erde* sind, dann meint er damit buchstäblich den Boden, auf dem wir stehen. Wo immer wir gehen, sind wir Salz für diesen Ort.

Salz bewirkt drei Dinge: es konserviert, würzt und blockiert. Zur Zeit Jesu, bevor es Kühlschränke gab, wurde Fleisch gesalzen, um es zu *konservieren*. Und wir kennen den Wert der *Würzkraft* des Salzes. Kannst du dir vorstellen, Nahrungsmittel wie Eiweiß ohne Salz zu essen? Doch es gibt auch den *blockierenden* Aspekt von Salz. In der antiken Welt warfen siegreiche Armeen Salz auf Felder und pflügten es in den Boden, um zu verhindern, daß dort etwas wächst.

Dasselbe Salz, das erhält und würzt, kann auch blockieren, und dies bezieht sich auf die Autorität des Gläubigen über die Werke

Satans. Derselbe Christ, der durch sein Gebet verursacht, daß Menschen Segen und langes Leben zuteil wird, kann auch die Mächte des Feindes gegen sie aufhalten.

Deine Gegenwart bringt Segen, Würze und Schutz in deine Familie und stellt einen Kontrast dar zu der freudlosen, faden und gefährlichen Welt um sie herum. Warum ist unser Land so gesegnet? Weil es hier viel Salz gibt!

Ihr seid das Licht der Welt; eine Stadt, die oben auf einem Berg liegt, kann nicht verborgen sein.

Man zündet auch nicht eine Lampe an und setzt sie unter den Scheffel, sondern auf das Lampengestell, und sie leuchtet allen, die im Hause sind.

Matthäus 5, 14-16

Du bist nicht nur das Salz der "Erde", sondern auch das Licht der "Welt". Diese Worte sind unterschiedlich übersetzt, da es sich um unterschiedliche griechische Worte handelt. Während sich "Erde" in Vers 13 auf den physischen Boden bezieht, auf dem wir stehen, bezieht sich "Welt" in Vers 14 auf den *Kosmos*, oder das Weltsystem. Wir sind das Licht einer dunklen, von Satan dominierten Welt.

Seine Lampe unter einen Scheffel zu stellen, in Vers 15, symbolisiert dasselbe wie Salz, das seine Würzkraft verliert (Vers 13) - weder das eine noch das andere taugt zu irgend etwas. Wir sollen also zuerst im Haus (Vers 15) das Licht dieser Welt sein, und dann vor allen Menschen (Vers 16). Wie bereits zuvor erwähnt, wurde mir diese Tatsache anhand meines eigenen Lebens sehr bewußt: *Dein Licht strahlt in der Welt nicht heller als in deinem eigenen Heim.*

Viele Gläubige sind eifrig dabei, der Welt Zeugnis zu geben und auf der Arbeit, im Freizeitcenter oder in der Nachbarschaft Salz und Licht zu sein, doch in ihren eigenen Familien geben sie beim ersten Anzeichen von Schwierigkeiten auf und klappen zusammen. Sie sind willens, Gott für die Heilung von Krankheiten, die Rückerstattung finanziellen Verlustes und die Lösung von Problemen am Arbeitsplatz zu vertrauen, doch sie haben kein Bedürfnis danach, ihre Ehe geheilt und wiederhergestellt zu sehen, vor allem, wenn ihr Partner nicht errettet ist.

Doch 1. Korinther 7, 12-13 legt fest: Wenn der Ungläubige willig ist, bei dem Gläubigen zu wohnen, dann gibt es keinen Grund für eine Scheidung. Der ungläubige Partner will bei dir bleiben und ist willens, an möglichen Problemen zu arbeiten, obwohl er Jesus nicht angenommen hat.

Stelle dir einen Mann und eine Frau vor, die als Ungläubige heiraten. Alles läuft prima, bis die Frau eines Tages nach Hause kommt und sagt: "Liebling, ich weiß nicht, wie ich es dir sagen soll, doch ich bin diesen Sonntag mit meiner Freundin Mildred in eine Gemeinde gegangen. Nun, dort war alles völlig anders. Der Pastor hat eine Predigt gehalten, und ich habe mich wirklich angesprochen gefühlt. Als er gefragt hat, ob jemand Jesus als seinen Herrn und Erlöser annehmen will, sprach er direkt zu mir. Also bin ich nach vorn gegangen und, na ja, wurde von neuem geboren!"

"Was soll das heißen?" fragt er verständnislos.

"Nun, das bedeutet, daß ich jetzt Christ bin. Weißt du, ich kann jetzt wirklich mit Gott reden, und er spricht zu mir, weil ich sein Kind bin."

"Hört sich an, als ob du eine Gehirnwäsche erhalten hättest!"

"Nein! Komm schon, Liebling, ich war nicht lange genug in dieser Gemeinde, um eine Gehirnwäsche abzubekommen. Ehrlich, das ist etwas Gutes für uns, nichts Schlechtes."

"Nun gut, eines will ich wissen. Wie wird sich das auf unsere Ehe auswirken? Wirst du mich die ganze Zeit anpredigen und mich dazu drängen, in diese Gemeinde mitzugehen?"

"Nein. Ich hoffe, daß unsere Ehe besser wird. Ich werde dich nicht anlügen und sagen, daß es mir egal ist, ob du mitgehst oder ob du errettet wirst, doch ich weiß, daß Jesus mir helfen wird, eine bessere Ehefrau zu sein. Ich empfinde jetzt schon mehr Liebe für dich als jemals zuvor."

Dieser Mann willigt also ein, bei seiner Frau zu bleiben, obwohl sie eine Gläubige ist. Als Resultat davon, daß seine Frau "fromm" geworden ist, werden einige sehr interessante Dinge in seinem Leben zu geschehen beginnen!

Zum ersten Mal in ihrem Eheleben verfährt sie umsichtig mit dem Geld, das sie ausgibt, und hält sich an den vereinbarten Haushaltsplan. Natürlich fragt sie ihn, ob sie einen Teil ihres Einkommens weggeben kann und sagt ihm, daß sie glaubt, Gott werde ihn in seiner Arbeit segnen. Er sagt, er werde es drei Monate lang probieren. Zu seinem Erstaunen wird er befördert und erhält eine Gehaltserhöhung!

Dann fällt ihm auf, daß die Wohnung besser aussieht als je zuvor, daß das Essen besser schmeckt und sie trotzdem nicht erschöpfter aussieht. Eigentlich sieht sie besser aus denn je - und ihr Sexualleben ist Spitze! Das einzige, auf dem sie besteht, ist diese Zeit des Gebets und des Bibellesens am Morgen, sowie der Gemeindebesuch am Sonntag und in der Mitte der Woche. Besonders verblüfft ihn die Tatsache, daß sie Schriftstellen aus der Bibel betet, wenn jemand aus der Familie krank wird, und derjenige dann schneller gesund zu werden scheint!

Ob es ihm bewußt ist oder nicht, dieser Ehemann lebt das Leben eines geheiligten Partners.

Jesus erklärte, daß der Heilige Geist uns Kraft geben würde, Zeugen zu sein (Apostelgeschichte 1, 8), und einige der größten Zeugen sind Gläubige, die mit Ungläubigen verheiratet sind. Einer unserer größten Evangelisten, Smith Wigglesworth, bekehrte sich aufgrund der Liebe und des Glaubens seiner Frau. Obwohl er ihr verboten hatte, zur Gemeinde zu gehen, ging sie trotzdem. Eines Abends, als sie aus dem Gottesdienst zurückkam, fand sie die Haustür verschlossen. Frau Wigglesworth kauerte sich an die Eingangstür und übernachtete dort.

Als Smith am nächsten Morgen die Tür öffnete, um die Zeitung zu holen, sprang sie auf, gab ihm einen Kuß und rief: "Guten Morgen, Smith. Was kann ich dir zum Frühstück machen?" Diese Handlung der bedingungslosen Liebe brach sein hartes Herz und er nahm Jesus als seinen Herrn an. Er reiste zum Schluß kreuz und quer um den Globus und predigte das Evangelium. Es bekehrten sich nicht nur Tausende, sondern durch seinen Dienst wurden auch unbeschreibliche Wunder gewirkt.

Nicht alle Ehepartner bekehren sich so schnell wie Smith Wigglesworth, und manche nehmen den Herrn nie an. Doch solange der Ungläubige willig ist, mit seinem gläubigen Partner zusammenzuleben, sollte der Gläubige mit ihm verheiratet bleiben und sich dazu entschließen, bestmöglicher Ehepartner zu sein. Durch seine Treue wird der Partner geheiligt und empfängt den besonderen Segen des Herrn. In vielen Fällen bekehrt er sich.

Denn der ungläubige Mann ist durch die Frau geheiligt und die ungläubige Frau ist durch den Bruder geheiligt; sonst wären ja eure Kinder unrein, nun aber sind sie geheiligt.

1. Korinther 7, 14

Was geschieht mit den Kindern, die in einem geistlich getrennten Haushalt heranwachsen? Der gläubige Elternteil macht sich wahrscheinlich Sorgen darüber, ob die Kinder den Herrn annehmen werden oder nicht - und auch der Ungläubige sorgt sich darüber! Wer wird die Herzen der Kinder gewinnen? Wer hat mehr Einfluß?

Dieser Vers sagt, daß der Gläubige in der Ehe der Ausschlaggebende ist, weil er den Partner und die Kinder heiligt. Dies bedeutet nicht, daß sie von neuem geboren sind, nur weil du es bist! Weil du jedoch gerettet bist, bringst du den besonderen Segen und die Gunst Gottes über sie. Dies ist ein geistliches Prinzip - in deiner Familie bist du Salz und Licht.

Durch deine Gebete umgibst du deine Familie mit einem Schutzwall. Deine Kinder beobachten, wie dein Glaube Liebe, Frieden und Freude ins Heim bringt. Sie sehen, wie sich dein Leben im Herrn auf ihren anderen Elternteil in seiner Arbeit begünstigend auswirkt und ihnen in der Schule weiterhilfst. Du strahlst das Licht der Weisheit Gottes in die Familie hinein, und Probleme, die unlösbar erscheinen, werden lösbar.

Die Bibel sagt, daß der Gläubige die dominante geistliche Kraft zu Hause darstellt. Aufgrund seiner Gegenwart betrachtet Gott die Kinder als heilig. Demnach wird er, durch die Gebete und das Zeugnis des gläubigen Elternteils, ständig am Erfolg der Kinder arbeiten. Wenn dann für sie die Zeit der Entscheidung kommt, werden sie eher dazu neigen, sich zu Jesus zu bekennen, anstatt zur Welt, denn Licht ist immer stärker als Dunkelheit!

Die Striemen Jesu

Die einzige Möglichkeit, wie du in einem geistlich gespaltenen Haushalt deine persönliche Heiligkeit erhalten und deine Familie geheiligt bewahren kannst, ist durch das tägliche Studium von Gottes Wort. Kolosser 4, 6 sagt, daß wir all unsere Worte mit Salz, seinem Wort, würzen sollen. Dies bedeutet nicht, daß du jeden mit

Bibelstellen bombardierst, wann immer du deinen Mund aufmachst, sondern daß alles, was du sagst, die Wahrheit, die in dir wohnt, reflektieren sollte.

Darüber hinaus erhältst du dich dadurch geheiligt, daß du das Wort Gottes lebst, und nicht nur studierst. Wenn dein Partner dich aufzieht, weil du zur Gemeinde gehst - anstatt ihm die Meinung zu sagen, erinnere dich daran, daß "eine sanfte Antwort den Grimm abwendet". Erweise ihm Liebe und Respekt in dem Wissen, daß bedingungslose Liebe die größte Veränderung im Leben einer Person darstellt, nachdem sie errettet wurde. Liebe ist das mächtigste Zeugnis gegenüber einem ungläubigen Partner und ungläubigen Kindern.

Doch wie der Herr einem jeden zugeteilt hat, wie Gott einen jeden berufen hat, so wandle er; und so verordne ich es in allen Gemeinden.

1. Korinther 7, 17

Was immer unsere Situation auch sein mag, Gott hat uns ausreichend Gnade zugewiesen, damit wir sie bewältigen können.

Als ich meine Frau heiratete, gab Gott mir die Fähigkeit, die Gnade, mit ihr zu leben und sie glücklich zu machen. Er gab ihr die Gnade, mit mir leben zu können und mich glücklich zu machen. Anfangs haben wir seine Gnade nicht in Anspruch genommen. Wie ich in diesem Buch bereits gesagt habe, mußten wir beide uns seinem Wort anpassen, um seine Gnade zur Entfaltung zu bringen.

Falls du von neuem geboren worden bist, nachdem du geheiratet hast, und dein Partner will Jesus nicht annehmen, dann steht auch dir ausreichend Gnade zur Verfügung, mit ihm leben zu können, wenn er gewillt ist, bei dir zu bleiben. Du schaffst dies durch Verharren im Wort Gottes.

Wir alle sind manchmal versucht, unseren Partner mit jemand anderem zu vergleichen. Die Bibel sagt, daß es nicht weise ist, sich untereinander zu vergleichen (1. Korinther 10, 12). Meine Umschreibung von 1. Korinther 7, 17 ist: "Hört auf, euch über eure Position im Leben zu beklagen, und wandelt in der Gnade, die Gott euch gegeben hat. Sieh zu, wie seine Kraft in deiner Ehe Wunder wirkt!"

Wenn du wegen deines Glaubens ein großes Maß an Beleidigungen von deinem Partner einstecken mußt, dann bedeutet dies nicht unbedingt, daß er nicht gewillt ist, bei dir zu bleiben. Möglicherweise ist er aufgrund deiner Gebete und deines Zeugnisses einer unbeschreiblichen Überführung durch den Heiligen Geist ausgesetzt! (Diese Situation kann auch bei Paaren auftreten, die von neuem geboren sind, wenn der eine Partner nicht in Gemeinschaft mit dem Herrn lebt.) Erinnere dich an folgendes Prinzip: *Gott hat dich dazu gerufen, seine Gnade inmitten des Leidens anzuwenden und den Sieg zu empfangen.*

Denn hierzu seid ihr berufen worden; denn auch der Christus hat für euch gelitten und euch ein Beispiel hinterlassen, damit ihr seinen Fußstapfen nachfolgt;

der keine Sünde getan hat, noch ist Trug in seinem Mund gefunden worden,

der, geschmäht, nicht wieder schmähte, leidend nicht drohte, sondern sich dem übergab, der gerecht richtet;

der unsere Sünden an seinem Leib selbst an das Holz hinaufgetragen hat, damit wir, den Sünden abgestorben, der Gerechtigkeit leben; durch dessen Striemen ihr geheilt worden seid.

1. Petrus 2, 21-24

Jesus litt, weil er recht hatte, nicht weil er im unrecht war. Seine Einstellung uns gegenüber und seine Reaktion auf Leiden um des Evangeliums willen, sind heute unser Vorbild. Wann immer er Verfolgung durchlitt, erwiderte er nicht Böses mit Bösem, sondern vergab und überließ die Situation gänzlich dem Vater. Er blieb den Menschen in seiner Umgebung weiterhin ein Segen und erwies sich stets als Überwinder.

Wenn dein Partner dich wegen des Evangeliums hänselt, dann tendiert dein Fleisch dazu, sich zu erheben, ihn zu kritisieren und ihn niederzumachen. Wenn du dies tust, dann nimmst du das Gericht aus Gottes Hand in deine eigenen Hände. Laß es in seinen Händen! Er ist der vollkommene Richter. Darüber hinaus, wenn Jesus es so gemacht hat, dann muß es das Beste sein, was man tun kann!

In Vers 24 heißt es: "... damit wir, den Sünden abgestorben, ..." Halte dich der Sünde der Kritik gegenüber für tot! Beschließe fest in deinem Herzen und in deinem Sinn, daß Kritik dich nicht mehr stören oder verletzen wird. Wenn du diese Entscheidung triffst und dabei bleibst, dann wirst du inmitten von Diskriminierungen frei und siegreich sein. Dies ist eines der größten Zeugnisse für einen Ungläubigen oder einen Partner, der nicht in Gemeinschaft mit dem Herrn lebt.

Petrus fährt fort: "... durch dessen Striemen ihr geheilt worden seid." Wir wenden diesen Satz gewöhnlich auf körperliche Heilung an. Dies ist korrekt, doch damit haben wir die Reichweite dieses Verses im Kontext dieses Kapitels begrenzt. In 5. Mose 25, 1-3 heißt es, wenn zwischen zwei Männern eine Kontroverse entstand, dann sollte die Angelegenheit vor die Richter gebracht werden, die entscheiden sollten, wer recht und wer unrecht hatte. Dann wurde dem Missetäter eine entsprechende Anzahl von Schlägen verabreicht, die das Maximum von vierzig nicht überschreiten durfte - wohl dieselbe Anzahl von Striemen, die Jesus zu unserer Heilung erduldete.

In 1. Petrus 2, 24 zitiert Petrus Jesaja 53, 5:

Doch er war durchbohrt um unserer Treubrüche willen, zerschlagen um unserer Sünden willen. Die Züchtigung lag auf ihm zu unserm Frieden, und durch seine Striemen ist uns Heilung geworden.

Die Striemen Jesu bringen nicht nur Heilung in unser Leben, sondern auch Frieden.

Welche Schriftstelle kannst du für die Heilung deiner Familie in Anspruch nehmen? "Durch seine Striemen ist uns Heilung geworden!" So sicher, wie er diese Striemen wegen Krebs und Tuberkulose trug, trug er sie, damit wir Frieden inmitten des Sturmes haben können. Wir können zuversichtlich sein in dem Wissen, daß er dafür sorgen wird, daß der Friede über jede Kontroverse triumphiert.

Ein Wort zur Inkompatibilität

Zwischen wiedergeborenen Eheleuten sollte es so etwas wie "Wir passen nicht zusammen" nicht geben! Es gab eine Zeit, in der meine Frau und ich hätten schwören können, daß wir keine Liebe für einander hatten - absolut keine! Sie sagte zu mir: "Ich liebe dich nicht. Ich glaube sogar, ich habe den Falschen geheiratet." Dann begann auch ich zu denken, daß ich möglicherweise die Falsche geheiratet hatte. Erinnere dich, wir gingen beide in zwei verschiedene Richtungen.

Als wir den Glaubensschritt wagten und beschlossen, einander wieder zu lieben, entdeckten wir, daß es auf unsere Gefühle und unsere eigenen schwachen Gedanken überhaupt nicht ankam. Wie der Christ, dem eine Krankheit diagnostiziert wurde und der sich dazu entschließt, zu glauben: "Ich bin geheilt; ich bin gesund; durch die Striemen Jesu bin ich völlig wiederhergestellt", entschlossen sich meine Frau und ich dazu, zu glauben, daß wir einander liebten.

Wir zwangen uns zu denken und zu sagen, daß uns aneinander lag, daß wir einander mochten, daß wir füreinander bestimmt seien. Wir beteten Gottes Wort über unsere Ehe: "Danke Vater. Deine bedingungslose Liebe ist in unsere Herzen ausgegossen, und wir lieben einander." Anstatt uns auf die Fehler des anderen zu konzentrieren, begannen wir, Gott für die Stärken und guten Charaktereigenschaften zu danken.

Zu Beginn ist dies harte Arbeit, doch mit der Zeit fällt es immer leichter. Du bemerkst, wie deine Gefühle sich dem anpassen, was du zu glauben, zu beten und zu tun beschlossen hast. Eines Tages, wenn du nach einem harten Arbeitstag zur Tür hereinkommst, wird dir mit einem Mal bewußt, daß du es kaum erwarten kannst, deine Arme um deine Frau zu legen. Du mußt dich nicht mehr dazu zwingen! Schließlich begreifst du, daß Liebe kein Gefühl ist, sondern eine Entscheidung zur Hingabe.

Die tieferen Gefühle der Leidenschaft und des Vertrauens sind das angenehme Resultat der täglichen Entscheidung, den oder die Richtige zu lieben.

Heute ist meine Liebe zu Loretta größer als ich sie mir je hätte vorstellen können, als ich in jenem Hotelzimmer die Entscheidung dazu traf, sie zu lieben. Dennoch ein Wort der Warnung: Es gibt immer noch Tage, an denen wir uns nicht so fühlen, als ob wir einander liebten. Nun jedoch erlauben wir dem Mangel an Emotion nicht, unser Herz und unseren Sinn zu regieren. Unsere Beziehung wächst und festigt sich, weil wir uns dazu entschlossen haben, gemäß Gottes Wort zu leben und nicht nach unseren Gefühlen.

Es gibt etwas, das viel machtvoller ist als alle Probleme, die sich dir im Leben stellen, Eheprobleme eingeschlossen: das Wort Gottes. Eines Tages kam ich zu dem Schluß, eine glückliche Ehe sei eine absolute Unmöglichkeit. Ich dachte, daß ich hier eine Situation mit einer Person gefunden hätte, die Gott nicht verändern konnte. Doch ich hatte mich getäuscht! Als wir uns endlich dazu entschlossen, unsere Probleme zu bewältigen, herauszufinden, was Gottes Wort zu sagen hat und seine Verheißungen auf unsere Ehe anzuwenden, begann sich unsere ganze Beziehung zu verändern.

Das größte Investment

... und an deinen Mühen, womit du dich abmühst unter der Sonne.

Prediger 9, 9

Ehe ist Arbeit! Ungläubige, die eine gute Ehe führen, haben diese Tatsache akzeptiert. Sie haben sich dazu entschlossen, an ihrer Ehe zu arbeiten und haben erkannt, daß dies außerordentlich lohnend ist. Wenn Christen an ihrer Ehe arbeiten, dann arbeitet Gott mit ihnen zusammen, und der Lohn fällt sogar noch gewaltiger aus.

Es ist mir unbegreiflich, wie ein Ehemann einen großen Teil seiner Zeit mit der Ausübung eines Hobbys verbringen kann und einen beachtlichen Teil seines Einkommens und seiner Energie für etwas aufwendet, was ihm in diesem Leben sehr wenig und im Blick auf die Ewigkeit gar nichts gibt.

Geschäftsmänner *und* Geschäftsfrauen verwenden den größten Teil ihrer Energie und ihrer Gedanken auf ihren Beruf, indem sie während der Woche und an den Wochenenden lange Stunden arbeiten und erlauben, daß ihnen ihr Ehepartner fremd wird.

Viele Hausfrauen verlieren sich in Hobbys oder an Organisationen - selbst an Gemeinden. Dies kann sie davon abhalten, Zeit mit ihrem Ehemann zu verbringen. Dieser Mann wird eines Tages in Rente gehen, und du mußt bedenken: "Worüber werden wir sprechen? Was werden wir miteinander tun? Wie wird unser gemeinsames Leben aussehen?"

Gott hat eine Institution geschaffen, die dir eine reiche Dividende für den Einsatz an Arbeit gewährt, den du investierst: deine Ehe. Wenn du deinen Teil zu deiner Ehe beiträgst, Zeit mit deinem

Partner verbringst, ihm hilfst und mit ihm arbeitest, dann vervielfältigt sich der Segen. Selbst in späteren Jahren wird sich deine Ehe nur fortwährend verbessern.

Wenn auch unser äußerer Mensch aufgerieben wird, so wird doch der innere Tag für Tag erneuert.

2. Korinther 4, 16

Wenn du diese Schriftstelle auf deine Ehe anwendest, dann wird sie bewirken, daß eure Liebe täglich stärker und phantastischer wird, egal welchen Problemen oder Hindernissen ihr begegnet. Es ist für dich unmöglich, die Segnungen zu erahnen oder dir vorzustellen, was in dein Leben treten wird, wenn du Zeit, Mühe und Opfer in deine Ehe investierst. Während ihr älter werdet, wird euch jedes gute Samenkorn, das ihr im Leben des anderen gepflanzt habt, ein Vielfaches an Freude und Erfüllung zurückgeben - weit über eure kühnsten Träume hinaus!

Kapitel 8

Gott hat dich zum Frieden berufen

ANGENOMMEN, EIN MASSENMÖRDER IN SEINER Todeszelle würde errettet werden, und Gott würde auf wunderbare Weise bewirken, daß er aus dem Gefängnis entlassen wird. Dann würden ihn die meisten Gemeinden heute inständig darum bitten, in ihre Gemeinde zu kommen, sein Zeugnis zu geben und das Evangelium zu predigen. Viele Vollzeitprediger andererseits, die dem Herrn jahrelang gedient haben, werden von Teilen des Leibes Christi gemieden, weil sie sich scheiden ließen und wieder geheiratet haben.

Bis in die letzten Jahre hinein erschien es, als ob Scheidung die unverzeihliche Sünde wäre und nicht, Jesus als Herrn und Erlöser abzulehnen. Die Kirche hat alles mögliche getan, angefangen bei der Exkommunikation bis hin zum subtilen Ignorieren Geschiedener in der Ortsgemeinde. Heutzutage können Gemeinden Geschiedene schlicht und einfach deswegen nicht mehr meiden, weil die Scheidungsrate unter Christen fast ebenso hoch ist wie unter Nichtchristen. Manch einer würde die Hälfte seiner Mitglieder verlieren, wenn er Geschiedene ausschlösse!

Verstehe mich nicht falsch! Ich verniedliche die Sünde der Scheidung in keiner Weise, wir wollen sie jedoch aus biblischer Sicht betrachten. Die folgende Schriftstelle listet sieben Dinge auf, die Gott haßt, und du wirst feststellen, daß Scheidung nicht darunter ist.

Sechs Dinge sind es, die dem Herrn verhaßt sind, und sieben sind seiner Seele ein Greuel:

Stolze Augen, falsche Zunge und Hände, die unschuldiges Blut vergießen,

ein Herz, das heillose Anschläge schmiedet, Füße, die eilig dem Bösen nachlaufen,

wer Lügen vorbringt als falscher Zeuge und wer freien Lauf läßt dem Zank zwischen Brüdern.

Sprüche 6, 16-19

Gott haßt jede Art von Sünde, und es steht außer Frage, daß er auch Scheidung haßt. Sein Wort erklärt dies in Maleachi 2, 16. Nachdem wir seinen Plan für die Ehe, die ein Gleichnis auf unsere Beziehung zu ihm ist, studiert haben, verstehen wir, warum er Scheidung so leidenschaftlich haßt. Sich von seinem Partner scheiden zu lassen, entspricht gleichnishaft einem Abwenden vom Herrn.

Scheidung ist trotzdem nicht die unverzeihliche Sünde.

Genauso wie Gott die Sünde haßt, aber den Sünder liebt, haßt er die Scheidung, liebt aber den Geschiedenen. Auch wenn du geschieden bist, gibt es für dich noch einen Platz im Leib Christi. Du kannst diesen Platz wieder gänzlich einnehmen - egal, was die Position oder das Amt ist - nachdem du deine Situation in den Griff bekommen hast. Du mußt dem Heiligen Geist erlauben, jene Dinge in deinem Leben zu verändern, die die Scheidung verursacht haben und ihm erlauben, die Wunden zu heilen, die von ihr stammen.

Gibt es biblische Gründe für eine Scheidung?

Dies ist die erste Frage, die sich Geschiedenen stellen müssen. Die meisten haben jedoch keine Ahnung, ob es so etwas wie eine biblisch zu rechtfertigende Scheidung überhaupt gibt. Die Bibel sagt, obwohl sie etliche Scheidungsgründe einräumt, daß die Wurzel aller Scheidungen in der Härtigkeit des Herzens liegt. Jesus sprach darüber in Matthäus 19, 8, als er sagte, daß Gott wegen der Herzenshärtigkeit des Volkes durch Mose den Scheidebrief einführen ließ.

Wenn einer oder beide Eheleute ihr Herz gegen ihren Partner verhärten, dann verschließen sie ihr Herz auch gegen Gott. Manche verhärten ihr Herz gegen Gott und wenden sich zum Schluß auch gegen ihren Partner. In beiden Fällen werden sie sich am Ende scheiden lassen, wenn sie nicht Buße tun, sich zum Herrn zurückwenden, sich mit ihrem Partner versöhnen und mit ihm Frieden schließen.

Eine der schlimmsten Manifestationen von Hartherzigkeit ist körperliche Mißhandlung, ebenfalls ein biblischer Grund für Scheidung. Das Verprügeln des Ehepartners ist nicht nur in der Welt zu einer Epidemie geworden, sondern ist unter Christen fast ebensoweit verbreitet. Es ist schon ironisch, daß Maleachi 2, 16 der Schlüsselvers zu körperlicher Mißhandlung ist.

Die meisten Christen lesen im ersten Teil von Maleachi 2, 16, daß Gott Scheidung haßt, und hören dort auf zu lesen. Doch in dem Vers heißt es eigentlich:

> **Denn ich hasse Scheidung, spricht der Herr, der Gott Israels, ebenso wie man sein Gewand mit Unrecht (Gewalt) bedeckt, spricht der Herr der Heerscharen. So hütet euch bei eurem Leben und handelt nicht treulos.**

"... ebenso wie man sein Gewand mit Unrecht bedeckt", ist eine sehr schlechte Übersetzung. Mit dem Gewand ist eigentlich die Ehefrau gemeint. Meiner Meinung nach enthält die *Amplified Bible* eine der besten Übersetzungen dieses Verses:

> **Denn der Herr, der Gott Israels, sagt: Ich hasse Scheidung und eheliche Trennung und ihn, der sein Gewand (seine Frau) mit Gewalt bedeckt.**

Gott haßt nicht nur Scheidung, sondern er haßt es, wenn ein Mann (oder eine Frau) seine Frau (oder ihren Mann) mit Gewalt bedeckt.

Eine ungemein große Anzahl von Menschen, gewöhnlich Frauen, kommen in unsere Gemeinde zur Seelsorge, weil ihr Ehepartner sie verprügelt. Sie sind davon überzeugt, daß sie "ihr Leben für ihren Nächsten hingeben", wenn sie ihre Männer trotz aller Mißhandlungen bedingungslos lieben, und diese am Ende Buße tun und sich dem Herrn zuwenden werden. Es ist schließlich die Güte Gottes, die sie zur Buße führt, nicht wahr? Und Jesus sagte, wir müssen alle unser Kreuz aufnehmen und ihm nachfolgen, und er wurde schließlich auch geschlagen.

Dies ist eine satanische Verdrehung von Gottes Wort! Ein Christ mag wegen des Evangeliums körperliche Verfolgung erleiden, doch Gott hat deine Ehe oder Familie nicht zu einem Platz für körperliche Schläge bestimmt. Die Ehe ist von Gott nicht als ein Ort der Qual gedacht. In jeder Schriftstelle zum Thema Ehe, die wir studiert haben, wird sie als ein Ort der Liebe, der Zärtlichkeit und der Ermutigung bezeichnet.

Wenn du von deinem Partner körperlich mißhandelt wirst, vor allem wenn du Kinder hast, dann solltest du dich von ihm trennen. Es ist viel leichter, dem aggressiven Partner zu vergeben, Worte des Glaubens über ihn zu sprechen und im Glauben für ihn zu beten, wenn du nicht mit ihm zusammenlebst und dich nicht ständig davor fürchten mußt, daß er dir weh tut.

Du wirst die Situation dadurch, daß du bei dem Tyrannen bleibst, nur noch schlimmer machen. Suche einen guten, christlichen Seelsorger auf, der dir (und deinen Kindern, sofern du welche hast,) helfen kann, den Teufelskreis der Mißhandlung zu überwinden, in den du zu Hause geraten bist.

Dein Entschluß zu gehen und dein Festhalten am Ausbrechen aus dem Kreislauf der Mißhandlung kann deinen Partner wachrütteln und ihn dazu ermutigen, Hilfe zu suchen. In vielen Fällen muß ich jedoch leider sagen, weigert sich der Schläger, auch nur zuzugeben, daß er ein Problem hat. Er schiebt seine Verhaltensweise auf seinen Partner und übernimmt keinerlei Verantwortung für sein gewalttätiges Verhalten.

Etliche Bedingungen müssen jedoch erfüllt sein, bevor du eine Scheidung aufgrund von körperlicher Mißhandlung in Erwägung ziehen kannst. Erstens, du mußt lange genug von dem Tyrannen getrennt gewesen sein, um geistliche, seelische und emotionale Stabilität erreicht zu haben. Zweitens, dein Mann oder deine Frau muß sich weigern, Buße zu tun oder Schritte zur Änderung einzuleiten. Drittens und am wichtigsten, Gott wird dir im Gebet die Freiheit und den Frieden dazu gegeben haben, die Ehe aufzulösen.

Du solltest eine Ehe nie voreilig schließen, und du solltest dich nie voreilig scheiden lassen, selbst wenn du gültige Gründe hast.

Den zweiten biblischen Grund für Scheidung finden wir in 1. Korinther 7, 15-16. Die Bibel erlaubt einem Christen, sich aufgrund von Verlassenwerden scheiden zu lassen, wobei der eine Partner den anderen verläßt, weil dieser von neuem geboren ist.

Wenn aber der Ungläubige sich scheidet, so scheide er sich. Der Bruder oder die Schwester ist in solchen Fällen nicht geknechtet; zum Frieden hat uns Gott doch berufen.

Denn was weißt du, Frau, ob du den Mann erretten wirst? Oder was weißt du, Mann, ob du die Frau erretten wirst?

Wenn eine Ehe aus zwei Gläubigen besteht und der eine den anderen verläßt, dann ermutigt die Bibel dazu, alles zu tun, was man tun kann, um sich zu versöhnen und die Ehe wieder herzustellen. Doch wenn dein ungläubiger Partner auszieht und sich von dir scheiden läßt, dann bist du von Gott aus nicht dazu verpflichtet, ihm nachzueilen. Verfolge ihn nicht die Straße hinunter, um ihm alles mögliche zu versprechen und ihn zur Rückkehr zu bewegen. Die Bibel sagt auch nicht, daß du Gott dafür glauben und darum beten sollst, daß er zurückkommen möge.

1. Korinther 7, 15 sagt, daß Gott uns zum Frieden berufen hat, und es ist schwierig, wahren Frieden im Heim zu bewahren, wenn dein Partner deinen Glauben weder akzeptiert noch respektiert. Wenn der Ungläubige willig ist, bei dem Gläubigen zu wohnen, dann liegt die Sache anders, doch Auszug und Scheidungsklage sind deutliche Indikatoren dafür, daß der Ungläubige nicht willig ist, beim Gläubigen zu wohnen!

Manchmal kommen Gemeindemitglieder in mein Büro, die seit einem Jahr oder länger von ihrem ungläubigen Partner getrennt oder geschieden sind. Sie fragen mich: "Was soll ich tun?" Ich zeige ihnen dann diese Schriftstellen und fordere sie auf, ihren ungläubigen Partner loszulassen. Das Wort Gottes sagt, daß es nicht bei ihnen liegt, einen ungläubigen Partner zur Errettung zu führen, und daß sie nicht gebunden sind, wenn sie verlassen werden.

Und sie ist aus seinem Haus gezogen und ist hingegangen und die Frau eines anderen Mannes geworden,

wenn dann auch der andere Mann sie gehaßt und ihr einen Scheidebrief geschrieben, ihn in ihre Hand gegeben und sie aus seinem Haus entlassen hat oder wenn der andere Mann stirbt, der sie zur Frau genommen hat,

dann kann ihr erster Mann, der sie entlassen hat, sie nicht wieder nehmen, daß sie seine Frau sei, nachdem sie unrein gemacht worden ist. Denn ein Greuel ist das vor

dem Herrn. Und du sollst das Land, das der Herr, dein Gott, dir als Erbteil gibt, nicht zur Sünde verführen.

5. Mose 24, 2-4

Ich schließe diese Verse mit ein, um auf ein Mißverständnis bezüglich des "Einstehens für die Rückkehr deines Partners" einzugehen, das in den letzten paar Jahren populär geworden ist. Manche Christen gehen sogar so weit, daß sie im Glauben die Rückkehr ihres Partners erwarten, selbst nachdem der fortgegangene Mann oder die Frau wieder geheiratet hat. Diese Schriftstelle nennt dies ein Greuel vor dem Herrn, da dein Partner sich, um zurückkehren zu können, zuerst von der Person scheiden lassen müßte, mit der er gegenwärtig verheiratet ist.

Wenn du geschieden bist, und derjenige, von dem du geschieden wurdest (ob er nun errettet ist oder nicht), hat wieder geheiratet, dann bist du frei. Vertraue dem Herrn für einen anderen Partner, anstatt Gott vergeblich darum zu bitten, zu sündigen und eine Ehe zu zerstören.

Der dritte und bekannteste biblische Grund für Scheidung ist Unzucht. Wir erkennen dies aus Matthäus 5, 31-32, wo Jesus selbst sagt:

Es ist aber weiter gesagt, wer seine Frau entlassen will, gebe ihr einen Scheidebrief.

Ich aber sage euch: wer seine Frau entlassen wird, außer aufgrund von Hurerei, macht, daß sie Ehebruch begeht; und wer eine Entlassene heiratet, begeht Ehebruch.

Jesus sagt, daß Unzucht ein legitimer Grund für Scheidung ist, und er bezieht sich dabei auf 5. Mose 24, 1:

Wenn ein Mann eine Frau nimmt und sie heiratet und es geschieht, daß sie keine Gunst in seinen Augen findet, weil er etwas Anstößiges an ihr gefunden hat und er ihr einen Scheidebrief geschrieben, ihn in ihre Hand gegeben und sie aus seinem Haus entlassen hat, ...

Das Wort "etwas Anstößiges" bedeutet dasselbe wie "Unzucht". Beide Worte bezeichnen sexuelle Unmoral. Ich möchte noch einmal betonen, daß dieses Prinzip genauso gut auf den *Mann* angewendet werden kann, wenn er in sexuelle Unmoral verstrickt ist, obwohl diese Verse die *Frau* als anstößig beschreiben.

Jesus rief eine gewisse Unruhe unter den Schriftgelehrten und Pharisäern hervor, als er "Hurerei" anstatt "etwas Anstößiges" sagte. Zu der Zeit, in der Jesus wirkte, hatten die Schriftgelehrten und Pharisäer die Bedeutung von "etwas Anstößigem" so weit ausgedehnt, daß es "das Brechen jedweden Jota oder Tüttel des Gesetzes" umfaßte. Ein jüdischer Mann konnte deshalb seine Frau entlassen, wenn sie sich in irgend einem Bereich des Gesetzes einer Übertretung schuldig gemacht hatte.

Das Gesetz sagte beispielsweise, daß man als unrein zu betrachten war, wenn man sich mit einem Toten in einem Raum befand, bis man sich einem Reinigungsritual unterzogen hatte. Wenn deshalb ein Mann seiner Frau überdrüssig wurde - sie verbrannte den Kuchen zu oft, oder ihr Brathähnchen war nie so gut wie das seiner Mama - dann sagte er: "Liebling, sei doch so gut und bringe Rabbi Soundso ein paar Plätzchen und etwas Kuchen. Soviel ich weiß, geht es ihm nicht besonders gut."

Er weiß natürlich genau, daß Rabbi Soundso tot ist. Wenn sie nun den Raum betritt, wird sie unrein. Dann ist ihr Mann frei, sie für anstößig zu erklären, für ungeeignet, seine Frau zu sein. Bis sie sich wieder auf den Heimweg macht, hat er bereits einen Scheidebrief aufgesetzt und an die Haustür geheftet!

Ich bin mir sicher, du liest dies und denkst: "Das ist die skurrilste Geschichte, die ich je gehört habe!" Doch unsere Gesellschaft tut heutzutage genau dasselbe. Selbst Christen nehmen das Wort Gottes und dehnen es so sehr, daß wir nunmehr Scheidung aus jedem nur vorstellbaren Grund haben.

Der lächerlichste Grund, doch einer, den wir am häufigsten hören, ist: "Ich liebe ihn einfach nicht mehr, und Gott ist ein Gott der Liebe, also ist es nicht sein Wille, daß ich mit dieser Person verheiratet bin." Es ist schwer zu verstehen, wie ein Christ, in dessen Herz der Urheber aller Liebe wohnt und der auch nur ein wenig Kenntnis von Gottes Wort hat, einen solchen Satz als Grund für eine Scheidung hernehmen kann. Und doch geschieht es jeden Tag.

Als Jesus Unreinheit sehr eng mit "Hurerei" definierte, wurden die religiösen Juden sehr zornig auf ihn. Er entzog ihnen ihr Blankorecht auf Heirat und willkürliche Scheidung. Die Essenz seiner Worte war: "Jungs, die Ehe ist nichts, was man auf die leichte Schulter nimmt. Sie ist eine Verpflichtung auf Lebenszeit, und nur wenn deine Frau sexuelle Sünde begangen hat, kannst du eine Scheidung erwägen."

Wir können uns wiederum an Jesu eigene Worte wenden. Er setzte Scheidung wegen Hurerei mit Herzenshärtigkeit *gegen Gott* gleich:

> **Und es traten Pharisäer herzu und fragten ihn, um ihn zu versuchen: Ist es einem Mann erlaubt, seine Frau zu entlassen?**
>
> **Er aber antwortete und sprach zu ihnen: Was hat euch Mose geboten?**
>
> **Sie aber sagten, Mose hat gestattet, einen Scheidebrief zu schreiben und sie zu entlassen.**
>
> **Jesus aber sprach zu ihnen: Wegen eurer Herzenshärtigkeit hat er euch dieses Gebot geschrieben;**
>
> **von Anfang der Schöpfung an aber hat er sie als Mann und Weib geschaffen.**
>
> **"Darum wird ein Mensch seinen Vater und seine Mutter verlassen,**
>
> **und die zwei werden ein Fleisch sein"; daher sind sie nicht mehr zwei, sondern ein Fleisch.**
>
> **Was nun Gott zusammengefügt hat, soll ein Mensch nicht scheiden.**
>
> **Markus 10, 2-9**

Wenn dein Partner Ehebruch begeht und Buße tut, dann glaube ich, daß das Gesetz der Vergebung in deinem Leben zur Anwendung kommen sollte. Wenn er gewillt ist, die nötige biblische Seelsorge in Anspruch zu nehmen, um die Wurzel seiner Sünde zu finden und zu beseitigen, und er sich dazu entschlossen hat, die Eheprobleme gemeinsam mit dir zu bewältigen, dann glaube ich nicht, daß du dich scheiden lassen solltest.

Das erste, was viele Christen tun, wenn ihr Partner Ehebruch begangen hat, ist, ihren Rechtsanwalt anzurufen und die Scheidung einzureichen. Ohne ihn konfrontiert zu haben, ohne Seelsorgegespräch mit ihrem Pastor oder ernsthaftes Gebet sind sie bereit, ihre Ehe aufzugeben. Sie handeln aus ihrem Schmerz und ihrem Zorn heraus, anstatt aufgrund des Prinzips von Gottes Wort: "Was nun Gott zusammengefügt hat, soll der Mensch nicht scheiden."

Es ist schwer, Sünden, die uns angetan wurden, zu vergeben, und manche Sünden sind schwerer zu vergeben als andere. Gott befiehlt uns jedoch trotzdem, denen zu vergeben, die gegen uns sündigen, und unser Partner bildet hier keine Ausnahme. Wenn er Buße tut und sein Leben erneut dem Herrn und uns weiht, dann kann die Ehe nach einer Zeit der emotionalen Heilung und der Vertrauensbildung wieder stark werden.

Wir haben Unzucht und Ehebruch bereits in Kapitel 2 und 3 dieses Buches studiert. Wir haben die Zerstörung und das Leid betrachtet, das diese Sünden hervorrufen können. Deshalb gestattet Jesus die Scheidung, wenn ein Partner *wiederholt* und *unbußfertig* sexuelle Sünde begeht.

Es ist nicht Gottes Wille, daß der Ehepartner und die Kinder im eigenen Heim fortwährend der Krankheit und der Unmoral ausgesetzt werden. Womöglich überwältigt der Geist der Rebellion und der Herzenshärtigkeit gegen Gott in dem unreinen Partner auch sie. Das Wort Gottes erklärt deshalb sexuelle Sünde für einen Grund zur Ehescheidung.

Kann man nach einer Scheidung noch einmal heiraten?

Ein Gläubiger ist geschieden. Was nun? Erlaubt ihm die Bibel, sich wieder zu verheiraten, wenn er vom Herrn Vergebung empfangen und dem Heiligen Geist erlaubt hat, ihn zu verändern und zu heilen, und er in den Dingen Gottes fest geworden ist?

... und sie aus seinem Haus gezogen und ist hingegangen und die Frau eines anderen Mannes geworden,

5. Mose 24, 2

Gemäß diesem Vers kannst du, nach deiner Scheidung wieder heiraten. Die Wiederverheiratung ist unter dem alttestamentlichen Gesetz zulässig. Viele lehren, daß nun, nachdem man geschieden wurde, Schluß ist - man kann nie mehr heiraten, es sei denn den, von dem man sich hat scheiden lassen. Wenn Christen ihren geschiedenen Freunden sagen, daß es gegen Gottes Wort ist, wieder zu heiraten, dann zitieren sie dabei folgende Verse:

> **Den Verheirateten aber gebiete nicht ich, sondern der Herr, daß eine Frau sich nicht vom Mann scheiden lassen soll.**
>
> **Wenn sie aber doch geschieden ist, so bleibe sie unverheiratet oder versöhne sich mit dem Mann - und daß ein Mann seine Frau nicht entlasse.**
>
> **1. Korinther 7, 10-11**

Der Befehl, den Paulus und der Herr gaben, lautete: Laßt euch nicht scheiden. Der Heilige Geist sagte den Korinthern damals und uns heute, daß Scheidung nicht die Antwort auf unsere Eheprobleme ist. Wenn wir uns scheiden lassen, dann tauschen wir lediglich eine Sorte von Problemen gegen eine andere aus.

Wir haben jedoch gesehen, daß es biblische Gründe für Scheidung gibt, und in Vers 11 erkennt Paulus diese Gründe an, wenn er sagt: "Wenn sie aber doch geschieden ist ..." Er fährt fort und sagt, daß sie (es könnte genauso gut "er" heißen) entweder unverheiratet bleiben oder zu ihrem Ehemann zurückkehren soll.

Gott hat kein Problem damit, wenn du dich von deinem Partner scheiden läßt, dann die Dinge bereinigst und die Person, von der du geschieden worden bist, wieder heiratest. Doch die Hauptsache ist hier der erste Teil von Vers 11 - daß du unverheiratet bleiben sollst, wenn du geschieden bist. Viele Prediger und Gemeindemitglieder haben angenommen, daß dieser Vers aussagt, daß man nach einer Scheidung nie mehr heiraten kann.

Dieser Vers sagt eigentlich aus, daß du eine Zeitlang unverheiratet bleiben solltest. Doch du mußt nicht für immer ledig bleiben.

Wenn du eine Scheidung hinter dir hast, dann brauchst du eine Zeit des Ledigseins, um dich zu erholen und deine Probleme aufzuarbeiten. Du solltest dich nicht gleich in eine neue Ehe stürzen, denn es gibt noch viel Verwirrung und Schmerz zu bewältigen.

Nachdem du wieder völlig hergestellt bist, kannst du noch einmal heiraten, und es besteht weniger die Gefahr, daß du diese Probleme in die neue Ehe mit hineinbringst. In 1. Korinther 7, 27-28 bespricht Paulus dieses Thema:

Bist du an eine Frau gebunden, so suche nicht, los zu werden; bist du frei von einer Frau, so suche keine Frau.

Wenn du aber doch heiratest, so sündigst du nicht; und wenn die Jungfrau heiratet, so sündigt sie nicht; aber solche werden Trübsal für das Fleisch haben; ich aber schone euch.

Er sagt, wenn du verheiratet (gebunden) bist, tue alles, um zu vermeiden, los (geschieden) zu werden. Wenn du frei (geschieden) bist, dann suche nicht sofort nach einem neuen Partner. Doch wenn du wieder heiratest (Vers 28), *so sündigst du nicht.* Vielen Christen hätte viel Schmerz und Leid erspart bleiben können, wenn *alle* Verse aus 1. Korinther 7 gelehrt worden wären! Der nächste Teil von Vers 28: "Und wenn die Jungfrau heiratet, so sündigt sie nicht", sollte in Klammern stehen. Warum sagt Paulus dies? Jeder weiß, daß eine Jungfrau nicht sündigt, wenn sie heiratet. Doch die Aussage dieses Verses ist: eine Person, die geschieden wurde und später wieder heiratet, befindet sich ebensowenig in Sünde, wie eine Jungfrau, die zum ersten Mal heiratet!

Trübsal für das Fleisch - doch geschont

Paulus läßt die Geschiedenen wissen, daß sie nach Verlauf einer angemessenen Zeitspanne die Freiheit haben, sich wieder zu verheiraten. Er warnt dennoch, daß sie in einer zweiten Ehe "im Fleisch" größere Schwierigkeiten haben werden. Dies bedeutet, daß es in zweiten Ehen Probleme im Natürlichen gibt, die in ersten Ehen nicht auftreten.

Geistlich sind du und dein Partner ein Fleisch, und ihr wißt, daß Gott euch zusammengebracht hat. Doch der eine von euch, oder beide, hat möglicherweise mit Partnern und Kindern von vorhergehenden Ehen umzugehen. Eine der größten Herausforderungen, die sich der Gemeindewelt heute stellen, ist das, was die Welt neuerdings die "Stieffamilie" nennt. Ich kann in der Bibel jedoch keine einzige Schriftstelle finden, die sich auf ein Konzept wie die Stieffamilie bezieht.

Gott baut *Familien*, und der Schlüssel hierbei ist *Autorität*. Wenn ein Mann und eine Frau heiraten, dann verlassen sie die Autorität ihrer Eltern (1. Mose 2, 24). Dieses Prinzip gilt auch für die Wiederheirat. Wenn eine Frau geschieden wird und später wieder heiratet, dann unterstehen sie und die Kinder, die sie in die Ehe mitbringt, der Autorität ihres neuen Ehemannes. Alle Kinder, die ihr neuer Ehemann mit in die Ehe bringt, unterliegen auch ihrer Autorität.

Wenn die Kinder deinem Haushalt angehören, dann sollten sie die Autorität ihres neuen Elternteils anerkennen und respektieren. Die Kinder mögen ihn vielleicht nicht oder sind unwillig, die Autorität des neuen Elternteils anzuerkennen, doch als Mutter oder Vater das Jawort gab, sprach der Betreffende auch für seine Kinder.

Sehr viel hängt davon ab, wie ihr sie auf die Veränderung vorbereitet. Von dem Augenblick der Verlobung oder Eheschließung an müßt ihr beide eure entsprechenden Rollen klar abstecken - untereinander und den Kindern gegenüber. Auf diese Weise schlagt ihr jeden Versuch des Feindes nieder, eure neue Familie dadurch zu zerstören, daß die Kinder zwischen euch treten.

Du und dein Partner müssen in Einheit zusammenstehen. Ihr müßt jeder Herausforderung gegen das Wohlergehen eurer neuen Familie in Einheit entgegentreten. Diese Kinder werden nicht allzu lange unter eurem Dach sein, ihr werdet jedoch den Rest eures Lebens miteinander verbringen. Darüber hinaus ist eine gute Ehe das Beste, was Eltern ihren Kindern vorleben können.

Nachfolgend ein Schriftabschnitt, der Kindern helfen kann, über die natürliche Situation hinauszublicken und die geistliche Realität ihrer neuen Familie zu erfassen:

Höre, mein Volk, auf meine Weisung! Neigt euer Ohr zu den Worten meines Mundes!

Ich will meinen Mund öffnen zu einem Spruch, will hervorbringen Rätsel aus der Vorzeit.

Was wir gehört und erfahren und unsere Väter uns erzählt haben.

Psalm 78, 1-3

"Väter" in Vers 3 steht im Plural. Es ist kein Zufall, daß einer der Namen der Gemeinde, oder des Leibes Christi, "die Familie Gottes" ist. Wir sind eine Familie. Wir alle sind Brüder und Schwestern in Christus, und wir alle können im Glauben viele Väter und Mütter haben. Ein Kind kann in dem vielseitigen Willen

Gottes Trost finden. Wenn seine Mutter oder sein Vater weiß, daß der neue Ehepartner von Gott zu ihr oder ihm gebracht wurde, dann können die Kinder auch akzeptieren, daß er der passende neue Elternteil für sie ist. Kinder können lernen, ihren neuen Erzieher zu lieben und zu schätzen, wenn sie aus dem Wort Gottes erkennen, daß er genauso sehr "Vater" oder "Mutter" ist, wie ihr biologischer Elternteil.

Wir können dieses Prinzip auch umgekehrt auf den neuen Erzieher anwenden. Wenn du jemanden mit heranwachsenden Kindern heiratest, dann hast du möglicherweise Schwierigkeiten, Verantwortung für sie zu übernehmen, ganz zu schweigen davon, sie automatisch zu lieben und zu mögen - vor allem, wenn sie dir gegenüber feindselig eingestellt sind. Dann mußt auch du dich an Psalm 78, 3 halten! Wenn Gott dich und deinen Partner zusammengebracht hat, dann wird er dir auch die Gnade geben, diesen Kindern der passende Elternteil zu sein!

Es versteht sich von selbst, daß auch das Verhalten gegenüber Ex-Gatten deine neue Familie nicht gefährden sollte. Manche Beziehungen zu ehemaligen Partnern sind freundlich, die meisten sind es jedoch nicht. In jedem Fall ist es jedoch das beste, klare und deutliche Grenzen zu ziehen und sich an diese zu halten. Du und dein Ehepartner, die Kinder und der Ex-Partner sollten die Richtlinien kennen, die du und deine Frau oder dein Mann für eure neue Familie errichtet haben.

Mir ist bewußt, all dies ist leichter gesagt als getan! Es gibt ganze Bücher, die diesem Thema gewidmet sind, und ich präsentiere lediglich ein paar Prinzipien. In 1. Korinther 7, 28 fährt Paulus jedoch fort: "Ich aber schone euch". Paulus sagt, daß die Menschen geschont werden, weil durch Jesus Christus kein Problem unüberwindbar ist, selbst eine zweite, dritte oder vierte Ehe nicht. Gottes Gnade ist stets mehr als genug. Die Herausforderung mag groß sein, doch die Kraft Gottes ist größer. Freude und Glück können gefunden werden, egal wie die Umstände liegen!

Erziehung mit Jesus

Eine weitere Situation, in der sich viele Christen befinden und die ebenfalls in der Gemeindewelt immer häufiger anzutreffen ist, ist die Elternschaft von Ledigen. Ich betone noch einmal: dieselbe Gnade, die uns durch alle anderen Herausforderungen in unserem

Leben hindurchträgt, kann auch Eltern, die ledig sind, durchtragen. Es gibt sogar etliche Schriftstellen, die für Alleinerziehende besonders ermutigend sind.

Denn dein Gemahl ist dein Schöpfer, Herr der Heerscharen ist sein Name, und dein Erlöser ist der Heilige Israels: Gott der ganzen Erde wird er genannt.

Jesaja 54, 5

Der Herr erklärt, daß er der Gemahl der Witwe ist (dies kann auch der oder die Geschiedene oder der Witwer sein). Genauso, wie der Herr dem Mangel des Ledigen in allen Dingen abhilft, wird er auch allem Mangel des Alleinerziehenden begegnen.

Und alle deine Kinder werden von dem Herrn gelehrt, und der Friede deiner Kinder wird groß sein.

Jesaja 54, 13

Hier versichert dir der Herr, daß er persönlich deine Kinder lehren wird. Dies bedeutet nicht, daß dir damit alle Verantwortung, sie zu lehren und zu disziplinieren, erlassen ist! Dies bedeutet: wenn du dies tust, dann wird er dir beistehen und sich ihnen offenbaren.

Gott selbst wird hinter dir stehen!

Wir können uns auch wieder Psalm 78, 3 zuwenden, wo uns gesagt wird, daß wir viele Väter und Mütter im Glauben haben. Dies ist eine der Funktionen der Ortsgemeinde: dir Familienmitglieder zu geben, die in deiner natürlichen Familie fehlen. Die Kinder einer alleinerziehenden Person können in ihrer Gemeinde wunderbare Väter und Mütter finden. Als solche gelten Gläubige, die ihnen das Wort Gottes mitteilen und ihnen helfen, es auszuleben, welche die Lücke, die der abwesende Vater oder die fehlende Mutter hinterlassen hat, mit Liebe füllen.

Dieses Prinzip gilt auch für Kinder mit beiden Elternteilen. Obwohl ich glücklicherweise wunderbare, fromme Eltern habe, die sich nie scheiden ließen, gab es andere "Eltern" im Herrn, die einen gewaltigen Einfluß auf mein Leben ausübten. Und manchmal kann ein anderer Erwachsener im Leib Christi deinem Kind Dinge mitteilen, die du ihm nicht sagen kannst.

Erziehung ist nie leicht, egal ob du einen Partner zur Hilfe hast oder nicht. In allen Fällen ist es stets Jesus, der den Unterschied ausmacht. Mit Kindern gerät man in Situationen, aus denen man nur mit Hilfe göttlicher Offenbarungen wieder herauskommt!

Wenn aber jemand von euch Weisheit mangelt, so bitte er Gott, der allen willig gibt und nichts vorwirft, und sie wird ihm gegeben werden.

Jakobus 1, 5

Diese Schriftstelle läßt sich prima auf die Kindererziehung anwenden! Jeder Christ, der Kinder hat, weiß, daß es Zeiten gibt, in denen dir nur der Heilige Geist sagen kann, was du tun oder sagen sollst. Wir alle wissen, daß wir nur durch seine Weisheit und Gnade gottgefällige Kinder erziehen können, die sich von einer gottlosen Umwelt deutlich abheben!

Eine traurige Realität - doch Jesus kann einen glücklichen Ausgang herbeiführen

Für mich als Pastor ist dies eine der Realitäten, mit denen ich mich abfinden muß: Christen sind nicht vollkommen, und manche lassen sich scheiden. Sie sind nicht immun gegen die Listen, Schliche und Betrügereien des Teufels. Auch im Leib Christi muß man sich mit Scheidung auseinandersetzen, und wir sollten mit dem bußfertigen Geschiedenen ebenso gnädig verfahren wie mit jedem anderen in unserer Gemeinde, der harte Zeiten durchmacht. Sie haben nicht die unverzeihliche Sünde begangen, und in manchen Fällen trifft sie überhaupt keine Schuld.

Manche Geschiedenen sind völlig unschuldig und sehen voller Schrecken zu, wie ihre Welt auseinanderfällt. Sie beobachten, wie ihr Partner fällt, sich weigert, Buße zu tun und die Ehe ohne Bedauern verläßt. Wenn sie sich dann hilfesuchend an ihre Gemeinde wenden, wird ihnen oft gesagt, sie müßten von *ihrer* Scheidungssünde Buße tun, und werden herablassend behandelt. Ihr zerrissenes und verwirrtes Herz wird nun auch noch der Verdammnis und Isolation von anderen Gläubigen ausgesetzt.

Andere haben ihre Scheidung verursacht, und nun ist es meine Aufgabe, ihnen aus der Heiligen Schrift ihren Irrtum aufzuzeigen, sie zur Buße zu rufen und zu beten, daß sie sich dazu entschließen, sich von ihrer Sünde abzuwenden und sich mit ihrem Partner zu versöhnen. Nachdem sie Buße getan haben, weigert sich ihr verletzter Partner oft, sie wieder anzunehmen. Der betrogene Partner läßt sich wegen der Sünden der Vergangenheit von ihnen scheiden, obwohl der Schuldige in die Gemeinschaft mit dem Herrn zurückgekehrt ist. In vielen Fällen werden sie als unheilbar schuldig betrachtet und von anderen Gläubigen gemieden.

Wenn du deine Scheidung verschuldet hast, und nie Verantwortung für deine Sünde übernommen hast, dann muß ich dir mitteilen, daß du keinen Frieden haben wirst, bis du dich zu Gott hinwendest, Buße tust und dich dazu entschließt, dein Leben seinem Wort anzupassen. Doch wenn du in eine der beiden Kategorien von Geschiedenen fällst, die ich gerade angesprochen habe, dann habe ich großartige Neuigkeiten für dich!

Du kannst wie Joseph Vergebung üben, dein Leben in die Hände des Herrn legen und ihm erlauben, dich wiederherzustellen. Ob du nun noch immer vor Zorn und Schmerz kochst oder einfach nur erfassen willst, was geschehen ist - er hat Heilung und Weisheit für dich. Wende dich also ab von allem Ärger und Selbstmitleid, die dich nur zerstören werden, und vertraue auf ihn! Wenn du dies tust, dann wird der Friede, den Gott verheißen hat, in deinem täglichen Leben fühlbar werden.

Geschiedene Menschen sind immer noch Menschen, und Gott wirkt immer noch Wunder im Leben von Menschen! Genauso wie wir erwarten, daß er sich im Leben von Menschen in anderen schwierigen Situationen wunderbar erweist, sollten wir glauben und dafür beten, daß er dies auch im Leben des Geschiedenen tut.

Ich fordere jeden Gläubigen dazu auf, denjenigen in ihrer Gemeinde zu helfen, und die zu unterstützen, die eine Scheidung hinter sich haben und von ganzem Herzen wiederhergestellt werden wollen, vor allem die Unschuldigen (und Kinder), die tiefen emotionalen Schmerz empfinden. Sie brauchen deine unerschütterliche Freundschaft, um die Übergangszeit zwischen dem Verheiratetsein und dem Ledigsein zu bewältigen. Und sie brauchen Gebetspartner, die sie nicht als Geschiedene betrachten, sondern als Kinder Gottes.

Kapitel 9

Die Krone ihres Mannes

Eine tüchtige Frau ist die Krone ihres Mannes.

Sprüche 12, 4

DIE BIBEL ERKLÄRT DEN EHEMANN zum König der Familie, die Frau ist seine Krone. Doch was genau bedeutet es für sie, seine Krone zu sein? Die Krone ist nach außen hin das Zeichen und die Legitimation seiner Königswürde. Sie umgibt das Haupt, welches hier seine Seele repräsentiert. Die tugendhafte Frau hat die Seele ihres Mannes erobert, und als Erwiderung auf seine Liebe und seine Bewunderung krönt sie ihn mit ihrer Ehre und ihrem Respekt.

Ohne Zweifel dachte Salomo an seinen Vater und seine Mutter, an David und Batseba, als er, inspiriert vom Heiligen Geist, diese Worte niederschrieb. In der Bibel gibt es viele tugendhafte Frauen, doch Batseba war, was eine gottgefällige Ehefrau und Mutter betraf, Salomos persönliches Vorbild. Und David, der Mann nach dem Herzen Gottes, war der König, den sie mit Ehre und Respekt krönte.

Ein wackliger Anfang

Wenn es je eine Ehe gab, die zum Scheitern verurteilt war, dann war es die von David und Batseba. Trotzdem wurde ihre Ehe eines der besten biblischen Beispiele für ein erfolgreiches Einssein im Fleisch. Ihre Geschichte, die mit einem Ehebruch begann, ist selbst unter Ungläubigen wohl bekannt. Obwohl viele sie der Leichtlebigkeit beschuldigen, war Batseba eigentlich ein unschuldiges Opfer.

Und es geschah bei der Wiederkehr des Jahres, zur Zeit, wenn die Könige ins Feld ausziehen, ... David aber blieb in Jerusalem.

2. Samuel 11, 1

Es war die Zeit, in der die Könige in die Schlacht ziehen, doch David hatte vorgezogen, zu Hause zu bleiben. Während alle seine Männer auf dem Schlachtfeld kämpften, genehmigte er sich einen kleinen Urlaub. Er war außerhalb von Gottes Willen, und wenn man sich außerhalb von Gottes Willen befindet, gewinnt das Fleisch leicht die Oberhand.

Israels großer König begann, morgens länger im Bett und abends länger auf zu bleiben. Seine Unausgeglichenheit nahm mehr und mehr zu. Abend für Abend ging er auf dem Dach seines Palastes ruhelos auf und ab und blickte hinaus auf die Stadt.

An einem dieser Abende nahm Batseba auf ihrer Veranda in aller Unschuld ein Bad, in der Annahme, daß alle Männer sich im Feld befänden, wo sie gegenwärtig hingehörten. David sah sie und wurde von ihrer Schönheit sexuell entzündet - doch er löschte das Feuer nicht wieder aus! Statt dessen schickte er nach ihr, beging Ehebruch mit ihr, und sie wurde schwanger.

Als ihn die Nachricht von Batsebas Schwangerschaft erreichte, stürzte sich David noch tiefer in Sünde, anstatt bußfertig auf seine Knie zu fallen. Mit dem Hintergedanken, er könne sich so ein Alibi verschaffen, ließ er ihren Mann, einen seiner loyalsten Offiziere, an der Front sterben. Dann heiratete er sie. Was für ein holpriger Beginn für eine Ehe!

Batseba trauerte um ihren toten Ehemann. Sie hatte ihn geliebt, denn er war ein großartiger Mann gewesen. Es kostete sie Überwindung, David zu vergeben! Er hatte nicht nur Ehebruch mit ihr begangen und sie geschwängert, er hatte nicht nur ihren Ehemann ermordet und sie gezwungen, ihn zu heiraten, sondern aufgrund von Davids Sünde starb auch das Kind.

Am Anfang ihrer Ehe häufte sich Leid auf Leid, und doch wandten sich David und Batseba dem Herrn zu und waren so in der Lage, eine erfolgreiche Beziehung zu entwickeln. Die Wende kam zweifellos, als David Buße tat (2. Samuel 12, 13)!

Ihnen wurde ein zweites Kind geschenkt, Salomo, der weiseste König Israels. Am wichtigsten ist jedoch, daß vor dem Hintergrund ihrer Ehe das Buch der Sprüche entstand, welches ein großes Maß an Weisheit für Ehepaare beinhaltet.

Batseba sagt ihre Meinung

Im bisherigen Verlauf des Buches der Sprüche war Salomo von David gelehrt worden, doch in Sprüche 31 übernahm Batseba den Unterricht. Sie rief Salomo bei seinem Kosenamen Lemuel, der "Gehört dem Herrn" bedeutet. David und Batseba hatten Salomo im jüngsten Kindesalter dem Herrn geweiht, und Gott hatte ihnen geoffenbart, daß er der nächste König Israels sein würde.

Worte Lemuels, des Königs von Massa, mit denen seine Mutter ihn unterwies.

Was, mein Sohn, was, Lemuel, mein Erstgeborener, soll ich dir sagen und was, du Sohn meines Leibes, und was, du Sohn meiner Gelübde?

Sprüche 31, 1-2

Zu der Zeit, als Batseba Salomo diese Verse lehrte, lag David im Sterben, und einer seiner anderen Söhne, Adonija, war dabei, sich selbst zum König zu machen. Indem sie Salomo den Sohn ihrer Gelübde nannte, bestätigte sie noch einmal die Weissagung, daß er seinem Vater als König nachfolgen würde.

Batseba erinnerte nicht nur ihren Sohn an seine rechtmäßige Position als Erbe des Thrones, sie ergriff auch Maßnahmen, um Salomos Nachfolge sicherzustellen. Der folgende Schriftabschnitt zeigt, wie sie in dieser Angelegenheit an David herantrat.

Und Batseba verneigte sich und fiel vor dem König nieder. Da sagte der König: Was hast du?

Und sie sagte zu ihm: Mein Herr, du selbst hast ja deiner Magd bei dem Herrn, deinem Gott geschworen: Dein Sohn Salomo soll nach mir König sein, und er soll es sein, der auf meinem Thron sitzen wird.

1. Könige 1, 16-17

Nach all dem, was sie wegen David durchgemacht hatte, nannte sie ihn dennoch Herr! Ihre Einstellung ihm gegenüber hatte sich geändert. Nun fand sich keine Spur von Bitterkeit oder Hass mehr gegen ihn, nur Liebe und Respekt. Dies zeigt uns, daß Gott unsere Ehe heilen kann, egal welche Schwierigkeiten wir damit haben! Davids Erwiderung auf ihr Ersuchen finden wir in den Versen 28 bis 30, in denen er sagt:

Da antwortete der König David und sagte: Ruft mir Batseba! Und sie kam herein vor den König und trat vor den König.

Und der König schwor und sprach: So wahr der Herr lebt, der meine Seele aus jeder Not errettet hat,

ja, wie ich dir einst bei dem Herrn, dem Gott Israels geschworen habe, indem ich sprach: Gewiß, dein Sohn Salomo soll nach mir König sein, und er soll der sein, der an meiner Stelle auf meinem Thron sitzen wird, ja, so werde ich am heutigen Tag tun.

Nachdem Batseba David voller Demut daran erinnert hat, daß es Gottes Wille war, daß Salomo König sei, tat David einen Schwur: Salomo würde ihm nachfolgen. Batseba reagierte nun folgendermaßen auf die Liebe und Treue ihres Ehemannes und Königs:

Da verneigte sich Batseba mit dem Gesicht zur Erde und warf sich vor dem König nieder und sprach: Es lebe mein Herr, der König David, ewig!

1. Könige 1, 31

Was wir hier in dieser Beziehung sehen, ist eine Frau, die ihren Ehemann in Erwiderung seiner Zuneigung und Rechtschaffenheit ihr gegenüber mit Ehre krönt. Sie ist ihm völlig untergeordnet und er hat sich ihr als Beschützer und Versorger erwiesen, selbst angesichts seines Todes.

Als David starb, wurde Salomo König, wie sein Vater geschworen hatte. Er war noch sehr jung, und seine Mutter wurde seine erste Beraterin. Batseba begann in Sprüche 31, ihrem frischgekrönten, unreifen König angemessene Ratschläge zu erteilen, doch wir können sicher sein, daß der Sinn des jungen Lemuel nicht bei den Instruktionen seiner Mutter weilte!

Er war mehr daran interessiert, seinen neuen Streitwagen zu testen als zu lernen, wie man ein guter König wird. In Vers 2 mußte Batseba dreimal wiederholen: "Was, mein Sohn?" Sie versuchte, endlich seine ungeteilte Aufmerksamkeit zu erlangen! Die nachfolgenden Verse teilen uns mit, warum sie so besorgt war. Es scheint, daß der junge Salomo sehr früh zwei Schwächen zeigte: Er beschäftigte sich gern mit Mädchen und experimentierte gern mit Wein und starkem Getränk.

Gib nicht den Frauen deine Kraft, noch deine Wege denen, die Könige auslöschen.

Nicht für Könige ziemt es sich, Lemuel, nicht für Könige, Wein zu trinken, noch für Fürsten zu fragen: Wo ist Rauschtrank?

Sonst trinkt einer und vergißt, was vorgeschrieben ist, und verändert den Rechtsanspruch aller Elenden.

Sprüche 31, 3-5

Offensichtlich entschloß sich Salomo dazu, den Rat seiner Mutter in bezug auf starkes Getränk zu beachten. Die Bibel berichtet von keinen Problemen, die er auf diesem Gebiet gehabt hätte, und wir wissen, daß sein Urteilsvermögen bezüglich der Belange des Volkes von göttlicher Weisheit erfüllt war. Es war in bezug auf Frauen und Ehe, daß er den Rat seiner Eltern nicht befolgte.

Während seiner Herrschaft trug Salomo eine materielle Krone auf seinem Haupt, doch seine Seele blieb ungekrönt.

Salomo heiratete nie diese Besondere, die seine Gedanken gefangen genommen, sein Herz gewonnen und ihn mit Ehre und Respekt gekrönt hätte. In Sprüche 31 ist es ihm jedoch gelungen, das schöne Bild des Einsseins im Fleisch festzuhalten, das Batseba für ihn gemalt hatte.

Was ist ein Akrostichon?

Batseba hat ihr bestes, ihren Sohn in Sachen Ehe auf den richtigen Weg zu bringen, dadurch getan, daß sie ihm ein Akrostichon zum Thema vorgetragen hat. Offensichtlich hat sie diese Kunst von ihrem Ehemann David gelernt, dem ersten im Wort Gottes, der ein Akrostichon geschrieben hat.

In einem Akrostichon beginnt jeder Vers mit einem hebräischen Buchstaben, wobei die anderen in alphabetischer Reihenfolge folgen. Im hebräischen Alphabet gibt es 22 Buchstaben, und jeder der 22 Verse in Sprüche 31, 10-31 beginnt mit einem hebräischen Buchstaben. Vers 10 beginnt beispielsweise mit ALEPH, Vers 11 mit BETH, Vers 12 mit GIMMEL usw.

Des weiteren stellt jeder hebräische Buchstabe ein Bild dar, das seine Bedeutung symbolisiert. Dadurch wird unserem Verständnis des jeweiligen Verses eine tiefere Dimension verliehen. Die Psalmen 25, 37 und 119 sind Akrostichen, ebenso wie das gesamte Buch der Klagelieder.

Ich glaube, Batseba wählte die Form des Akrostichon aufgrund von Salomos Alter. Da er ein neugieriger, zerstreuter Teenager war, den sie dreimal ansprechen mußte, bevor er sie überhaupt ansah, sagte sie wahrscheinlich: "Okay, Lemuel, ich werde dir jetzt das ABC der Ehe aufsagen. Auf diese Weise sollte es dir möglich sein zu behalten, was ich sage." Batseba machte ihrem Sohn den Umgang mit Gottes Wort leicht - nun war es leicht zu verstehen und leicht zu behalten.

Das Akrostichon von Sprüche 31 beginnt und endet mit dem Mann, die tugendhafte Frau befindet sich dazwischen. Dies symbolisiert, daß das Leben einer Frau sich um ihren Mann dreht, genauso wie sich das Leben der Gemeinde um den Herrn Jesus Christus dreht.

> **Ihr Männer, liebt eure Frauen, wie auch der Christus die Gemeinde geliebt und sich selbst für sie hingegeben hat,**
>
> **um sie zu heiligen, sie reinigend durch das Wasserbad im Wort,**
>
> **damit er die Gemeinde sich selbst verherrlicht darstellte, die nicht Flecken oder Runzel oder etwas dergleichen habe, sondern daß sie heilig und tadellos sei.**
>
> **Epheser 5, 25-27**

Bitte beachte, daß Vers 25 in der Vergangenheitsform steht, Vers 26 sich in der Gegenwartsform befindet und Vers 27 zukünftig ist. Die Gemeinde begann, nachdem Jesus, der Initiator, sich selbst für sie gegeben hatte und auferweckt worden war. Nun unterwirft er sie einem fortwährenden Reifeprozess und reinigt sie, wenn sie auf sein Wort reagiert. Zu einem Zeitpunkt in der Zukunft wird er sie, die Braut Christi, sich selbst als vollendet präsentieren.

Batsebas Akrostichon in Sprüche 31 ist in derselben Weise aufgebaut. Den Ehemann finden wir in den Anfangs- und Abschlußversen und die Frau in der Mitte.

Batsebas Akrostichon für Lemuel

Eine tüchtige Frau - wer findet sie? Weit über Korallen geht ihr Wert.

Sprüche 31, 10

Der erste hebräische Buchstabe in diesem Vers ist ein ALEPH. Er symbolisiert *Wohlstand*.

ALEPH, der für große Reichtümer stand, ist das Bild zweier zusammengejochter Ochsen. Wer in der antiken Welt Ochsen besaß, war extrem wohlhabend. Die tugendhafte Frau wird zuerst mit Ochsen verglichen, weil sie das wertvollste Geschenk Gottes an ihren Mann darstellt.

In diesem Akrostichon werden wir einige sehr seltsame Vergleiche finden, und viele mögen, am heutigen Standard und Denken gemessen, sogar beleidigend klingen. Wenn wir diese Aussagen jedoch durch die Augen der Menschen des Altertums betrachten, dann können wir die volle Bedeutung ihres Symbolgehalts erfassen.

Wir haben z. B. bereits in Sprüche 5, 19 das Wort "Gemse" betrachtet. Unsere Reaktion darauf wäre heute: "Siehst du, Mildred, es war biblisch, dich eine alte Ziege zu nennen!" In der antiken Welt war die Gemse jedoch eines der aussagekräftigsten Symbole für Symmetrie, Anmut und Schönheit. Es war ein großes Kompliment für eine Frau, mit ihr verglichen zu werden.

Die Ochsen repräsentierten gewaltigen Wohlstand, und nur die sehr Reichen brachten dem Herrn Ochsen als Opfer dar. Die Frau, die ein Mann heiratet, wird mit einem Gespann Ochsen verglichen, weil sie neben dem Herrn Jesus die wichtigste Person in seinem Leben ist. Seine Beziehung zu ihr ist einer der Schlüssel zu seinem Erfolg auf allen Gebieten seines Lebens. Ihr Wert geht weit über Korallen!

Die folgenden Verse verstärken die Aussage von Vers 10 und zeigen uns detaillierter, inwiefern eine Frau das wertvollste Geschenk ist, das Gott einem Mann zuteil werden läßt:

Ihr vertraut das Herz ihres Mannes, und an Ausbeute wird es ihm nicht fehlen.

Sprüche 31, 11

Dieser Vers beginnt mit dem hebräischen Buchstaben BETH. Ein BETH ist das Bild eines Hauses mit nur einer Tür. Dies entspricht völligem *Vertrauen.*

Das Herz eines Mannes vertraut seiner Frau dann, wenn er in der Lage ist, sein ganzes Leben mit ihr zu teilen, wenn er weiß, daß seine Vertraulichkeiten bei ihr sicher sind. Die Sicherheit, die er zu Hause genießt, ist so groß, daß er kein Bedürfnis nach anderen Frauen verspürt. In anderen Worten: warum sollte ein Ehemann losziehen und ein gebrauchtes Auto stehlen, wenn er eines in Luxusausführung zu Hause hat?

Eine Ehe gründet sich nicht auf die goldenen Schauer der Liebe, sondern auf freundschaftliches Vertrauen. Nicht Romantik wird deine Ehe festigen, sondern die Zeit, die ihr dazu benutzt, beste Freunde zu werden und gegenseitiges Vertrauen zu entwickeln.

Der Buchstabe BETH deutet an, daß ein Haus nicht lediglich ein Gebäude ist, in dem eine Familie lebt, sondern ein Heim. Ein Heim ist ein Ort der Liebe, der Gemeinschaft und der Kommunikation, ein Ort, an dem man gerne Zeit verbringt. Das Zuhause dieses Mannes und dieser Frau ist ihr Lieblingsort!

Sie erweist ihm Gutes und nichts Böses alle Tage ihres Lebens.

Sprüche 31, 12

Mit dem hebräischen Buchstabe GIMMEL beginnt dieser Vers. GIMMEL repräsentiert das Kamel, und der Körperteil, den er skizziert, ist der Kopf. Der Kopf des Kamels wendet sich nie, wenn es läuft. Dies steht für *Zuverlässigkeit.*

Das zuverlässigste Tier der antiken Welt war das Kamel, egal ob es um eine Wald- oder eine Wüstenreise ging. Wie die Umstände auch liegen mochten, sein Haupt war stets erhoben und geradeaus gerichtet, es marschierte bei Regen und im Sonnenschein unbeirrt weiter.

Der Mann der tugendhaften Frau kann sich auf sie verlassen. Sie läßt sich nicht von Umständen bewegen; sie wird nur von Gottes Wort bewegt. Sie erweist ihm nur Gutes an jedem Tag seines Lebens. Dies bedeutet, daß sie weiß, wie man durchhält und überwindet. Sie erweist sich nicht in einem Moment als zuverlässig und im nächsten wieder als verantwortungslos, sondern sie ist über einen langen Zeitraum hinweg beständig treu.

Sie kümmert sich um Wolle und Flachs und arbeitet dann mit Lust ihrer Hände.

Sprüche 31, 13

Vers 13 beginnt mit einem DALET. Dieser hebräische Buchstabe stellt eine offene Tür dar, auf die man herabblickt. DALET repräsentiert das *Treffen von Entscheidungen*.

Wenn Jesus in unser Herz einzieht und uns seine bedingungslose Liebe und Annahme erweist, dann gewinnen wir an Selbstsicherheit. Die Folge ist, daß wir seinen Plan für unser Leben zuversichtlich erfüllen. Entscheidungen lassen sich viel leichter treffen, wenn wir wissen, was von uns verlangt wird. Gott selbst stärkt uns den Rücken!

Im Kontext der Ehe bedeutet dies, wenn ein Mann seine Frau liebt wie Jesus die Gemeinde, dann wird sie in all ihren Aktivitäten kühn und zuversichtlich. Sie erwidert seine Liebe dadurch, daß sie in ihren Autoritätsbereichen aktiv Entscheidungen trifft. Sie weiß, daß er völlig hinter ihr steht, daß er ihrem Urteilsvermögen vertraut. Sie muß ihn nicht wegen jeder Kleinigkeit behelligen.

Sie kümmert sich um Wolle und Flachs. Diese repräsentieren die Kleidung, die sie trägt, wenn sie ausgeht. Wolle ist schwer, ein Stoff, den man bei kaltem Wetter trägt; Flachs ist leicht und wird im Sommer getragen. Sie kleidet sich also angemessen, den Jahreszeiten entsprechend. Da sie selbstsicher ist, spiegeln ihre Entscheidungen gesunden Menschenverstand wider.

Der letzte Teil dieses Verses ist wunderbar. Es heißt, sie arbeitet mit Lust ihrer Hände. Nun, wir alle wissen, daß Hausarbeit nicht das größte Vergnügen der Welt ist, wie kann sie sich daran also freuen? Sie freut sich, weil sie es für ihren Mann und ihre Familie tut, die Wohlgefallen an ihr haben und ihr vertrauen.

Dasselbe Prinzip gilt auch für den Ehemann. Ganz gleich wie unbedeutend seine Aufgaben am Arbeitsplatz sein mögen, er kann sich an ihnen freuen, weil er weiß, daß er ihr dadurch zum Versorger wird. Gläubige tun nicht nur alles als dem Herrn, Ehemänner und -frauen gehen auch wegen ihrer Partner zur Arbeit.

Dies ist eine der wichtigsten Entscheidungen, die ein Verheirateter zu treffen hat: Egal, was der Tag fordert, du wirst alles dankbar als dem Herrn und zum Nutzen deines Partners tun. Freut euch aneinander und vertraut einander, und das, was trübsinnig erscheint, wird erfreulich!

Sie gleicht Handelsschiffen, von weit her holt sie ihr Brot herbei.

Sprüche 31, 14

In diesem Vers steht der hebräische Buchstabe HE an erster Stelle. Er ist das Abbild eines Fensters. HE repräsentiert *Perspektive*.

Drei hebräische Buchstaben symbolisieren ein Haus: BETH, CHETH und HE. Jeder steht für einen anderen Teil des Hauses. BETH ist die Tür, CHETH steht für die Außenwände, die das Haus umschließen, und HE ist das Fenster.

Die Handelsschiffe waren in den Tagen Salomos sehr berühmt. Sie reisten um die ganze Welt und erwarben in den einzelnen Ländern die kostbarsten Gegenstände und Güter, um sie Salomo zum Gebrauch und zur Ausstellung zu übermitteln.

Die Frau erinnert sich daran und betrachtet Distanz nicht als Hindernis, wenn sie die Dinge einkauft, die ihre Familie benötigt. Für sie sucht sie nach dem Besten. Ihre Perspektive ist, daß Gott ihr diesen wunderbaren Ehemann und diese Familie gegeben hat, und für sie will sie das Beste.

Dies bedeutet nicht, daß sie astronomische Geldbeträge ausgibt. Sie findet die beste Qualität zu dem Preis, den sie sich leisten kann, selbst wenn sie dazu in die Stadt fahren muß, anstatt in den Laden um die Ecke zu laufen. Ihre Perspektive im Blick auf die Sorge um ihren Ehemann und ihre Kinder ist gesund und ausgewogen.

Und sie steht auf, wenn es noch Nacht ist, und gibt Speise ihrem Haus und das Angemessene ihren Mägden.

Sprüche 31, 15

Am Anfang dieses Verses steht WAW, der nächste hebräische Buchstabe. WAW ist das Symbol für ein Holzstückchen oder einen Haken, wie den Haken, an den man seinen Mantel hängt, wenn man nach Hause kommt. In anderen Worten, die ganze Familie hängt an der tugendhaften Frau; *sie ruht an ihr.*

Dieser Vers drückt aus, daß die Ehefrau das Fundament der Familie bildet. Es ist wahr, ein Mann verrichtet sein Tagewerk, doch die Arbeit einer Frau geht nie zu Ende! Batseba richtete diese Verse an Salomo, um ihm die vielen verschiedenen Aufgaben vor Augen zu führen, die eine Ehefrau hat. Oft sieht der Ehemann lediglich ein sauberes Haus, Essen auf dem Tisch, gesunde, glückliche Kinder und gebügelte Hemden in seinem Schrank. Er weiß nicht, wieviel Zeit, Mühe und Planung seine Frau tagtäglich auf diese Dinge verwendet.

Dieser Vers sagt, daß sie früh aufsteht, um Speisen für ihre Familie vorzubereiten, und wir wissen aus dem vorhergehenden Vers, daß sie bei der Auswahl ihrer Nahrung große Sorgfalt walten läßt. Weiter heißt es, liebe Frauen, daß sie ihren Mägden Aufgaben zuweist! Die Bibel sagt, daß nichts verkehrt daran ist, Haushaltshilfen einzustellen, wenn ihr sie euch leisten könnt.

Bitte beachte auch, daß sie nicht früh aufstand, um eine Speisekarte zusammenzustellen. Sie entschied, was ihre Familie den Tag über essen würde. Es liegt an der Frau, gute Eßgewohnheiten in die Familie einzuführen. Wenn sie dies ihren Familienmitgliedern überläßt, dann werden diese nur noch Knabbersachen essen!

Sie hält Ausschau nach einem Feld und erwirbt es; von der Frucht ihrer Hände pflanzt sie einen Weinberg.

Sprüche 31, 16

Der hebräische Buchstabe ZAIN, der die Form eines Schwertes hat, beginnt Vers 16. ZAIN repräsentiert *Eifer und Entschlossenheit* der tugendhaften Frau.

Wenn sie eine Geschäftstransaktion ins Auge faßt, Frieden von Gott darüber hat und ihr Mann zustimmt, dann ergreift sie die Gelegenheit und nutzt sie voll aus. Sie erwirbt das Feld nicht nur, sondern beginnt auch sogleich damit, es zu kultivieren und zu bearbeiten.

Sie ist nie mit dem Status Quo zufrieden, sondern sucht kontinuierlich nach weiteren gottgegebenen Gelegenheiten, um den Lebensstil und den Lebensstandard ihrer Familie zu verbessern. Sie schöpft stets mehr aus der Gnade Gottes. Sie zückt ihr Schwert (das Wort) und nimmt die Höhe in Angriff (Wohlstand). Wenn sie sie erst einmal erobert hat, gibt sie nichts mehr preis.

Sie weiß, es ist Gottes Wille, daß ihre Familie erfolgreich ist, und nutzt deshalb jede Tür, die sich ihr öffnet. Doch sie achtet darauf, daß sie sich nicht so sehr an ihre Geschäfte verliert, daß ihre Familie darunter leidet. Der Eifer und die Entschlossenheit, die sie in allen Geschäftsangelegenheiten an den Tag legt, soll ihnen zum Segen sein.

Sie gürtet ihre Lenden und macht ihre Arme stark.

Sprüche 31, 17

Der nächste hebräische Buchstabe ist ein CHETH, der dritte, der ein Haus repräsentiert. CHETH ist das Symbol für eine *Umschließung*.

Eine Ehefrau umschließt ihren Ehemann körperlich. Ganz egal, wie erschöpft sie ist, wenn er nach Hause kommt, bezieht sie aus ihrem Innersten neue Kraft, um ihm zu begegnen und ihn mit ihrer Liebe zu umgeben. Ihre sexuelle Leidenschaft umschließt sein Leben mit einem Schutzwall gegen Unmoral.

Batseba benutzte auch in Vers 3 das Wort "Kraft". Sie wies Salomo an, seine sexuelle Kraft nicht den Frauen zu geben, sondern für seine Ehefrau aufzusparen. Nun läßt Batseba die Ehefrau wissen, daß sie sich Zeit nehmen sollte, sich zu erfrischen, daß sie sich bemühen soll, ihrem Ehemann sexuell zu gefallen.

"... macht ihre Arme stark" bedeutet eigentlich, sie ermutigt ihre Arme, ihn zu begrüßen. Sie bringt ihren Körper dazu, ihn willkommen zu heißen und wirft ihre Arme um ihn, als ob sie den ganzen Tag nichts anderes getan hätte, als an ihn zu denken.

Wenn man bedenkt, was diese Frau in den letzten vier Versen alles getan hat, dann ist dies schon erstaunlich! Sie hat Material für Sommer- und Winterkleidung gekauft und Bekleidung hergestellt, sie ist, sofern nötig, weit gefahren, um das beste Angebot für die besten Lebensmittel zu ergattern, sie ist früh aufgestanden um Essen vorzubereiten und Haushaltspflichten zu verteilen, sie hat ein Feld gekauft und einen Weinberg gepflanzt.

Ich bin sicher, daß sie einige dieser Dinge täglich erledigte und andere über einen Zeitraum von mehreren Tagen. Trotzdem, nach all diesen Aktivitäten würde man meinen, daß sie erschöpft sei, daß sie, wenn ihr Mann nach Hause kommt, sagen würde: "Liebling, ich bin erledigt. Heute abend mußt du dich um alles selber kümmern." Statt dessen entschließt sie sich dazu, besonders nett zu ihm zu sein.

Ehemänner sollten sich genauso verhalten. An vielen Tagen willst du nichts weiter als heimgehen, essen und dich ins Bett legen. Du solltest dann trotzdem aus deiner inneren Kraftquelle schöpfen und deiner Frau und deinen Kindern die Liebe erweisen, die sie verdienen.

Gott will nicht, daß Ehemänner durch die Tür kommen und sagen: "Was für ein Tag. Gib mir etwas zu essen und laß mich in Ruhe", noch will er, daß die Frau sagt: "Von mir brauchst du nichts erwarten, ich hatte nämlich auch einen anstrengenden Tag!" Statt dessen gibt er ihnen die Kraft, einander zu umarmen.

Ehemännern und ihren Frauen steht zu dem Zweck, einander zu lieben, übernatürliche Kraft zur Verfügung, und diese besondere Gnade ist nicht nur für Zeiten der Krise oder der Uneinigkeit gedacht. Gott reicht seine Gnade auch an Tagen dar, an denen du einfach nur erschöpft bist, dein Partner jedoch deine Liebesbezeugung erfahren will.

Wer die Flamme sexueller Leidenschaft am Leben erhält, errichtet einen soliden, schützenden Wall um seine Ehe.

Sie merkt, daß ihr Erwerb gut ist; auch nachts erlischt ihre Lampe nicht.

Sprüche 31, 18

TETH ist der hebräische Buchstabe, mit dem dieser Vers beginnt. TETH ist ein Symbol für einen Fluß, und der Fluß, auf den sich dieser Vers bezieht, entspringt *ihrem Geist.*

In Sprüche 20, 27 heißt es: "Der Geist des Menschen ist eine Leuchte des Herrn, durchforscht alle Kammern des Leibes." Die hier erwähnte Leuchte ist eine Öllampe, und Öl ist im Alten wie im Neuen Testament ein Symbol für den Heiligen Geist. Die Lampe in diesem Vers bezieht sich also auf den Geist der tugendhaften Frau.

Ihr Geist strahlt zu allen Zeiten hell, bei Tag und bei Nacht. Die Stärke, die sie in Vers 17 zur Schau stellt, und die Vollkommenheit in Vers 18, die sie in all ihrem Tun an den Tag legt, sind äußere Manifestationen ihrer geistlichen Stärke und Reife.

Sie hat ihre Prioritäten festgelegt. Das Wort Gottes ist ihr das wichtigste, und sie nimmt sich jeden Tag Zeit, um zu studieren, zu meditieren und zu beten. Was immer dann im Verlauf des Tages geschehen mag, der Fluß göttlicher Weisheit und Kraft versiegt nie.

Da sie von ihrem Geist geleitet wird, fährt sie selbst dann eine Ernte ein, wenn im Land Dürre herrscht. Sie findet für ihre Familie das beste, weil ihr Herz und ihr Sinn auf den Herrn gerichtet sind.

Sie streckt ihre Hände aus nach der Spinnrolle, und ihre Finger ergreifen die Spindel.

Sprüche 31, 19

JOD, der erste Buchstabe von Vers 19, ist das "Jota", auf welches sich Jesus bezog, als er sagte, daß er gekommen sei, um "jedes Jota und jeden Tüttel" des Gesetzes zu erfüllen. Es ist das kleinste Zeichen im hebräischen Alphabet und sieht aus wie eine geballte Faust oder eine geschlossene Hand. Dies symbolisiert die *Arbeitskraft* der Frau.

Ihre Hände packen zu, wenn sie für ihre Familie arbeitet. Sie spinnt Garn am Spinnrad, um damit Kleider zu weben. Ganz gleich wie mühselig oder langweilig ihre Aufgabe ist, das Licht ihres Geistes geht nicht aus, denn sie ist erfüllt mit Liebe für den Herrn und für ihre Familie.

Die geballte Faust der Frau sagt: "Die Freude am Herrn ist meine Kraft" (Nehemia 8, 10)!

Ihre Hand öffnet sie dem Elenden und streckt ihre Hände dem Armen entgegen.

Sprüche 31, 20

Dieser Vers beginnt mit dem hebräischen Buchstaben KAPH. KAPH stellt eine ausgestreckte Hand dar und symbolisiert *Geben.*

Die tugendhafte Frau gibt den Elenden und Armen mit ausgestreckter Hand. Es ist jedoch wichtig, festzuhalten, daß sie für ihren eigenen Haushalt Vorsorge trifft, bevor sie anderen gibt. Vers 19 kommt vor Vers 20!

Viele Christen studieren das biblische Prinzip des Gebens und verschenken dann so viel, daß ihre Familien darunter leiden. Doch das Wort Gottes ermahnt uns, stets zuerst für die Unseren vorzusorgen. Wenn deine Prioritäten in Ordnung sind, dann wirst du für die weniger Glücklichen immer noch genug übrig haben.

Dieser Vers weist auf einen interessanten Punkt hin. Die Ehefrau und Mutter steht in einem vollzeitlichen Dienst, wie niemand sonst! Sie erfüllt ihren Dienst zu Hause und im Supermarkt, sie dient ihren Kindern und deren Freunden oder dem Klempner, der gekommen ist, um die Rohre zu richten. Denke daran, man muß kein Prediger sein, um für jemanden zu beten, ihn zum Herrn zu führen oder ihm Nahrung und Kleidung zu geben.

Wenn du zu einem Dienst berufen bist, dann mußt du bedenken, daß deine Familie die höhere Priorität einnimmt. Gott kann jeden beliebigen Christen in den Reisedienst schicken, um anderen Menschen zu dienen, doch *du* bist die einzige Frau, die dein Ehemann hat, und deine Kinder haben nur *dich* als ihre Mutter. Gott wird nie einen Mann oder eine Frau in den Dienst rufen und darüber deren Familie scheitern lassen.

Die ausgestreckte Hand der tugendhaften Frau erweist sich als großzügig und freundlich, doch bevor sie sich um andere kümmert, stillt sie die Bedürfnisse ihrer eigenen Familie!

Nicht fürchtet sie für ihr Haus den Schnee, denn ihr ganzes Haus ist in Karmesinstoffe gekleidet.

Sprüche 31, 21

Dieser Vers beginnt mit dem hebräischen Buchstaben LAMED, der aussieht wie ein Rinderstachel. Jesus bezog sich auf diesen von LAMED symbolisierten Gegenstand, als er auf der Straße nach Damaskus zu dem geblendeten Saulus sagte: "Es ist hart für dich, gegen den Stachel auszuschlagen." Das griechische Wort für "Stachel" bedeutet Rinderstachel. Dieser Stachel *motiviert*!

Wenn ein Rind sich fürchtete oder auf ein Hindernis in seinem Weg traf, dann blieb es stehen und bewegte sich nicht. Der Bauer nahm dann seinen spitzen Rinderstachel und stieß das Tier damit, bis es sich wieder in Gang setzte. Was für ein mächtiges Motivationswerkzeug!

Die tugendhafte Frau wird von dem Wort Gottes in ihrem Herzen motiviert, welches sie dazu anstachelt, sich bereitzuhalten und sich im Glauben für das zu stärken, was kommen mag. Deswegen ist sie auf jede Krise und jede Schwierigkeit vorbereitet, die der Teufel an ihre Haustür bringt. Sie weiß, daß Gottes Wort siegen wird, und fürchtet sich nicht.

Die Farbe Karmesin ist ein Adelssymbol. Sie ist rot, wie das Blut Jesu, das für uns auf Golgatha vergossen wurde. Das Blut Jesu reinigt uns geistlich von aller Sünde und heilt uns physisch von Krankheit und Gebrechen. Die Kleider, die die tugendhafte Frau für ihre Familie anfertigt, sind also zweilagig. Die eine Schicht symbolisiert das rechte Verhältnis zu Gott und die andere den Gehorsam, Vorsorge im Natürlichen getroffen zu haben. Die karmesinfarbene, zweilagige Kleidung ihrer Familie repräsentiert den natürlichen wie den übernatürlichen Schutz.

Wenn etwas die tugendhafte Frau einschüchtern oder hindern will, dann dient Gottes Wahrheit in ihrem Innern als Ansporn, der alle Furcht vertreibt und ihr die Kühnheit gibt, trotz Widerstand voranzuschreiten. Da sie sich geistlich gestärkt hat und ihren Verpflichtungen im Natürlichen nachgegangen ist, kann sie nichts aus der Bahn werfen!

Decken macht sie sich; Byssus und roter Purpur sind ihr Gewand.

Sprüche 31, 22

MEM, das Symbol für Wasser, ist der hebräische Buchstabe, mit dem Vers 22 beginnt. In der Bibel repräsentiert ein Wasserbrunnen die Ehefrau, eine Wasserquelle repräsentiert den Ehemann. Im Kontext der Ehe repräsentiert Wasser *Sexualität.*

Die von der tugendhaften Frau hergestellten Decken sind Bettdecken; und sie ist aus einem bestimmten, sehr wichtigen Grund mit schönen Gewändern angetan. Sie hat einen Abend der Freude mit ihrem Ehemann geplant!

Die "schönen Gewänder" für diesen Anlaß sind Kleider, die sexuelle Reize in Szene setzen, keine alten Pyjamas aus Flanell! Offenbarende und verlockende Kleidung, die von einer verheirateten Frau in ihrem Schlafzimmer getragen wird, ist nichts Schlechtes. Die Welt hat etwas Gutes genommen und zu unmoralischen Zwekken mißbraucht.

Ein Teil der Routine des Ehelebens sollte aus besonderen Abenden bestehen, an denen ihr beide einfach eure Gemeinschaft genießt. Dies läßt sich ausdehnen auf Urlaubsreisen, die ihr nur zu zweit unternehmt. Meine Frau und ich verreisen regelmäßig für einige Tage ohne die Kinder, um miteinander ein paar schöne Tage zu verbringen, fern von unseren Verpflichtungen auf der Arbeit oder zu Hause.

Wir haben im 1. Buch Mose gesehen, daß Gott die Ehe ursprünglich schuf, um Vergnügen und Erfüllung zu bringen, doch so oft bewirken die Anstrengungen des Alltags, daß Sex zur Routine und zur bloßen Pflichterfüllung wird. Ehemänner und ihre Frauen sollten sich Zeit nehmen, miteinander zu spielen!

Die Erneuerung von Liebe und Freundschaft bringt Wasser der Erfrischung in den Alltag der Ehe.

Ihr Mann ist bekannt in den Toren, wenn er Sitzung hält mit den Ältesten des Landes.

Sprüche 31, 23

Vers 23 beginnt mit dem Buchstaben NUN. NUN ist das hebräische Buchstabensymbol für einen Fisch, und dieser stand für *Konzentration*.

Ein Ehemann kann sich völlig auf seine Arbeit konzentrieren, da er weiß, daß zu Hause alles in Ordnung ist. Es ist einem Mann nicht möglich, auf der Arbeit beste Leistungen zu bringen, wenn in seiner Ehe etwas nicht stimmt.

Wie ich schon erwähnte, war die schlimmste Zeit in meinem Dienst die, in der meine Frau und ich Probleme miteinander hatten. Ich stand auf, um zu predigen, und die Worte, die ich so sorgfältig studiert hatte, kamen zwar aus meinem Mund, doch sie zeigten keine Wirkung. Erst, als wir den Streit in unserem Heim beilegten, konnte der Heilige Geist wirklich durch mich wirken, während ich diente.

Es gibt Prediger, deren Frauen in Sünde leben oder ihrem Glauben sogar entgegenstehen (wie bei John Wesley). Obwohl dies eine schwierige und oft schmerzhafte Situation ist, können diese Prediger mit Hilfe starker Ältester, die sie im Gebet und mit ihrem Rat unterstützen, den Dienst erfüllen, zu dem sie berufen sind. In diesen Fällen gibt Gott besondere Gnade.

Doch es gibt auch Prediger, die entweder in Sünde leben oder sich weigern, ihre Verpflichtungen gegenüber ihrer Familie wahrzunehmen. Sie rechtfertigen ihre Nachlässigkeit und Sünde damit, daß sie auf der Kanzel gesalbt sind.

Da die "Gnadengaben und die Berufung Gottes unbereubar sind" (Römer 11, 29), kann ein Prediger oder sonst Berufstätiger eine Weile erfolgreich sein, während er in Sünde lebt oder die Bedürfnisse seiner Frau und seiner Familie ignoriert - jedoch nur bis zu einem gewissen Punkt. Er wird sein volles Potential in Gott nie kennenlernen, geschweige denn erreichen. (Siehe 1. Petrus 3, 7).

Für mich war am schwersten zuzugeben, daß ich Loretta brauchte. Männer neigen dazu zu glauben, daß sie alles aus eigener Kraft vermögen, und daß eine gute Beziehung zu ihrer Frau nicht nötig ist, um ihren Ruf oder ihren Beruf zu bewältigen. Das ist nichts weiter als Stolz! Um überhaupt eine enge Beziehung zu Gott und einen erfolgreichen Dienst haben zu können, brauchte ich eine enge, glückliche Beziehung zu Loretta.

Der Ehemann in diesem Vers ist eine Person, die große Verantwortung trägt. Das Wort "Tore" bezieht sich auf die Regierung und deutet an, daß dieser Mann eine wichtige Autoritätsposition im Land innehat. Batseba hat wahrscheinlich an David gedacht, den König von Israel, und die Lasten, die sie ihm zu tragen geholfen hat. Ihre Vortrefflichkeit zu Hause hat es ihm ermöglicht, sich ganz auf die Staatsgeschäfte zu konzentrieren.

Die nächsten Verse klingen so, als ob sie von der Frau handeln würden, doch in Wirklichkeit sind sie Ergänzungen zu diesem Vers über den Mann. Sie beschreiben spezifisch, wie der Ehemann durch seine Frau Kraft gewinnt, wie sie ihm in allem, was er tut, zur Seite steht, und beschreiben die Ehre, die sie ihm macht.

Kostbare Hemden macht sie und verkauft sie, und Gürtel liefert sie dem Kaufmann.

Sprüche 31, 24

KAMEK, der hebräische Buchstabe mit dem dieser Vers beginnt, symbolisiert eine Nabe oder einen Angelpunkt, der alles im Gleichgewicht hält. Dieser Vers handelt von finanzieller Stabilität. KAMEK stellt speziell *finanzielle Ausgewogenheit* dar.

Während die Kinder heranwachsen, glaube ich, ist es Gottes Wille, daß der Ehemann sich um den Erwerb der Finanzen kümmert, damit die Frau zu Hause bei den Kindern bleiben kann. Aus diesem Grund ermutige ich junge Ehepaare dazu, mit Kindern zu warten, bis ihre Einkommenslage einigermaßen stabil ist.

Da wir in einer gefallenen Welt leben, erreicht niemand kontinuierliche finanzielle Stabilität. Es wird weiterhin viele Höhen und Tiefen und viele Herausforderungen geben. In einer Ehe kann die Frau hier einen Ausgleich bewirken. Wenn nicht genug Einkommen da ist, um die Familie zu versorgen, dann kann sie zeitweilig einer Beschäftigung nachgehen, um die Differenz auszugleichen. Wenn dies geschieht, dann muß der Ehemann einen größeren Teil der Verantwortungen zu Hause und bei den Kindern übernehmen.

Eine Frau kann auch außer Haus arbeiten, weil Gott sie in einen Beruf oder zu einem Dienst berufen hat. Die Bibel ist nicht dagegen, daß eine Frau Karriere macht oder einen Dienst erfüllt, so lange ihr Mann und ihre Familie Vorrang haben. Sie sollte beispielsweise versuchen, ihren Tag so zu planen, daß sie zu Hause sein kann, wenn ihre Kinder daheim sind, auch während deren Teenagerjahre.

Frauen im Alten wie im Neuen Testament gingen spezifischen Beschäftigungen nach. Ruth und Naomi, beides Witwen, arbeiteten auf den Feldern, um ihren Lebensunterhalt zu verdienen. Die erste Frau, die Paulus in Philippi zu Jesus Christus führte, war Lydia, eine reisende Purpurhändlerin - Paulus hat ihr nicht befohlen, daheim zu bleiben, nachdem sie den Herrn angenommen hatte.

Es geht nicht darum, daß die tugendhafte Frau diese Dinge herstellt und verkauft. Es geht darum, wie man finanziell das Gleichgewicht behält, ohne die Familie zu opfern. Der Ehemann ist nicht der einzige, der darauf achten muß, daß er seiner Familie vor seinem Beruf oder seinem Dienst Vorrang gewährt!

Kraft und Hoheit sind ihr Gewand, und unbekümmert lacht sie dem nächsten Tag zu.

Sprüche 31, 25

AYIN, der erste hebräische Buchstabe von Vers 25, symbolisiert eine Quelle. Diese Quelle repräsentiert *Ehre* und ist nicht zu verwechseln mit der Quelle, die die sexuelle Kraft des Mannes symbolisiert.

Um hervorzusprudeln, benötigt eine Quelle gewaltigen Druck im Innern, der das Wasser nach oben treibt. Die tugendhafte Frau entschließt sich in ihrem Innern dazu, das Richtige zu tun, und deshalb ist dies die Stelle, an der Ehrbarkeit entsteht. In diesem Bereich, ihrem Herzen, bezieht sie ihre Kraft von Gott.

Wenn eine Frau ihre Kraft von Innen bezieht und sich mehr auf die Entwicklung ihres Herzens als auf die Darstellung ihres Körpers konzentriert, dann werden Stärke und Ehre sie buchstäblich umkleiden. Wir haben dies in 1. Petrus 3, 3-4 betrachtet, wo Petrus die Frauen dazu ermahnt, den "Verborgenen Menschen des Herzens" zu kultivieren. Dadurch, daß sie ihre Prioritäten der Heiligen Schrift anpaßt, wird eine Frau zu einer kostbaren Zierde für den Herrn und ihren Ehemann.

Wenn die Prioritäten einer Ehefrau falsch geordnet sind, dann kann sie ihren Mann in Verlegenheit bringen oder ihm sogar zur Unehre gereichen. Wenn sie ruhelos wird und ständig Ablenkung sucht, dauernd unterwegs ist, sich oft einer "guten Sache" anschließt, um ihre Flucht zu rechtfertigen, oder sich nach bestimmten Fernsehprogrammen verzehrt, dann wird sie fallen. Prioritäten in der richtigen Reihenfolge zu behalten, vermeidet Unehre.

Dieser Vers in Sprüche 31 sagt auch, daß sie "dem nächsten Tag zulacht". In anderen Worten, wenn sie physisch älter wird, dann lacht sie nur. In einer Welt, in der das Älterwerden große Ängste verursacht, findet man nur selten eine Frau, die über ihre Falten lachen kann!

Ihr ehrbarer Lebenswandel bewirkt, daß die Stürme des Lebens sie im Lauf der Jahre nicht früh altern lassen oder niederschmettern. Statt dessen nehmen ihre Kraft und ihre Weisheit zu und machen sie noch schöner.

Aus der Quelle der Weisheit im Innern schöpfend, macht die tugendhafte Frau ihrem Mann alle Ehre.

Ihren Mund öffnet sie mit Weisheit, und freundliche Weisung ist auf ihrer Zunge.

Sprüche 31, 26

PHE oder PE ist der hebräische Buchstabe, mit dem Vers 26 beginnt. Dieser Buchstabe stellt einen offenen Mund mit einer Zunge in seiner Mitte dar. Dieser Vers spricht von der *geselligen Beziehung zwischen Mann und Frau.*

Wenn die tugendhafte Frau im Gespräch ihren Mund öffnet, dann lenkt sie vom Gegenstand der Konversation nicht ab und sagt nichts Törichtes, denn sie ist in Stärke und Weisheit gekleidet. Sie trägt weise Worte zur Unterhaltung bei, doch mit Liebe, nicht mit Hochmut. Auf ihrer Zunge ist freundliche Weisung. Deshalb ist ihr Mann nie über das besorgt, was sie sagen wird, oder muß befürchten, daß sie ihn in Verlegenheit bringt.

Es gibt nichts Schlimmeres, als auf einer Party oder in einem Restaurant mit jemandem zusammenzusitzen, der sich am liebsten über Dinge unterhält, von denen er absolut nichts versteht. Da es ihm an Weisheit mangelt, macht er sich bei dem Versuch, die Leute zu beeindrucken, komplett zum Narren. Dann gibt es jene, die das Wort Gottes als Schwert benutzen, um andere daran aufzuspießen. Diese Christen haben großes "Kopf"-Wissen über das Wort, doch sie haben es in ihrem Herzen nicht mit Liebe vermischt. Es mangelt ihnen an Milde und Rücksichtnahme.

Stelle dir vor, wie es wäre, mit so jemandem verheiratet zu sein! Wenn ihr Weisheit oder Milde oder beides mangelt und sie ihren Mund öffnet und zu sprechen beginnt, dann geraten alle in Verlegenheit, am allermeisten jedoch ihr Partner. In Amerika gibt es ein altes Sprichwort: "Auch wenn du sie aufdonnerst, kannst du sie nicht ausführen." Wie traurig, wenn man mit einer Frau verheiratet ist, die gut aussieht, aber jedesmal, wenn sie ihren Mund öffnet, würde man am liebsten in ein Mauseloch kriechen.

Einer der größten Vorteile, mit einer tugendhaften Frau oder einem gottgefälligen Mann verheiratet zu sein, ist der, daß es einem möglich ist, sich mit ihnen in Gesellschaft zu begeben, ohne fürchten zu müssen, daß man blamiert oder kritisiert wird. Ihre Konversation erbaut und bereichert, und es ist eine Freude, mit ihnen zusammenzusein, ob in Gesellschaft oder nur zu zweit.

Sie überwacht die Vorgänge in ihrem Haus, und das Brot der Faulheit ißt sie nicht.

Sprüche 31, 27

Dieser Vers beginnt mit TSADEI. Dieser hebräische Buchstabe stellt eine Erntesichel dar. Vers 27 sagt uns, nachdem die tugendhafte Frau in allen Bereichen der vorhergehenden Verse treu gesät hat, holt sie nun ihre *geistliche Ernte* ein.

Er beginnt mit: "Sie überwacht die Vorgänge in ihrem Haus", dies bedeutet eigentlich: "Sie ist geistlich sensibel für das, was in ihrem Haus geschieht."

Es gibt Zeiten, in denen im Natürlichen alles gut aussieht, doch meine Frau weiß in ihrem Geist, daß irgendwo in der Familie etwas nicht stimmt, ob dies nun auf mich zutrifft, unsere Kinder oder auf etwas anderes. Sie ist geistlich sensibel, weil sie im Blick auf Gottes Wort nicht unbeschäftigt geblieben ist. Sie hat treu studiert und gebetet, und dies hat sie geistlich sensibel gemacht.

Wenn die Prioritäten einer Frau richtig geordnet sind und ihre Zeit mit dem Herrn vor allem anderen kommt, dann segnet dies ihren Mann und ihre Kinder in allen Lebensbereichen. Sie weiß, wie sie für sie beten soll, welchen Rat sie brauchen und was sie für sie tun muß.

Dieser Vers leitet die Ernte der Segnungen ein, die sie in den abschließenden Versen empfängt.

Es treten ihre Söhne auf und preisen sie glücklich, ihr Mann tritt auf und rühmt sie.

Sprüche 31, 28

Vers 28 beginnt mit dem hebräischen Buchstaben QOPH, der einen Hinterkopf repräsentiert. Während sie geduldig guten Samen in das Leben ihres Mannes und das ihrer Kinder sät, mag die tugendhafte Frau deren Wertschätzung und Lob für ihre Bemühungen nicht immer zu hören bekommen. In anderen Worten, sie werden sie *hinter ihrem Rücken* loben.

Ihre Söhne werden "auftreten" und sie glücklich preisen. Das bedeutet nicht, daß ihre heranwachsenden Kinder morgens aufstehen und sie mit den Worten begrüßen: "Mama, du bist der größte Segen meines Lebens." Sie wird viel eher hören: "Mama, ich bin hungrig. Kann ich heute morgen Pfannkuchen statt Corn Flakes haben?"

Der Begriff "auftreten" bedeutet eigentlich aufwachsen. Erst nachdem Kinder erwachsen sind und sich selbst um ihre Angelegenheiten kümmern müssen, beginnen sie all das zu erkennen und zu schätzen, was ihre Mutter über die Jahre für sie getan hat. Wenn dies geschieht, dann ist dies eine große Ernte für sie. Bis dahin mag es jedoch sein, daß sie nicht allzuviel Lob und Dank von ihnen erhält.

Möglicherweise erhält sie auch von ihrem Mann nicht allzuviel Anerkennung! Manch ein Mann kann seine Frau nur vor jemand anderem loben. Er hat seine Schwierigkeiten damit, ihr sein Lob direkt auszudrücken. Doch dieser Vers sagt, sie kann sicher sein, daß er sie hinter ihrem Rücken lobt.

Viele Töchter haben sich als tüchtig erwiesen, du aber übertriffst sie alle!

Sprüche 31, 29

Der hebräische Buchstabe RESCH, der diesen Vers beginnt, symbolisiert eine Stirn. Dieser Vers bringt das Lob des Ehemannes *direkt vor das Angesicht seiner Frau.*

Der Mann in diesem Vers sagte diese Worte direkt zu seiner Frau. Männer, ihr müßt euren Frauen sagen - nicht nur einmal, sondern ständig - daß sie das Beste ist, was euch je passiert ist. Wenn sie sich abgeschlagen fühlt, dann kauft ihr kein neues Küchengerät, sondern sagt ihr, was sie euch bedeutet - ins Gesicht! (Und dann kauft ihr den Mixer!)

Er macht ihr darüber hinaus nicht nur Komplimente, er sagt, daß es keine Bessere als sie gibt. Er ist so verliebt in sie, daß es in seinem Sinn keinen Zweifel gibt, daß sie die perfekte Frau für ihn ist.

Wir alle neigen dazu, uns zu fragen, ob es auf dieser Erde nur eine Person gibt, die für uns bestimmt ist, und ob die Person, mit der wir verheiratet sind, diejenige ist. Meine Frau und ich haben hierüber gesprochen. Ich habe mich gefragt, ob sie mit jemand anderem glücklicher geworden wäre, und sie hat sich dasselbe in bezug auf mich gefragt. Wir fanden die Antwort in diesem Vers.

Der Heilige Geist sagt, daß es dort draußen viele gibt, mit denen du glücklich sein könntest, doch es gibt eine besondere Person, die dich glücklicher machen wird als jede andere - deinen Partner. Es gibt viele tugendhafte Frauen auf der Welt, die mich hätten glücklich machen können, doch niemand kann mich in der Weise glücklich machen, wie Loretta dies tut. Für mich übertrifft sie alle!

Trügerisch ist Anmut und nichtig die Schönheit; eine Frau aber, die den Herrn fürchtet, die soll man rühmen.

Sprüche 31, 30

Vers 30 beginnt mit einem SIN oder SCHIN. Dieser hebräische Buchstabe sieht aus wie ein Backenzahn. In diesem Vers geht es um *Meditation*.

Woran "kaut" die tugendhaft Frau den ganzen Tag? Was dominiert ihre Gedanken? Das Wort Gottes! Meine persönliche Übersetzung dieses Verses wäre: "Eleganz ist eine Lüge und betörendes Aussehen ist nichtssagend, doch eine Frau, die über das Wort Gottes nachdenkt, wirft einen um!"

Wenn eine Frau den Herrn über alles liebt und verehrt, wenn sie zuerst nach dem Reich Gottes trachtet, dann wird nicht nur ihr Mann und ihre Familie sie lieben und respektieren, sondern sie wird auch den Respekt und die Bewunderung der Öffentlichkeit erlangen.

Was geschieht, wenn eine Frau ihre Tage und Nächte damit verbringt, über Gottes Wort nachzudenken? Diese Frau beschäftigt sich nicht damit, wer in den täglichen Fernsehserien mit wem schläft, mit den trivialen Themen der Talkshows oder mit Phantasien darüber, wie es wäre, wenn ... - Dementsprechend wirkt sich ihre innere Schönheit auf ihr Äußeres aus und verwandelt sie in jemanden, den die Leute instinktiv bewundern und preisen.

Gebt ihr von der Frucht ihrer Hände, und in den Toren sollen ihre Werke sie rühmen!

Sprüche 31, 31

Der letzte Vers des Akrostichons beginnt mit einem TAW. Dieser hebräische Buchstabe stellt sinnbildlich eine *Unterschrift* dar.

Was tut man, wenn man an das Ende eines Briefes gelangt? Man unterschreibt ihn. Dieser Vers ist Batsebas Unterschrift, bzw. die der tugendhaften Frau. Die Unterschrift einer Ehefrau befindet sich auf dem Herzen ihres Mannes. Dieser Vers sagt uns, was dort geschrieben steht. Wenn er nachdenkt und sein Leben und die Welt um sich herum betrachtet - inwiefern hat sie einen Unterschied bewirkt?

Die Frucht ihrer Hände ist der Ertrag, den sie aus all dem erntet, was sie in ihrem Heim für ihn getan hat. In Batsebas Fall ehrte Gott ihre Treue so sehr, daß ihr Lob in die höchsten Amts- und Regierungsebenen vordrang ("in den Toren"). In anderen Worten, selbst die Bürokraten in der Regierung König Davids waren sich des Segens bewußt, den sie in Davids Leben und Regentschaft brachte.

Die Frucht ihrer Hände ist im geschäftlichen Erfolg ihres Mannes sichtbar und in seinem vorbildlichen Ruf in der Stadt, möglicherweise sogar der Nation. Ihre Werke sind jedoch auch in ihren Kindern sichtbar, die zu gottgefälligen, produktiven und glücklichen Bürgern herangewachsen sind.

Wann immer ich höre, wie ein Christ seine Lehrmeinung leidenschaftlich verteidigt, sage ich: "Laß mich die Frucht dessen sehen, was du glaubst." Jesus sagte nicht, daß wir die Guten und die Schlechten an ihren Glaubensansichten und Lehrmeinungen erkennen würden, sondern an ihren Früchten. Wenn wir wirklich leben, was wir glauben, dann besteht kein Grund dazu, unsere Ansichten militant zu verfechten. Wir brauchen dann lediglich auf die Frucht zu verweisen!

Übernatürliches Eheleben

Als ich das Sprüche 31-Akrostichon über die tugendhaft Frau in unserer Gemeinde lehrte, schrieben mir viele Frauen Notizen oder kamen auf mich zu und sagten: "Wie kann ich je einen solch hohen Standard erreichen? Ich kann dies alles unmöglich tun - ich bin keine Superfrau, weißt du!"

Meine Entgegnung war: "Du bist eine Superfrau! Du magst nicht genau dieselben Dinge tun wie die Frau, die Batseba beschreibt, doch deine innere Einstellung und deine Lebensziele können dieselben sein."

Die Frauen sind schließlich nicht die einzigen, an welche die Bibel übermenschliche Anforderungen stellt. Ehemänner sollen ihre Frauen so lieben, wie Jesus die Gemeinde liebt. Das ist für jeden Mann eine gewaltige Herausforderung! "Was soll das heißen - sein wie Jesus? Niemand kann so sein wie Jesus!" Doch Gott gibt allen Gläubigen gleichermaßen Gnade und übernatürliche Kraft, damit sie die Ziele erreichen können, die er gesteckt hat.

Das Einssein im Fleisch, das in Sprüche 31 beschrieben wird, ist kein aus den Sternen gegriffenes Ideal, welches für David und Batseba in einer viel einfacheren Zeit funktioniert hat, für uns jedoch unerreichbar ist. Es ist ein Lebensstil, den Gott allen Paaren in jeder Generation anbietet. Seine Prinzipien für die Ehe haben in allen Situationen und Umständen Gültigkeit.

Denn ihr seid noch fleischlich. Denn da Eifersucht und Streit unter euch ist: Seid ihr nicht fleischlich und wandelt nach Menschenweise?

1. Korinther 3, 3

Die *Amplified Bible* übersetzt den letzten Teil dieses Verses:

Seid ihr nicht ungeistlich und vom Fleisch, wenn ihr euch einem menschlichen Standard entsprechend und wie gewöhnliche (unverwandelte) Menschen verhaltet?

Wir sind als Kinder des Höchsten Gottes nicht dazu berufen, wie gewöhnliche Menschen wandeln!

Wenn wir feststellen, daß sich unsere Ehe aufgrund von Eifersucht, Streit und Uneinigkeit in Schwierigkeiten befindet, dann müssen wir uns fragen, ob wir nicht wie "gewöhnliche" Menschen leben. Haben wir unseren eigenen egozentrischen Gelüsten entsprochen, anstatt unseren Partner als das Geschenk Gottes, das er ist, zu lieben und zu ehren? Sind wir in Unversöhnlichkeit, Faulheit oder Stolz verfallen? Haben wir unterlassen, uns übernatürliche Weisheit aus dem Wort anzueignen und uns vom Heiligen Geist übernatürliche Kraft schenken zu lassen?

Deine Ehe sollte die Weisheit, den Segen, die Ehre und die Herrlichkeit dessen reflektieren, dem du folgst! Öffne deine geistlichen Augen und blicke über den Bereich des Natürlichen hinaus. Erblicke das große "S" auf deiner Brust! Gott hat es dort angebracht, als du sein Kind geworden bist. Durch Jesus Christus sind wir Supermänner und Superfrauen, gegründet auf die Verheißungen Gottes und gekräftigt durch seinen Heiligen Geist.

Etwas Wunderbares geschieht, wenn du dich in den Strom seines Geistes begibst und deine Ehe seiner Wahrheit anpaßt. Wenn ein Ehemann seine Frau so liebt wie Jesus die Gemeinde und die Frau darauf mit hingegebener Unterordnung reagiert, dann erkennt die Welt, daß die Ehe für Christen etwas Übernatürliches ist. Die "Unterschrift" der Frau wird mittels der Gnade und der wunderwirkenden Kraft Gottes auf dem Herzen ihres Mannes angebracht!

Wenn ein Ehemann und seine Frau ihr Herz und ihren Sinn auf ewige Dinge richten, dann hat dies ewige Auswirkungen. All die Jahre, in denen Gott an erster Stelle stand, in denen ein kompromißloses Leben gemäß seinem Wort geführt und der Leitung durch den Heiligen Geist entsprochen wurde und diese Dinge an die Kinder weitergereicht wurden, bewirken, daß viele Generationen die Segnungen Gottes erfahren werden.

Es gibt kein größeres Zeugnis von Gottes bedingungsloser, unermeßlicher Liebe, als einen Ehemann und seine Frau, die *ein Fleisch* sind!

Weitere Delta-Bücher:

Bob Yandian

Epheser - Die Reife der Heiligen

Vers für Vers durch den Epheserbrief
210 Seiten, DIN A 5, Pb., DM 17,80
ISBN 3-926879-17-3

Gert Hoinle

Psalm 23 - Der Hirt und die Herde

Ein Kommentar zu Psalm 23
48 Seiten, 10 x 17 cm, Gh., DM 5,-
ISBN 3-926879-18-1